傳家

秋

生活礼记
春天菜园
基本味觉
蝴蝶宴
传统疗法、人体对应点
食安
计划、理财

齐家心语
给长辈的信——
读我母亲、父亲、公
结痂的伤痕
我们的戏剧
占卜与风水

匠心手艺
中国戏剧服饰
庆典设计
秋之礼
秋天的花艺

岁时节庆
中元
中秋
命·相

以食为天
素食
大闸蟹
黄金好个秋
腌制风干
小点

秋

春

氣氛生活
春花下的野餐

歲時節慶
元宵
清明
怎么看农民历

以食為天
米食
米与中国人
茶
茶具、茶席
蜜饯

匠心手藝
器物
中国女性服饰
珠宝首饰
春之礼
春天的花艺

齊家心語
给儿子的信——贾宝玉
我们的朝代
出版
福慧双修
蓝楠香方
基本礼仪

夏

氣氛生活
蓝色海岸的清凉
水杉下的下午茶

歲時節慶
端午
七夕
太岁
二十四节气

以食為天
面点
吃老虎的人
中式早餐
竹
冰品

匠心手藝
绘画
妆容与发饰
友情礼物
夏之礼
夏天的花艺

齊家心語
给女儿的信——翅膀硬了
君子之交与处世原则
谈教育
成语教育

生活札記
夏天菜园
辛香与粉
冰宴
草药
家人沟通

中國人的生活智慧

氛氳生活
温泉池畔的小酌

歲時節慶
冬至
过年
生肖、宜忌

以食爲天
鸡鸭鱼肉
佛跳墙与家族树
酒
火锅
糖果

匠心手藝
中国的线条图案
乐器
家具
文字、书法
卡片设计
冬之礼
冬天的花艺

齊家心語
给先生的信——恩爱夫妻
叮咛与祝福
民族人物
我们的礼节

生活札記
冬天菜园
锅碗瓢盆
火锅宴
药浴、运动、经脉
教材

冬

生活札记

秋天菜园
酱料
螃蟹宴
坐月子
中药
家政·习惯·教养

感谢　蔡其南老师惠予刊载《秋思》之画作

感谢 南怀瑾老师为本套书之书名亲题墨宝,并致赠本套书作者"愿天常生好人 愿人常做好事"之篆刻。

祝福这个花头多的孩子

顾正秋

妹妹名字中的"祥"字，显群与我取自于陈诚夫人谭祥的名字。陈夫人秀外慧中，是当时妇女界的典范，我们希望女儿能沾些她的福气。

妹妹急性子，早产一个多月，在保温箱住了一个多月。不过她出这套书倒是挺有耐心的，忙进忙出费了五年多。书里写的许多小事是她七八岁或十几岁时发生的，没想到会在她心里埋下种子。有人说早产的孩子比较敏感，妹妹的确有颗容易感动的心，才能连生活的小事也记得那么详尽。多年前她开始构想这套书，之后就常常问东问西，要我回忆往事，或是考我有关我们以前怎么吃，家里怎么摆设，或是我曾说过的一段什么话，为了求证某个菜色拉我吃各种馆子更是常事。她还自己做面条、面包，种菜，种香菇，做豆腐乳、酱油，养鸡下蛋，每次收到她送来的东西，我总怀疑她那个家怎么生得出那么多东西。

妹妹花头真多，我总说她"十八般武艺，样样稀松"。她念初一时想向我学戏，我哪会教她这个生虎子，请了王克图先生来帮她吊嗓子，这小姐还没有进入状态，就急着去学古筝，学了几天又换了把吉他，最后定情于吉他。我问她要不要找老师学，她说不要，自己摸索着玩。过阵子，说学校找她表演，再过几天又说电台找她上节目，再过一年，说要去"艾迪亚餐厅"驻唱。我一听，可要管了，陪她去忠孝东路看那家西餐厅，虽然在大马路边，但光线阴阴的，哪能答应？她执意要去，并保证不耽误功课，最后才答应她一星期去一次，哥哥八点送去，十点接她回来。再过几月，说有人要帮她灌唱片，后来真的灌了两张。接下来，山叶音乐要请她主持"跳跃的音符"节目，要做专辑……妹妹玩什么都非要玩出名堂才肯罢休。虽然她的古筝没练好，但把古筝曲子《阳关三叠》改用吉他弹唱，也把南宋诗人陆游的《钗头凤》用吟唱的方式唱出来，再把郑愁予的诗《错误》，刘半农的诗歌《雨》，童谣《紫竹调》《小白菜》等重新诠释，倒也走出一条清新的路线。但我仍不同意她把歌唱当本业，最后她选择服装设计，一样忙进忙出，今天发表会，明天服装秀，今天要我陪她选扣子，明天要我看她陈列的橱窗，搞得我眼花缭乱。后来也没往那条路继续走，倒是在珠宝设计上发挥了当年所学。

嫁给仁喜后，她突然变成个管理主管，我真替她捏把汗：自己都没管好，还要管别人？不会做账，哪能管账？只见她每天抱着电脑，说有新的程式可利用，常常弄到三更半夜。过一阵子，又做起室内设计，没日没夜地在工地监工，整个办公室堆满了材料。这小姐就是"不嫌多"，东西越多她玩得越来劲。一样玩过换另一样，每样都玩得很尽兴。我常常问她："你玩儿得过瘾吗？"

她带孩子也像在玩。自己还像个孩子呢，带着三个萝卜头疯进疯出的，一下子夏令营，一下子做教具，接接送送忙不停。她与仁喜倒是非常认真地栽培三个孩子，做他们的孩子，是前世修来的福！现在孩子们大了，想想她体力上心力上，总该静下来了吧，哪知她越来越忙：忙着让孩子们知道我们中国人的好，忙着让世人知道茶道、花道源自中国，屈原、孔子不是韩国人。

妹妹最不服气咱们的好东西被外国人偷去，气呼呼地说要出一套介绍中国生活文化的书。最近她把第三本"秋"的部分样稿送来，我认真读她写的文章，看她安排的场景与图片的解说，几年下来整理出的出版、成语、诗词、戏剧等资料，分析她想承传的东西，这才知道她这回玩得这么认真，这么广泛。我说她像个记者，采访的对象是"生活"和"中国"；也像做学问一样的，每个主题都亲身体验、分析才下结论，居然完成这么大一幅生活地图。

我自己不擅于打理家务，从小灌输妹妹要学会做家事，这方面她倒是个中好手。谁想到打理家务这等小事，她可以抬到台面上来分析。妹妹偶尔写点东西，我也没想到她可以写这么多庞杂的资料。如今终于见识这个女儿现学现卖的能力，相信其中难免有一些错误之处，还请各方贤达不吝指点。

我知道那个打着灯笼找来的好女婿，是支持她完成这一套书的人，但仍感觉冥冥中好像有人陪着她策划，抓着她的手写稿。我问她，你怎么可能想得出来？她说："妈妈，我体会人要发愿，一旦发愿，就有无形的助力！"我又问她，你怎么有这么多时间？她说："妈妈，做下去，时间就会出来的！"这孩子真像她父亲，热心热情，有能力，勇往直前。我这个做母亲的，祝福她完成心愿，也祈祷上苍赐福，一如我们为她取的名字，一切吉祥。

二〇一三年十一月

美的百科全书

白先勇

任祥女士是位有心人,她有一个大愿望:希望曾经在我们生活中呈现过的传统文化中各种美的面貌不要从我们记忆里消失,因而下足功夫,编撰了这本《传家》。这是一本美的百科全书,她把我们传统文化映浮在日常生活中的花容月貌,用文字记载、用图片定格,长久保留下来。

上世纪七八十年代,台湾汉声杂志社有一群有理想抱负的文化工作者,曾经深入民间,把民间艺术、民间习俗,用生动的文字及精美的摄影、图画,撮其精要,记录下来,采撷范围由台湾及于大陆各省。汉声出版的书籍美不胜收,曾经影响了整一代的台湾人,尤其是儿童教育,更加深远。汉声的《中国童话》《儿童小百科》系列,是当年许多台湾家庭必备之书。汉声对于我们民族的文化薪传,做出了很大的贡献。但这项工作,在台湾近年来,似乎停顿下来了。任祥女士不惜工本,出版《传家》,大概是想继续汉声当年文化薪传的工作吧。

不晓得是从什么时候开始,我们这个民族的审美观似乎出了问题,我们传统文化中明明有很多很美的事物,我们不懂得欣赏了,而一些外来的东西,有的其实并不美,却视为珍物从头到脚穿戴起来。因为审美的混淆,我们日常衣食住行所表现出来的,也显得有些混乱,缺乏一项文化上的审美标准。任祥女士的《传家》对我们当今的混乱美学,可能起到一些示范作用。

大概很少人能够像任祥女士那样,肯花如此多的心血,每一项项目都能搜集无穷的资料,精挑细选,然后以详尽的图表,标明分类,最后在文字解说上,附以精美影像,春夏秋冬,四季分明,光看书中图片影像,已经饱餐秀色——连我们日常食用的米饭,竟也有说不完的故事,拍出米粒颗颗晶莹的艺术照片来。翻阅《传家》令人惊异的是,原来台湾民间对中国传统文化的保存,竟如此丰富。大陆因为经过"文革"破"四旧"的运动,传统文化有断层的现象。但有的传统文化传到台湾,却逢再造生机。例如佛教,因几位高僧东渡,而在台湾再度兴扬。又如大陆各种菜系在台湾另外开花结果,台北鼎泰丰的小笼包竟返转原生地上海大出风头。从历史长远的眼光看来,"中国传统文化在台湾再造",可能是台湾对整个中华民族的一大贡献。而任祥女士这本《传家》却有意无意地在很多细微的地方解说了这个现象。

任祥女士对传统文化之美特别敏感,其来有自。她的高堂便是鼎鼎有名的台湾菊坛祭酒顾正秋老师。顾正秋老师的京剧艺术便充分展示了我们传统文化美之极致。我在少年时期,有幸在台北永乐戏院观赏过顾正秋老师的代表作《锁麟囊》,一段"流水"回肠荡气,高遏行云,至今萦绕难忘,任祥女士自幼耳濡目染,难怪能够编撰出如此美的图画书来,《传家》起因于"家传"。

二〇一〇年五月

祈愿善行之心不断延伸

李连杰

　　我常在世界各地拍电影，看到许多人依然活在贫穷落后的地区，幼小的孩子不但没有机会受教育，甚至因营养不良而死亡。我的内心对此深觉悲痛，并且深受震动，时常在想："我能为他们做些什么？"二〇〇七年，我发愿成立国际性公益组织"壹基金"，号召善心人士伸出援手，以小额捐款的方式聚沙成塔，帮助世界各地的弱势者与急难者。

　　也因此，我与拥有资源的各国人士有了进一步切磋与沟通的机会。这也使我发现，许多外国人对于我们中国人的认识，大多仅止于表面。例如，他们看到我的功夫，却看不到中国武术的纪律传承；他们看到"壹基金"公益典范的作为，却看不到我们仁爱大同的底蕴，他们热爱中国食物的美味，却看不到我们地大物博经纬线的涵盖……总之，中国的文化既深且广，要向外国人介绍中国人生活中所涵盖的文化，实在不是三言两语所能说清楚的。

　　任祥编著的这套《传家：中国人的生活智慧》，有着一张清楚的架构表，尽可能地涵括我们日常生活中的传承；如能翻译为外文出版，相信对中国文化有兴趣的外国友人，当能对中国人有更进一步的了解。我由衷欢迎它的问世。

　　二十一世纪是中国人的世纪。交通与资讯比以前更为便捷，让人与人之间能更快速地相互看见与了解。我很欣喜地见到，各地的中华儿女们用各种不一样的方式在为我们的繁荣进步而努力。以这套《传家：中国人的生活智慧》为例，任祥花了无数的时间收集与整合资料，从女儿、妻子、母亲的三重角度，串联全套书的内容架构；以生活化的方式，叙述中国人生活中的文化面向，并配以各种精心设计的图片，系统化介绍中国人的文化财产，内容深入浅出，文笔流畅易读。这套生活文化教材，不但有利于外国人了解中国人，其中的很多传统资讯，对我们这一代与年青一代的中国人，相信也是大有助益的。例如对于节庆、食物等的详尽介绍，"齐家心语"篇整理出来的成语、谚语、出版、戏剧、诗词、格言、人物、绘画、器物、音乐、历史等，虽然有些是我们已熟悉的，但整合在一张清楚的图表上，好比一张规划完备的地图，可以作为父母师长教育孩子的参考。而"生活札记"篇里述及的健康与有机环保等内容，对急速成长中的中国，也是极有助益的常识。

同时，我也看到这套书发愿完成的初心是一件公益事业，因而倍觉亲切。

公益事业的基础点，就是无私地把自己能奉献的与人分享，让他人受益。我自己作为公益事业的实践者与宣导者，在中国、美国、新加坡等地实践与努力，希望发展典范型的合作慈善计划，深知所有的公益行为都对社会具有正面的影响。《传家：中国人的生活智慧》前两版的所有收入，据知将捐助给圣严法师创设的法鼓大学建校之用；简体版与繁体版的再版，任祥则选择放弃版税，力求普及传统文化，宣扬家庭价值。她所做的虽与"壹基金"力倡的小额捐款类型稍有不同，但行善助人的宏愿则无分轩轾，我乐见《传家》前两版为法鼓大学募得新台币七千二百万元，简体版上市一年以来，成功销售近十万套的佳绩。

行善是一个习惯，善心善行能造就一个和善的社会，这是我成立"壹基金"的初衷。希望这层初心能不断延伸，成为我们中国人迎向新世纪的巨大动力。

二〇一二年十二月

秋序 我与阿祥走过秋天

  从小在阳明山上长大的阿祥说，他对阳明山秋天最鲜明的记忆是柿子快熟了，贪吃的小孩把生涩的柿子摘下来，装进麻袋埋在溪涧里。也不知是谁教的，总之他们知道青涩的柿子经过水的撞击与漂洗，会逐渐熟成为橙色，变得香甜脆口，可以先吃为快。那时候，溪边偶尔会漂来些柚子或虎头柑，外表光滑无瑕，但他们知道那是水流漂洗不熟的，只捡起来当球玩。

  阿祥还会在凉爽的秋日沿着小溪往上爬，爬到平等里的另外一个小山头玩耍。孩子的认知总以为山头那一堆高高的咖啡色树木已经凋零，长大后才知道那是水杉，四季有不同的颜色层次。拍照那天，阿祥说他住阳明山近五十年，却从不知道这角落的水杉有着耀眼的金质色彩。

  秋天是金色的季节，"气氛生活"以古生物水杉的身影拉开序幕。这树形有如宝塔一般的高大水杉矗立在阳明山上，也许是被台风吹弯了腰，到了深秋时节，倾斜的绿叶转成浅咖啡色。中午的阳光洒在她身上，焕发着金黄色的光泽，阿祥捕捉到一种逼人的贵气，非常华丽。

  "岁时节庆"篇介绍秋天主要的中元节和中秋节。中元节俗称普度，是祭拜孤魂野鬼的日子，阿祥拍摄了放水灯的景象。中秋是团圆的节日，在台湾几乎已演变成烤肉节，所以除了介绍月饼等各种团圆点心与台湾有名的凤梨酥外，也应景地介绍了烤肉的技巧。《农民历》的单元，则介绍了民间惯用的命相、命理习俗，并把古书《冰鉴》中所列的人物相貌以绘图手法呈现出来。

"以食为天"，中国人的素食变化无穷，本单元介绍了特有的根茎类、叶菜类、豆腐、菇蕈、蛋奶素。文化食物则介绍有名的"九尖十圆"——大闸蟹的吃法，蟹粉的制作，并以一篇《黄金好个秋》记述我小时候跟长辈们吃蟹的记忆。《风干的角落》《泡菜与小菜单》介绍腌制、风干与酵素等食物。《零食》部分，则介绍了我们从小吃到大的各类零嘴，还有把玩的童玩。

在"匠心手艺"篇，则以《欢乐派对宴客》为题，介绍派对气氛的掌握方法、请帖的设计、口布小礼物的设计、蛋糕的布置、插花的陈列手法等，希望能有个迥别于一般印象的派对气氛。礼物篇，介绍了月亮肥皂礼、但愿人长久蜡烛礼、苹安团圆烛、月亮代表我的心、小鸭戏水、送你个月亮、柿柿如意礼与秋之果。除此之外，我整理出一些中国京剧的脸谱、服饰、道具等，以图绘的方式表达；旦角的华丽头饰，则以摄影方式呈现。

"齐家心语"篇，首先出现的是中国人的戏剧历史长轴。我列出了中国人的剧码约五百多出，其中以加粗的字体显示重叠于不同剧种的一百四十多出戏。《我们的戏剧》则透过民俗文学的角度，粗略介绍几种不同的表演艺术及中国的京剧。

接下来是三篇叙述我家的长辈走过一个大时代的故事：《读我母亲》《读我父亲》《读我公公》，以及一篇以现代眼光回看那时代的《结痂的伤痕》。这是一个沉痛的撰写过程，希望后代子孙能够了解自家与国家所走过的，是一条多么曲折的路。

《逃不过数吗？》是我亲身体验的中国数术，此外还有命理的故事跟历史上记载的无字天书的介绍。《诗词与格言》则是把中国的诗人列表于历史长轴上，且把耳熟能详的诗词标示出来；此外把智者的生活格言整理出来，相信读者一定能温故也知新。

在"生活札记"篇,《我的菜园》介绍豆芽菜。豆芽菜是修补细胞的食材,不分季节随时可以种植,我养的豆芽像供养一个活的装置艺术。当然也介绍了培养豆芽菜的方法。酱料在"中国女人的厨房"里非常重要,这里详尽介绍了八十种酱料的组合及醋与酱油的制作过程。《中国医学》,把中药材依照病名体系做分类。"螃蟹宴"是秋天的宴客设计,八只纸折的螃蟹,装载着当季珍贵的海粉。"家计"篇则分享家政、习惯、教养,也分享着天下父母的碎碎念。

亲爱的阿祥,我们一起走过多么丰美的秋天啊!
遗憾的是,秋天里有着我所无法遗忘的苍凉。

姚任祥

二〇一三年十一月

祝福这个花头多的孩子／顾正秋	001
美的百科全书／白先勇	003
祈愿善行之心不断延伸／李连杰	005
秋序：我与阿祥走过秋天／姚任祥	007

氛氛生活

水杉下的下午茶 014
秋景

岁时节庆

中元 022
中元节的由来和习俗
我们的拜拜

中秋 028
中秋节的由来和习俗
中秋烤肉
月亮代表我的心
月饼·凤梨酥

农民历 042
命·相

以食为天

主食——素食 052
无与伦比的中国素食——根茎类与面筋·青菜类·生活三宝——葱姜蒜·豆腐与粉丝·山里的珍宝·鸡蛋

文化食物——大闸蟹 096
黄金好个秋
养殖蟹
蟹粉的制作

文化食物——腌制风干 108
风干的角落
泡菜与小菜单

零食——小点 120
朴质的年代，满溢的幸福

匠心手艺

庆典设计 130
欢乐派对宴客
请帖的设计
口布礼物的设计

蛋糕的布置
插花的陈列与手法
秋之礼 148
送你个月亮
但愿人长久蜡烛礼
小鸭戏水·月亮肥皂礼
月亮代表我的心
秋之果
苹安团圆烛·柿柿如意礼
中国戏剧服饰 154

齐家心语

我们的戏剧 170
诗词与格言 178
给长辈的信 186
读我母亲
读我父亲
结痂的伤痕
读我公公
占卜与风水 210
逃不过数吗?

生活礼记

我的秋天菜园 218
芽菜与苗菜的种植
我的厨房 224
酱料
醋与酵素的制作
荫油的制作·酱瓜的制作
秋 螃蟹宴 238
养身 242
坐月子
中药百科
中国医学
家计 258
家政·习惯·教养
父母心 碎碎念风铃

我们的三部合唱／姚姚·JJ·小元 268

氣氛生活

水杉下的下午茶

气氛生活

秋景

姚任祥

秋风始凉近午天
群鸟养羞寒蝉鸣
云高气爽无限意
初识水杉金缕衣

叶影疏微茶初熟
栗子金瓜色正浓
茶棋共赏半日闲
光阴难买一刻金

中元

农历七月是民间俗称的『鬼月』,而七月十五中元节则是祭祀『好兄弟』的重要节日,称为『中元普度』。

中国人笃信农历七月是"鬼月",初一鬼门关开,在阴曹地府的孤魂野鬼就会重返阳世找东西吃,直到三十鬼门关闭为止。这段时间可以说"诸事不宜",不论购屋、乔迁、动土、嫁娶、旅游、买车等活动,至今人们仍会刻意避开,以免冲煞。

农历七月十五日的中元节,又称"鬼节""七月半",是鬼月最重要的节日。这一天,家家户户都要祭祀孤魂野鬼,称为"普度",也就是我们耳熟能详的"中元普度"。

中元节是受到儒、佛、道教的交互影响所形成的。《礼记·月令篇》记载东周时"是月也,农乃登谷,天子尝新,先荐寝庙",意指七月秋收,天子以新谷祭祀祖庙,以表敬意。因此,七月祭祀应始于中国人慎终追远、弘扬孝道的观念,并且儒家认为鬼神就是祖先。

农历七月十五日也是佛教的"盂兰盆节"。盂兰盆的梵文的拉丁字母转写为"Ullambana",字意为"救倒悬",也就是将食物摆在盆中供养佛僧,仰仗他们的法力,帮助在地狱受苦的众生,解除被倒悬不能进食的痛苦。

盂兰盆节的起源就是大家耳熟能详的"目连救母"故事。根据《盂兰盆经》记载,目连是佛祖的第一弟子,他通过天眼通看见生前作恶的母亲,死后堕入饿鬼道无饮无食,饱受折磨,于心不忍,于是以神通送食物给母亲吃,但食物一到嘴边即刻化为火炭。

目连悲痛不已,回去向佛祖请求解救他的母亲。佛祖告诉他,必须借重十方众僧的力量,并将百味五果置于盂兰盆供养十方众僧。目连依佛祖指示在七月十五日施行后,母亲果真脱离一切饿鬼之苦。此后,七月十五日就形成盂兰盆节。根据佛教的说法,信徒只要在这一天诚心供养佛僧,就会得到三宝之力,不但为现在的父母增福寿,也能使七世父母得以脱离苦海,得到幸福。

根据历史记载,盂兰盆节始于南北朝,笃信佛法的南朝梁武帝还亲自举办了"盂兰盆斋",鼓励民众行孝,因此在民间广为流传,也成为佛教固定的节日。

中元节的名称其实源自于道教。道教有祭祀上元天官、中元地官、下元水官的三元习俗，农历七月十五日就是中元地官的圣诞，地官会在这一天降临凡间，判定善恶，为人赦罪。因此道教信众都会在这一天祭拜地官大帝，以求赦罪，并普施孤魂野鬼。

因为儒、佛、道的影响，民间逐渐融合成为今日的中元普度习俗。不过以台湾来说，原本步入农历七月后，是大家轮流每天都要祭拜，但因为风气日盛，演变成为一整月的流水席，过于铺张浪费。因此，当局在一九五二年颁布统一在农历七月十五日举行普度。不然，其实许多道教寺庙举行普度的日子，并非都在七月十五日。

中元节的主要习俗有——

普度：就是要普遍度化俗称"好兄弟"的孤魂野鬼，以三牲五畜的隆重祭品，让鬼门关出来的好兄弟吃饱，以免打扰人间；另一方面也是向神明请求度化他们，蕴含慈悲的善良本质。

普度在台湾一般分为"公普""私普"。顾名思义，公普是由地方寺庙、同业公会或氏族统一举办的普度，聘请僧侣或道士来作法，通常会"竖灯篙"，也就是树立长竹竿，顶端挂着写有"庆赞中元"的灯笼，以招引好兄弟来享用祭品。

私普就是家户各自进行的普度。

放水灯：竖灯篙是为了召唤陆地上的好兄弟，若是要邀请在水中的鬼魂，就要施放水灯。台湾民间笃信水鬼终年饱受水牢之苦，会设法拉一个活人下水来顶替，因此，放水灯也有超度水鬼脱离苦海的用意。

台湾最知名的中元祭就是临海的基隆，基隆中元祭的最高潮，就是在农历七月十四日晚间放水灯。水灯是用竹篾扎成，再以纸糊成房屋形状，中间置蜡烛，下面则是有浮力的保丽龙板。另外还有"水灯排"，就像竹筏一样的灯架，有数十甚至上百盏灯。

基隆放水灯阵仗甚为庞大，光是从市区列队前往八斗子海边，蜿蜒可长达数公里，各式乐队、民俗阵头以及汽车装饰出来的"艺阁"于夜间游行，好不热闹，已经成为台湾中元节庆最知名的民俗活动。

抢孤：抢孤是中国福建沿海、台湾等闽南语系地区特有的鬼月竞赛活动，它除了蕴含祭祀孤魂野鬼的博爱精神，也有展现人无畏鬼的勇气之意，通常于中元节当天先举行"饭棚抢孤"的暖身赛，并在农历七月"关鬼门"的最后一天，举行盛大的抢孤仪式。

抢孤就是要攀上木搭的高台抢好彩头的意思，台湾以宜兰头城抢孤最负盛名。头城抢孤所使用的棚架分为"饭棚""孤棚"两种，饭棚高约十八尺，是为了祭拜鬼魂；孤棚才是抢孤比赛的主要棚架，高约三十九尺，差不多有四层楼高，由十二根杉木搭建而成。孤棚的第一层是"倒榻棚"，棚上再设立十三座有如金字塔的"孤栈"，上面系挂各种美食，顶端再插上一根"顺风旗"。

抢孤采取分组竞赛，五人一队以叠罗汉的方式往上爬，谁先抢到顺风旗就获胜，但因棚柱抹有牛油，稍一不慎就会下滑甚至坠地。由于以往抢孤易造成伤亡，日据时期曾明令禁止，直到近年才恢复举办，并加强安全防护措施，已经成为知名的观光民俗活动。

我们的拜拜

在台湾,常常看到很多拜拜的仪式,有时就在商家门口,一张桌脚可以折叠的小桌上放着供品,店里的人手持一炷香对天祈祷,或蹲在一个烧金纸的铁桶(俗称金炉)前燃烧纸钱。我的外国朋友来台湾,看到这个特异的画面总会问我:他们在做什么?我回答:拜拜。他们又问:拜什么?我就答不出来了,同时也不禁有点惭愧。这个时常发生在各城市大街小巷里的仪式,我们有多少人就这样轻易走过,从不知道这么大一群同胞们在拜什么?

于是我去请教了解民俗的长辈,关于特别日子所拜的神明,得到如下的答案:

农历正月初一开正:玉皇大帝(即天公)

农历正月初四接神:众神明

农历正月初九拜天公:玉皇大帝

农历正月十五元宵节:天官大帝、众神明、祖先、地基主

公历四月五日清明节:祖先

农历五月初五端午节:众神明、祖先、地基主

农历七月初七为七夕:七娘妈、床母

农历七月十五中元节(普度):地官大帝、好兄弟(孤魂野鬼)

农历八月十五中秋节:土地公、祖先、地基主

农历九月初九重阳节:祖先

公历十二月二十一日冬至:众神明、祖先、地基主

农历十二月二十四送神:众神明

农历十二月三十除夕:众神明、祖先、地基主

小时候我最怕经过拜拜的场所。因为整只动物都摆在桌上,虽然煮熟了,看起来还是觉得怪吓人的。

近年拜拜的场景已有改变,供品不再固守古早的三牲五畜,看起来比较祥和。我由衷地相信,天上的神都是慈悲为怀的,不希望看到那种整只动物的场面。台湾的拜拜在农历七月普度的传统上,是不会把香蕉、李子及梨子摆在一起,因为闽南语谐音有"招你来"的意思,还有习俗上也不放菠萝,也有谐音"招你来旺"之意,不适合使用;此外,番石榴、释迦、西瓜,因为籽较多,也不是常见到用于拜拜的水果。不过我相信,拜拜最重要的其实是虔诚。有一颗虔诚的心,胜过一切凡俗的外在供奉。

中秋

农历八月十五是中秋节,由于中秋月正圆,所以也象征阖家团圆;『嫦娥奔月』是家喻户晓的中秋节传说。

农历八月十五日是中秋节,因为八月位于秋季的第二个月,因此又有"仲秋"之称,俗称还有"八月节""八月半"。所谓"花好月圆人团聚",由于中秋月正圆,象征阖家团圆之意,因此也被视为"团圆节"。

古代帝王有春天祭日、秋天祭月的礼制。根据目前可考的历史记载,"中秋"这个名词最早出现在《礼记》:"中春,昼击土鼓,吹豳诗以逆暑;中秋,夜迎寒,亦如之。"中秋远在两千多年前,就已经是文人儒士赏月的风雅活动。

到了唐代,中秋成为固定的节日,《唐书·太宗记》即有记载"八月十五中秋节";宋朝时期更已普及为民间习俗与休闲活动,《东京梦华录》就有以下形容:"中秋节前,诸店皆卖新酒,重新结络门面彩楼。……中秋夜,贵家结饰台榭,民间争占酒楼玩月。"

中秋节到了明清两朝,已成为仅次于春节的最重要的传统节日。元朝末年,蒙古人怕汉人造反,不准民间私藏武器,还严密监视并规定每十户共用一把菜刀,汉人苦无传递讯息的管道。相传当时已经起义的朱元璋阵营想到一个计策,他们散播谣言,说今年冬季将有瘟疫,除非大家在中秋节买月饼吃,然后制作月饼,馅里面藏着一张纸条写着"八月十五杀鞑子",各地义军纷纷在当夜响应。后来朱元璋称帝为明太祖,特别在中秋赏赐月饼给群臣,从此中秋节成为固定节庆。

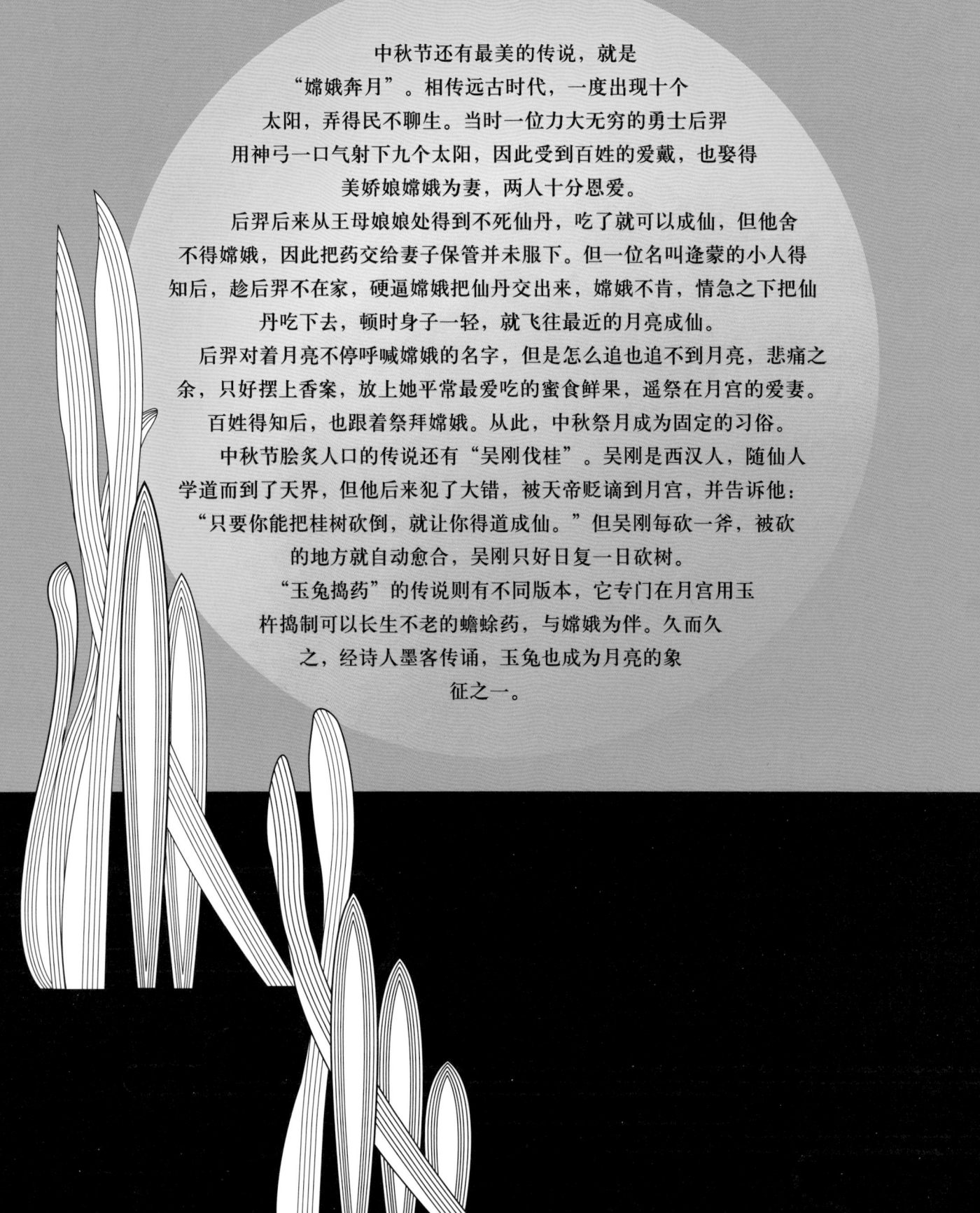

中秋节还有最美的传说，就是"嫦娥奔月"。相传远古时代，一度出现十个太阳，弄得民不聊生。当时一位力大无穷的勇士后羿用神弓一口气射下九个太阳，因此受到百姓的爱戴，也娶得美娇娘嫦娥为妻，两人十分恩爱。

后羿后来从王母娘娘处得到不死仙丹，吃了就可以成仙，但他舍不得嫦娥，因此把药交给妻子保管并未服下。但一位名叫逢蒙的小人得知后，趁后羿不在家，硬逼嫦娥把仙丹交出来，嫦娥不肯，情急之下把仙丹吃下去，顿时身子一轻，就飞往最近的月亮成仙。

后羿对着月亮不停呼喊嫦娥的名字，但是怎么追也追不到月亮，悲痛之余，只好摆上香案，放上她平常最爱吃的蜜食鲜果，遥祭在月宫的爱妻。百姓得知后，也跟着祭拜嫦娥。从此，中秋祭月成为固定的习俗。

中秋节脍炙人口的传说还有"吴刚伐桂"。吴刚是西汉人，随仙人学道而到了天界，但他后来犯了大错，被天帝贬谪到月宫，并告诉他："只要你能把桂树砍倒，就让你得道成仙。"但吴刚每砍一斧，被砍的地方就自动愈合，吴刚只好日复一日砍树。

"玉兔捣药"的传说则有不同版本，它专门在月宫用玉杵捣制可以长生不老的蟾蜍药，与嫦娥为伴。久而久之，经诗人墨客传诵，玉兔也成为月亮的象征之一。

中秋节最重要的习俗有——

吃月饼：根据最早的史料，月饼应始于唐代，《洛中见闻》记载，唐僖宗在宫中吃到特制的饼，觉得味道非常好。他听说新科进士在曲江设宴，便命御膳房在中秋节用红绫包着饼送去赏赐他们。

"月饼"这个名词首见于南宋吴自牧的《梦粱录》，不过当时月饼是菱形的，后来才演变为圆形。明代的《西湖游览志会》记载："八月十五日谓之中秋，民间以月饼相遗，取团圆之义。"月饼自明代开始，已成为欢度中秋必备的应景食品。

就像中国菜一样，月饼也是因地而异，种类繁多，台湾最常见的则有广式、京式、苏式与台式四种。广式月饼的外皮类似西点，内馅甜腻并最为讲究；京式月饼外皮有如烧饼，香脆可口；苏式月饼外皮则是层次多且薄，白净松酥。

台式月饼则以源起于中部的"绿豆椪"最为普遍，其次则是"蛋黄酥"与"凤梨酥"，每逢中秋，这三种几乎是糕饼店必备的主力产品。由于近年业者不断推陈出新，根据估计，月饼已经不下两千种。

祭月娘、拜土地公：中秋自古就有"祭月"之礼，祭拜的神明就是月神，也被称为"太阴星主""月娘"，并因而衍生出嫦娥奔月的神话。月出之前，人们在庭院摆好香案，供奉象征团圆的应时瓜果（在台湾就是柚子，俗称文旦）、月饼与清茶等，然后对月烧香祭拜，拜完才能食用。由于月亮属阴，因此祭月主要由妇女、儿童祭拜，男子不是后拜就是不拜。

农历八月十五刚好也是土地公的诞辰，人们会在这一天祭拜土地公，并在田里插上竹子夹着供土地公的纸钱，象征土地公所持的拐杖，感谢土地公保佑顺利秋收。

其他：中国各地都有不同的中秋习俗，在台湾有所谓的"听香"。根据连横的《台湾通史》记载，妇女会在中秋夜深时向神明点香默祷，表明要问的事，然后拈着香出门，只要在路上听到有人讲话，就掷杯请示神明是不是答案。

此外，台湾以往在中秋还流行一些"偷俗"，俗语说"偷摘葱，嫁好尪；偷着菜，嫁好婿"，未成年少女在中秋节如果到别人家的菜园偷菜，没有被发现，就表示她将会遇到如意郎君。只是这些饶富趣味的习俗已经式微。

中秋烤肉

烤肉本是钻木取火时代原始人的饮食方法，但许多国家各种种族的人都沿用至今，而且不断加以发扬光大。就以台湾来说，脑筋动得快的商家，最近几年还推出全套的烤肉用具与食材，按照顾客指定的时间送到烤肉现场。而最盛大的莫过于中秋节，差不多已变成烤肉节的同义词。

以前有一家酱油厂的电视广告词是"一家烤肉万家香"，烤肉的香味真的无远弗届，魅力难挡。其实较早年代的中秋节，主角是月饼和柚子，月饼口味之多不胜枚举，柚子皮剥开后会变成一顶瓜皮小帽，孩子们最喜欢戴在头上玩。现在的中秋节，则从住家庭院到街边小巷，从社区公园到山边野外，每年都到处洋溢着烤肉香。说不定连高悬天边的月娘，也闻得到那阵阵的香味呢。

烤肉的材料，不外牛排、肉片、鸡翅、鸡腿、香肠、花枝丸、蛤蜊、鲑鱼、天妇罗、豆干、生香菇、杏鲍菇、草虾、洋葱、香菇、秋葵、凤梨片、葱段、青椒、茭白笋、玉米等。酱料则有XO酱、酱油、麻油、美乃滋、牛油、牛排酱、甜辣酱、酱油膏、蒜味酱油膏等。饮料以带碱性的柠檬汁最佳，其他果汁、汽水与啤酒、红酒等助兴饮料也不可少。

出游烤肉，需准备炭火、火种、小木柴、网架、喷洒用的水枪、涂抹用的刷子、铝箔纸、垃圾袋、湿纸巾等。烧烤时除非需要特殊效果，否则一般不用叉子刺破食物表面，所以也必须带各类夹子备用。

很多人都会事先腌制材料，或是边烤肉边蘸料烤。糖是会炝火的，烤前在表面涂上糖水，会烤出较浓的口感。如果是生手，只要先在材料上涂点油，烤好后再涂酱料亦可。烤肉架子需要涂上一层植物油以免粘连。铝箔纸是最好的烤肉包装料，但不要重复使用；铝箔纸的雾面吸热较快，所以当以亮面包覆食物，也不要滴上酸性的去腥物质，以免金属与酸性物质的化学变化。烤肉要有耐心，不能急。如果性子急又没经验，容易烤出焦炭质有碍健康。烤肉的火在初升起后，火焰未熄还冒着烟，那时不宜放食材，恰当的时机是炭火红熟以后，用它所反射出来的温度进行烧烤。起火的原则是让整个盘面受热均匀，食材尺寸大的要经过低温转高温渐进的方式，烤到八九分就取出，利用久烤积存的热度再传热，等几分钟再吃，熟度与嫩度也才能拿捏准确，小的则直接在高温下熟透即可食用，比较香嫩。肉片不要太薄，否则容易烤成肉干。烤肉要放慢，要有耐心，才能享受悠闲的气氛，更不会让食材产生对身体不好的焦质。

有一年我们带着Nornor一起去郊外烤肉，没有享受到悠闲，反倒惊出一身冷汗。烤肉现场香喷喷的，大人小孩加上各家的宠物，好不热闹。Nornor是一只约四十公斤重的秋田狗，难得出游，异常兴奋。我忙于起火，没注意到它东看西看，看到不远的地方有一对穿着白纱裙的母女，带了一只小白兔，坐在草地上很像拍温馨的卫生纸广告一样轻柔的画面。Nornor大概觉得真美，跑过去想跟兔子做朋友。当我发现它跑过去时，已经来不及了，只见它摇着尾巴，速度极快地闯进了"广告拍摄现场"，那穿白纱衣的母亲慌张失色，那女儿吓得快昏过去，Nornor则一口含住那只兔子往前直跑。我们急奔过去，追了约二十米它才停下来，从口中松开那只小白兔。我们抱起那可怜的兔子，送还给惊吓过度的母女，连番致歉之后已没有兴致继续烤肉了。想不到自己以为温驯可人的爱犬，竟然闯了这么个大祸。我把这糗事说给母亲听，她说：就跟你说畜生就是畜生，你总想把它当人看。后来我再也不敢不拴住它了。

烤肉的气氛悠闲，我在家里也喜欢烤肉。若是家庭聚会，一大家族人超过二十个，一桌坐不下，时间也不好掌握，冬天吃火锅、夏天吃烤肉是最佳的方式。

烤肉最大的窍门是要能保留水分，如果在家里烤，我会先把肉类炸一下，如果出游，则在火上烧一下，借此让表面形成一道阻绝膜，水分不致散失，同时也比较好看。有些大块牛肉，烤完最好稍微放一下再切，这样比较能保留肉汁的润泽度。

如果是烤一条鱼或厚薄分布不匀的肉，可用铝箔纸包住较薄的局部，或是架上一个高度，不要让太嫩的部分直接接触网架，也可以看材料的性质，抹上一些太白粉以免粘连。不一样的食材最好不要串在一根棍子上，免得烤时有些未熟有些却焦了。同时也要以火候长久分开上架。如发现可能烤焦，则需以喷水枪局部降温。如果水枪内装果汁，还可使烤肉产生一点果香。

小时候看卡通《摩登原始人》，每次看他们拿大鸡腿啃食，总觉得好过瘾，也会幻想那第一口咬下去的感觉，所以我对烤鸡腿有一种高度的期望。一般家庭厨房无法克服鸡腿肉厚薄的问题，所以只得用阶段性的方法。腌大鸡腿需先按摩一下，划上几刀放到一盒酱料中，放入冰箱备用。我的腌料是酱油、酒、沙茶酱、大蒜、葱（一天就拿起来），再看家里有什么水果，去皮，丢入，这卤水放冰箱，一周用完，可以用上两次。烤时看火的状况烤十几分钟即拿出，利用微波炉让太厚的部分渐熟，送回烤火之前涂上糖水，让火焰糖烧出浓一点的口感。这样的鸡腿，很香，很浓，也没有血水，是二十一世纪的科技原始人食用的好办法。

月亮 代表我的心

"你问我爱你有多深？我爱你有几分？你去想一想，你去看一看，月亮代表我的心。"这首家喻户晓的流行歌曲，萦绕了四十多年，相信大部分的中国人都听过而且会哼会唱。演唱者邓丽君十四岁就进入歌坛，并为台湾的第一部连续剧《晶晶》唱主题曲。她那轻柔磁性的声音，从此驻足在每一个家庭，她的演艺事业也逐步登上高峰。一九七三年，邓丽君到日本发展演唱事业，并且荣获日本大赏的新人奖，奠定了在日本的声誉。一九九五年，邓丽君于泰国度假时猝逝，让所有喜爱她的人伤痛不已。她留给我们的，不只是她的声音、旋律、歌词，还有更多美好的回忆。这首人人怀念的老歌，也被年轻歌手陶喆谱成新版，名为《月亮代表谁的心》，但这段柔美的旋律，仍保留在新版中。

千古以来，月亮一直赋予人们浪漫的想象，许多诗词歌赋都以月亮来抒发自己的情感。中秋节是一个象征月圆人团圆的日子，睹物思情的文学创作也不断流传在中国人的心中。宋朝诗人苏轼作有一首《水调歌头》："明月几时有，把酒问青天。不知天上宫阙，今夕是何年。我欲乘风归去，又恐琼楼玉宇，高处不胜寒。起舞弄清影，何似在人间。转朱阁，低绮户，照无眠。不应有恨，何事长向别时圆？人有悲欢离合，月有阴晴圆缺，此事古难全。但愿人长久，千里共婵娟。"邓丽君也曾以她那独特的嗓音，吟唱这首著名的宋词，那多情又典雅的歌声，至今仍萦绕在我们的耳际。

月饼

小饼如嚼月,中有酥和饴。

苏轼

凤梨酥

凤梨酥的制作

外面酥皮部分：
把三百克牛油打柔软，加入一百克糖粉打匀，加入全蛋七十五克，再加入一颗蛋黄，全部打匀后，加入奶粉四十克，再与适量的低筋面粉混合，低筋面粉的数量须视气候及奶油的软硬度情况而定，基本上混合到不粘手为原则。（在混合的时候，沾在手上的面粉要使用高筋面粉）

内馅：
凤梨或冬瓜去皮洗净，放入搅拌机（Food Processor处理机）中搅拌成酱，边搅拌边加入芝麻。将糖加入瓜蓉中搅拌，慢慢流入水分拌匀。然后筛入糕粉拌好，最后加油数滴和匀候用。

烘烤：
将酥皮放掌心，包裹入内馅，放进模子中，上面再压上酥皮，注意上下要均匀，放入模子约五分之三的高度，用三百五十度的火，先烤一面十五分钟，再翻面烤约十分钟。

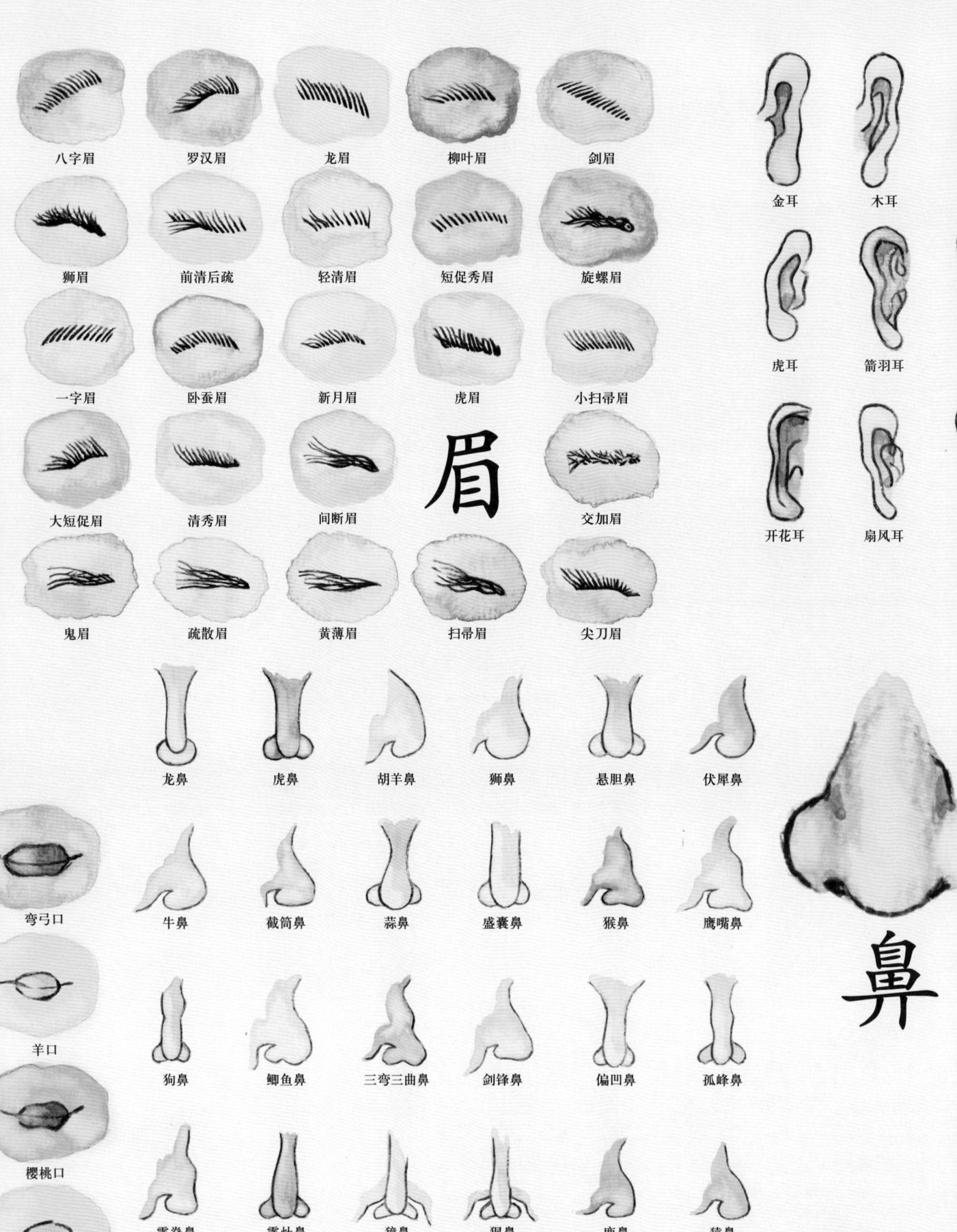

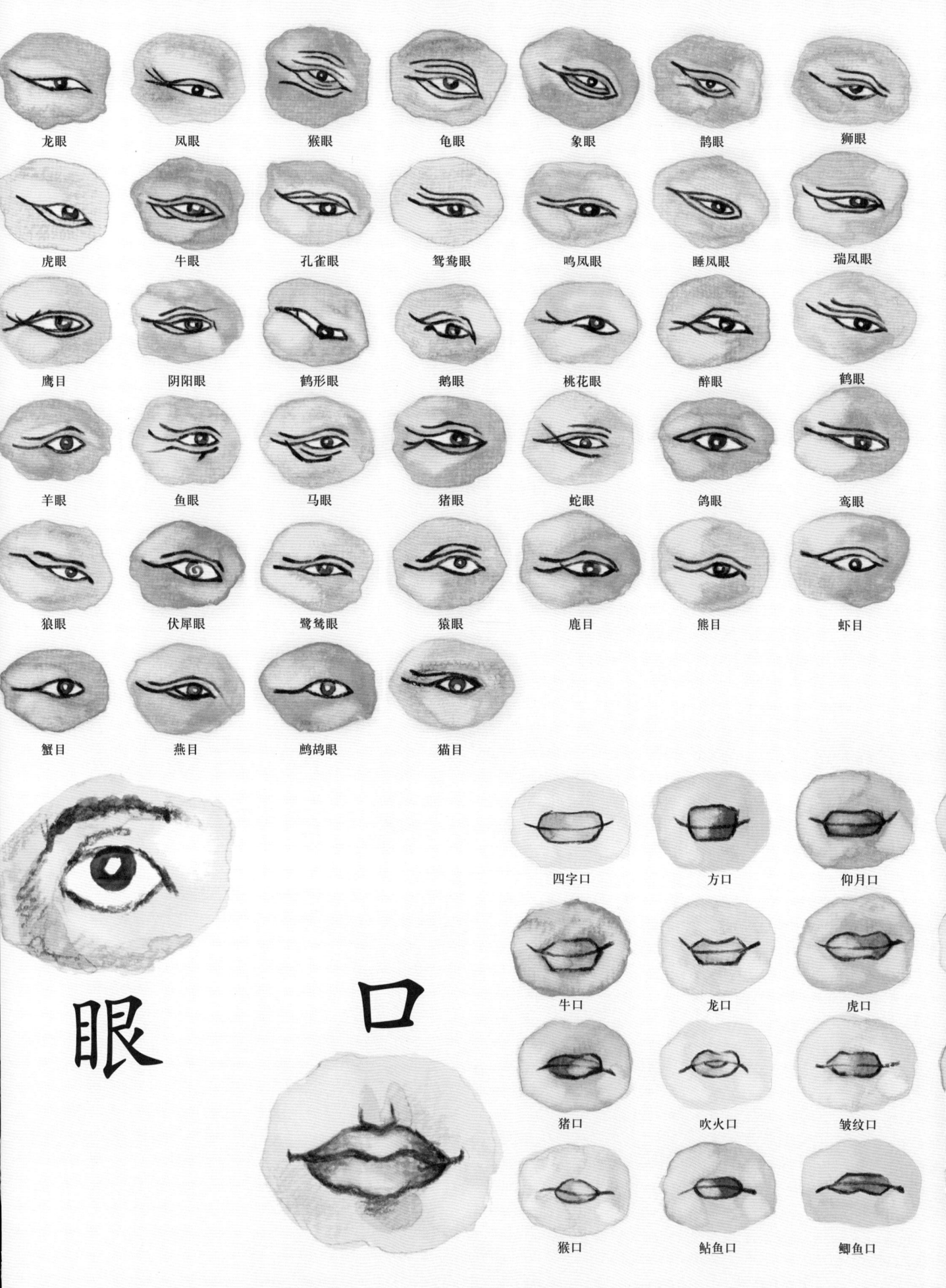

农民历

人相百种

中国自古即有"五术"之说，分别是神仙之道、养生之法的"山术"，汉医的"医术"，推断人生运势的"命术"和"相术"，以及预测吉凶的"卜术"。命术与相术虽然根据各有不同，但是在一般人的生活中，命、相常被拿来相提并论。

"命术"的论命学理包括了八字、紫微斗数、姓名学等，"相术"则是观察现象与形象，例如手相、面相等。中国人热衷命相之术，出生排命盘、结婚合八字是最基本的，其次还有排流年、问事业等不一而足。古代还有钻研相术的帝王，在举才用人时以命相结果做决定。

由于命相之术与生活息息相关，《农民历》里也经常会刊载与命相关的资料，让人随手翻阅参考。其中最常见的就是八字、紫微斗数、姓名学、面相与手相。

"八字"就是利用天干和地支，准确记录每个人的出生年、月、日、时，由"年干，年支"、"月干，月支"、"日干，日支"、"时干，时支"组成，共八个字，俗称"八字"；也有年柱、月柱、日柱、时柱的"四柱"之称。选择良辰吉日，除了参考《农民历》上表列的说明，如能搭配八字则会更为准确。

在中国传统的婚约里，八字占有非常重要的地位。婚前，家长会请命相术士为新人"合八字"，也就是以男女双方的生辰八字预测婚姻美满程度或婚后双方的性情表现。婚姻是人生中重要的大事，即使到现在，"八字婚合"还是非常流行。

《农民历》上也经常会登载"八字轻重表"。其实在八字命理学上，只有日主元神"强弱"，并没有所谓"轻重"，不过，民间经常把元神太弱的八字称为"八字轻"，久而久之也就相沿成习。一般而言，女性三两以上算重，男性则至少要四两以上才算重。传说八字过轻的人容易看见"不干净"的事物，这样的说法至今仍在民间广泛流传。

"紫微斗数"因为预测精细、准确度高，是中国命理学里最受信赖的一种术式。"紫微"指的是北极星，"斗"指的是南北斗，用南北斗为主星布于命盘，来推算福禄命势，称为斗数。南北斗十四星分布以紫微为准，因此，称之为"紫微斗数"。

紫微斗数源于道家，始于唐朝吕洞宾著作《道藏》一书。后世有宋朝陈希夷、明朝罗洪先、清朝青城道士发扬光大，陈希夷更被视为"紫微斗数"的集大成者。

紫微斗数也可以说是综合统计学、数学、心理学、地理学及逻辑学的原理，再融合常识和经验所形成的一门学问。将一个人的出生年月日时排出十二宫垣，包含命宫、兄弟、夫妻、子女、财帛、疾厄、迁移、交友、事业、田宅、福德、父母、身宫等，再从基本命盘中的星曜，推算吉凶祸福及流年运势。

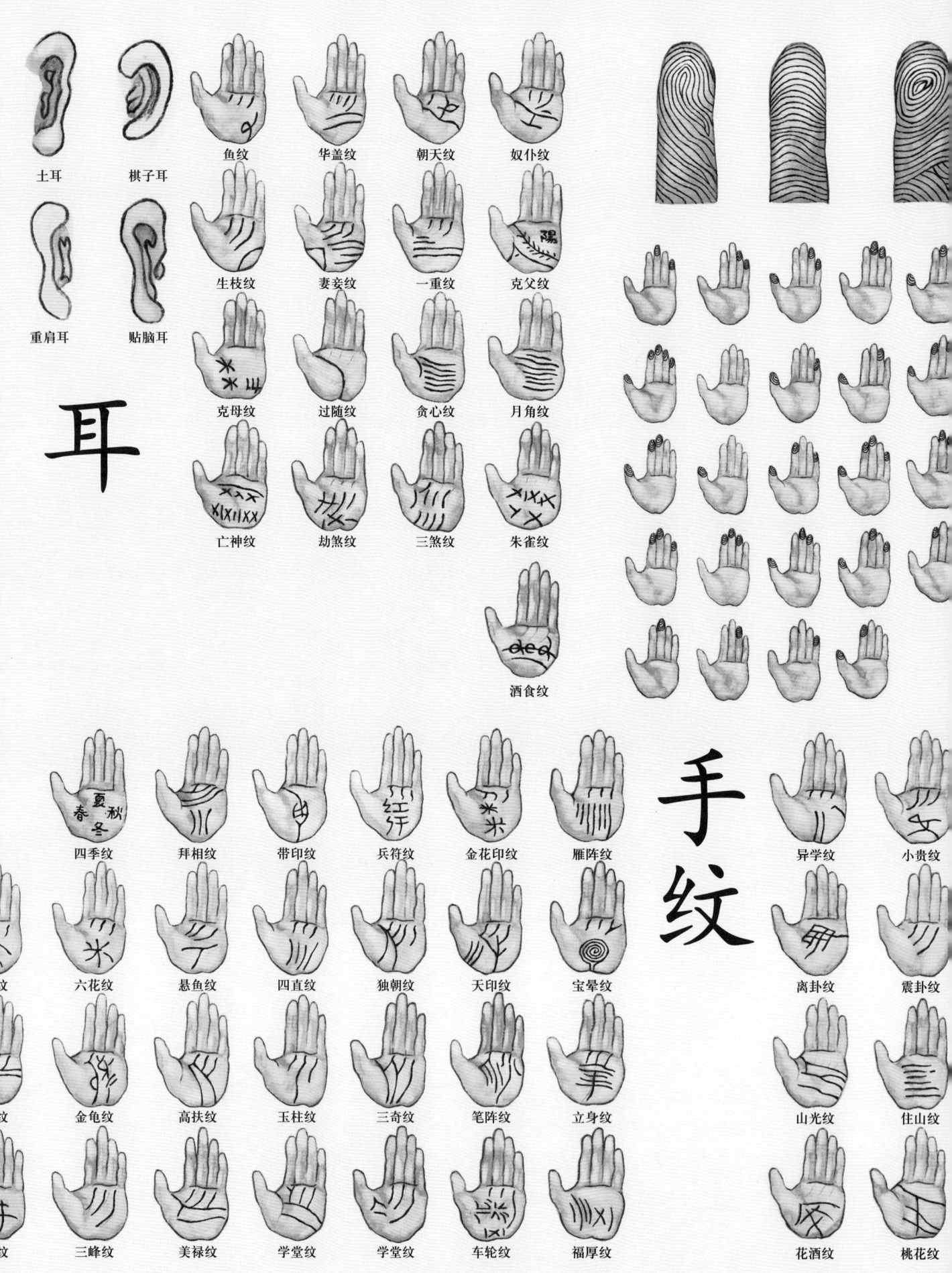

指纹

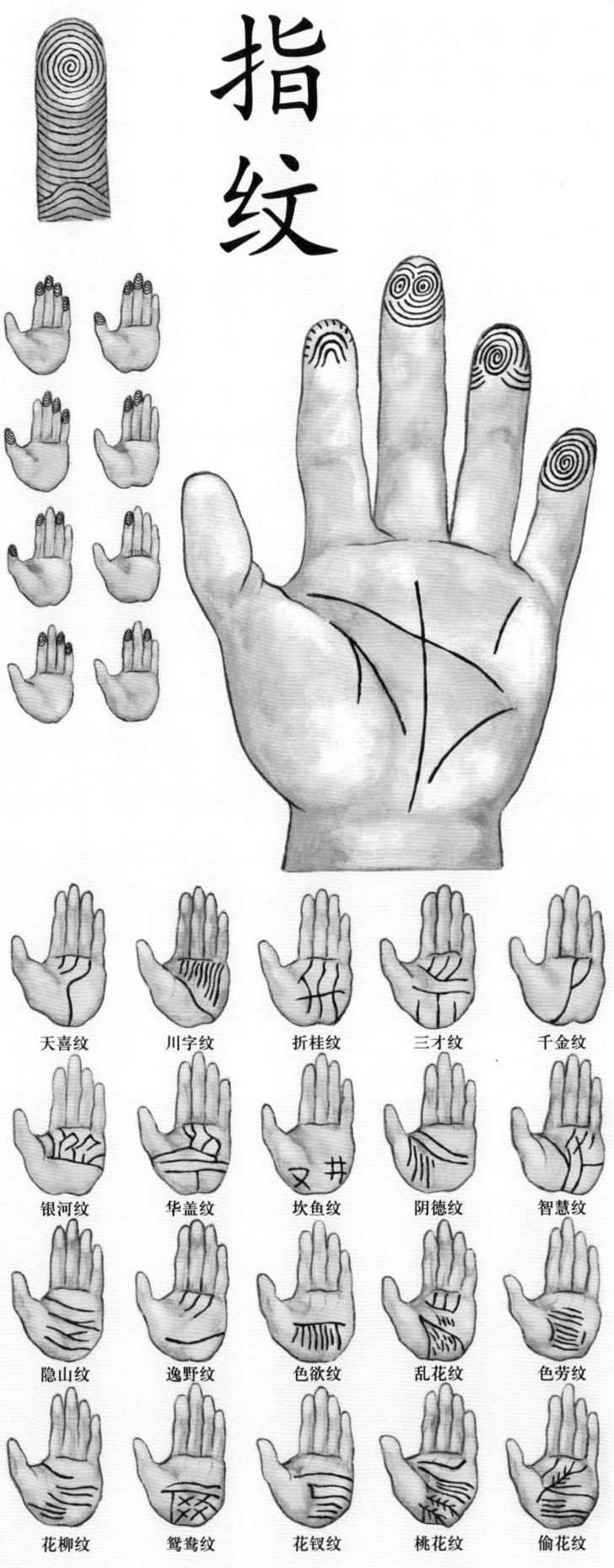

我常想，在古早交通不便的年代，一本《皇历》所扮演的角色何其重要。它所传达的讯息，除了敬天礼神、择日取吉、气候与农耕外，也在众多礼神规矩的限制中教导一些变通的办法，回避万一非不得已的状况。而在各类医学常识中，竟然还有教导怎样控制生男生女的方法呢。至于教育的部分，传达的则以劝人为善居多，其中最重要的是命理与相术的指引。

每次看《皇历》，总是会翻到秤骨算命术，或是很多人头布满了痣，手掌画了很多线纹……一般的《皇历》印刷比较粗糙，我以前没有仔细研读其中的奥秘。这次为了这个单元，深入研究，才发现老祖宗可真有一套，把小小的一个人头与脸，从上到下分成十三部位总要图，流年运气部位，十二宫分之图，五星六曜五岳四渎图，六府三才三停之图，九州八卦干支图，四学堂八学堂之图，五官之图，论痣的，论痕纹的，连后脑勺也可以论出一番区别哩。并且把人的气质分成威猛、厚重、清秀、古怪、孤寒、薄弱、恶顽、俗浊等种类。更厉害的是论单一的眉、目、鼻、人中、口、唇、舌、齿、耳、四肢、手、掌纹、手纹、手背纹、足、足纹，连声音也是重要的一门学问哩。这中间又把这些项目跟各种动物做比拟，还会为了怕不容易记，把人相准则变成口诀，方便人记住，且口诀还分各家各派呢。晚清名将曾国藩著名的相书《冰鉴》则比较简约，分别以神骨、刚柔、容貌、情态、须眉、声音、气色七章论相，探讨的内容则比《皇历》深入。

在台湾，台北建国桥下的周末玉市，可说是一个最适合观察人相的地方。玉市的摊位都很集中，大家都坐着，每一个摊位都在人头上方点个很亮的灯，方便爱玉者仔细观赏玉器。我在那里看到形形色色的人：玩大的，玩小的，真心交换的，骗人的，被骗的，精明的，上当的，洗钱的，偷来的，传家之宝的，要卖不卖的，非卖不可的……所以我很喜欢去玉市，很像进入一种众生群相轮回的界，有趣极了。

本章节我把古本《麻衣相法》《月波洞中记》与《冰鉴》《皇历》上画的图像重新照样绘制，编排出好玩的众生相图。不过对相术真有兴趣的人，还是该去阅读原籍书典。

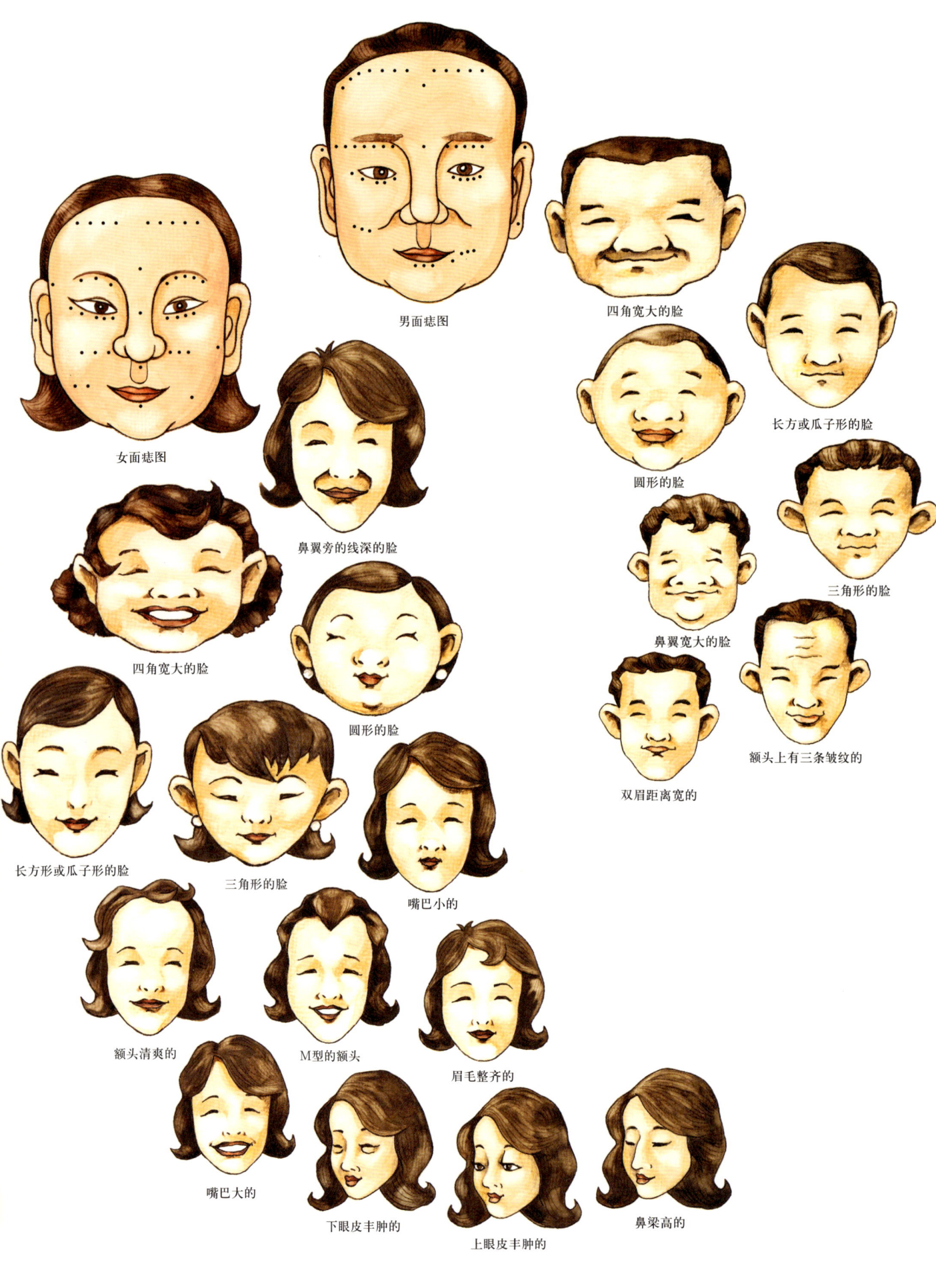

中国人认为"相由心生",因此,相学之术特别发达。所谓"面相学"就是透过研究一个人的额、眉、眼、鼻、耳等脸部各个部位与气色,来判断一个人的个性、心思、运势及祸福吉凶。

相传黄帝的名臣风后氏得书于云中彩绘,他以"先天为体,后天为用"创立了名为《风鉴》的相学。相学广为流传,周朝时期政治选才,会聘请相学家协助;春秋时期晋国闹大饥荒,盗匪四起,官府则聘用相学家利用相术辨认匪盗。秦始皇焚书坑儒时,医药、卜筮、种树之书不在禁列,相书得以流传下来。

透过相学网罗能人志士,在中国历史上屡见不鲜。秦汉以后,辅佐开国君主的国师大多精通相术,其中最有名的就是三国时期的诸葛亮与明朝的刘伯温。清代中兴名臣曾国藩精于治国、治兵、治家、治学,更精于相术,著有《冰鉴》一书,在历史上留下"知人善任"的评价。曾国藩的相术口诀之一:"邪正看眼鼻,聪明看嘴唇;功名看气宇,事业看精神;寿夭看指爪,风波看脚跟;若要问条理,全在语言中。"表现了命相的精妙细腻。

面相学里,人的脸部主要分为三个部分,从发际到眉毛、从眉毛到鼻尖、从鼻尖到下巴,分别称为"三停"与"三才"。三停等长则主富贵显荣,三停不均则孤寒贫贱。三才也称为天、地、人:天庭饱满得天时之利,鼻、颧、三山得配可得人和之便,地阁方圆则有地利之便。

另有"六府""五官""五岳""十二宫位",更进一步论其清浊、动静、刚柔、厚薄、粗细、丰隆低陷、长短、肥瘦、正反方圆轻重、高低、大小多少、内相外相。

透过"五官"的观察,通常就能对一个人做一些基本分析。简而言之,眉毛关系到健康、地位,眼睛关系意志力、心地,鼻子关系到财富与健康,嘴巴关系幸福、食禄与贵人运,耳朵则关系到长寿与否。所以,一般人也会运用相术作基本观察,例如"狮子鼻"财库丰、"三白眼"性冷静、"八字眉"重感情等,也许有助于对人事物的初步判断。

八字是天命,据说可决定一个人百分之五十的人生;姓名则是父母所赐,代表另外百分之五十的后天运。有些《农民历》也会收录姓名学里简单的笔画吉凶表,供人参考。

姓名是"内三才",不具有任何五行与磁场,也不会起任何作用,必须与天、地、人相互结合之后,才能产生"外三才""外格"和"总格"。因此,姓名笔画、属性组合必须与八字搭配,借以营造一个有利的运势。

即使在科技发达的今天,台湾人仍然相当重视姓名能否带来好运,所以,父母为新生宝贝取名时,总会参考姓名学,希望有个"好名",带来一生的"好运"。

以食為天

主食

无与伦比的中国素食

三 053
以食为天

根茎类与面筋

莲藕与莲子其实来自株高根深的荷花，所谓"夏荷、秋莲、冬采藕"，贴在水面的睡莲是不生子也不产藕的。《周书》云："薮泽已竭，既莲掘藕。"更细致的说法则是："花未开，叫菡萏；已开，是芙蕖，也是芙蓉。至于茎，叫茄；实叫莲；根是藕，莲剥去壳，就是莲子，叫'的'，莲子中心苦涩不堪的胚芽，叫薏……"总之，荷花不止妩媚动人，而且从叶到子到藕都有食用价值。

南宋诗人杨万里形容莲藕的口感："比雪犹松在，无丝可得飘。轻拈愁欲碎，未嚼已先销。"这种特殊的口感，外国素食是不可能有的。莲藕可以削成薄片生食，《本草纲目》称其为"灵根"，韩愈更称赞它"冷比雪霜甘比蜜，一片入口沉疴痊"。中国人不但早就懂得吃莲藕，并且了解它对止血与血路上的保健疗效。现代医学分析莲藕的热量不高，却含有大量的纤维。

莲子一般是做甜点材料。我在江苏庙港看到荷塘里的莲蓬形状独特，赏心悦目，从松软的莲蓬直接剥出的莲子，新鲜且无苦涩之味。荷塘的主人说，为了养那摊污泥，得放入羊粪，整个人泡在污泥中翻搅，莲藕才会长得好。

莲藕可以凉拌，炖排骨汤，冰糖莲藕也是很多人爱吃的甜点。需先以糯米塞满藕的洞口，然后与桂圆、红枣加水煮熟，让其完全冷却，煮余的水则与冰糖、桂花煮到浓稠，作为蘸食之用。

莲藕还可做藕粉，台湾的藕粉都产于台南县白河镇。当地气候适合生长石莲和建莲，农会不断地提供方法与技术，所以当地的家庭代工是夏天剥莲子，冬天切莲藕。

可以做粉的莲藕是一种干小的藕，通常保留最前端的部分当种苗，于四月种下，约十月可以收成。两端去除下来的走茎与根节则可晒干泡茶喝。剩下的藕茎清洗后绞碎，再以水清洗绞碎后的藕泥，流出的白泥水让其静置沉淀，过滤后再进行沉淀与干燥。当地的人会利用洗粉的残渣作有机肥，也利用烧柴的灰粉将水分吸干。经过这些基本处理后，将结成硬块的藕粉刨成条状，置于太阳下曝晒至干即成。两百公升装的莲藕，只能生产约一到三公升的藕粉，其间的处理确是非常繁复。藕粉可退火，但清淡无味，大多与红枣或桂花等同煮。它也可做凉糕，先用冷水把粉调匀，加入热水成糊状，再掺上少许玉米粉成型，馅心通常用绿豆、红豆或芋头，细致软滑，很是可口。

近年来，现代医学再三强调酸性血液与体质不利于人体健康，而素食品能远离肉食品所带来的酸性体质反应，吃素的风气遂越来越盛行。以前店家总把素食做成鸡鸭鱼肉的样子，我觉得倒尽胃口，对素食的印象不好。不过最近几年台湾的素食已摆脱那种精神慰藉的假象，脱胎换骨成自然的时尚阳光形象，对健康也更有助益。

一般人以为吃素是因佛家推崇不杀生的戒律，其实《圣经》里也有吃素的记载："当巴比伦国王奈布喀奈撒苦于病魔蹂躏时，曾经遵照神的指示，如牛吃青草般地尽量进食蔬菜而得以奇迹似的痊愈。"印度古圣哲们对食物则有这样的共识："食物中较好的部分是用来建造有形质的身体，而用最好最优的部分来筑造无形的精神心灵世界。"印度人还把食物分类为悦性、变性、惰性三种。其中的悦性食物，大多属于符合现代世界潮流的素食材料。爱因斯坦也说："素食者的人生态度，乃是出自极单纯的生理上的平衡状态。"一般习惯大量肉食的人，一旦意识到健康发生危机而想改变饮食习惯，并不容易达到西方素食者的自然状态，但若走东方素食的路线，则可慢慢体会身体的改变，逐步走进素食的健康领域。在台湾，很多人都以"二蔬一果一地瓜"或是"三蔬二果一地瓜"为蔬食早餐，此处的蔬指的是非叶菜的当季菜，果则是当季的水果，都以生吃的方式，而地瓜则为熟食法，以此为原则，改善了很多人的过敏性体质。

东西方素食的口味，其差别在于西方素食多半蘸酱入味，比较少熟热的种类。其原因是东方的原料有很多种类比较耐煮，处理方式也比较多样。我们有变化较多的**根茎类**植物、五谷杂粮类及其加工产品、**面筋类**食品、可以热煮的**叶菜类**、**腌制菜类**的传统、地域性的**菌种木耳类**与特殊的**海藻类**、**热带水果**的增味性，一年四季的**芽菜类**，以及掌握**豆类**产品的食用技巧。其次，中国人对食品独到的刀工、火候、余烫、腌制、爆炒香、焖烧、蒸煮、勾芡等，都是积累了数千年经验的传承，也让我们的素食能够有更多样的变化与更可口的滋味。

我们的食物体系中，根茎类的地瓜、山药、莲藕、芋头、蒟蒻、牛蒡、萝卜、百合等，含有胶原蛋白与大量的纤维，具有养生效益，都是很好的素食材料。

山药就是中药的淮山，有大量多糖蛋白质混合的黏蛋白，而且没有热量，能抗氧化，抑制癌细胞，并对生殖系统有帮助。山药的名称据说来自"山遇"的传说：古代两国交战，一国有粮食，山里的一国缺粮食，有粮食的一国包围没有粮食的一国，等待他们的军队粮尽而投降，但没有粮食的一国以一种根茎类充饥，马则以此根茎的藤叶为粮，竟然打败了有粮的一国，于是有了这个"山里遇见"的"山遇"名称出现，再演变成"山药"。

处理山药时，有些人对其皮中所含的皂角素或切开后的黏液中的植物碱过敏，最好戴上手套防范。如果不慎碰触而皮肤过敏发痒，可涂抹生姜，或泡于醋中，也可在火上烘一下，达到止痒的作用。

山药切成丁，搭配芡实、沙参、鸡肉丝、葱丝、姜丝煮粥，或是与莲子、薏仁、红枣、芡实、白扁豆、百合、黑糖等煮粥，都是健脾补肺的粥点。山药切细丝，余烫后搭配芝麻、酱油与葱花，则是漂亮的前菜。山药与笋炖汤，堪称人间美味。山药磨成泥，与红枣或椰枣搭配黑芝麻，连糖也不用加，是健康可口的甜点。台湾还有山药冰淇淋与把山药混合到面或面线中去。

芋头又称为淀粉类的蔬菜，因为它有高量的膳食纤维，对胃肠的蠕动有帮助，也可加速胆固醇的代谢。同时因它含钾量很高，可帮助身体排出多余的钠。

台湾的芋头有槟榔心芋、高雄十三号改良种、做芋头粉的面芋、耐存放的红梗芋、做西点馅料的狗蹄芋，以及子芋多的母芋。另有一种观赏用的姑婆芋，全株有毒，不可食用。

芋头切开后，若属上品，一定呈现细致的肉质感，若流出粉质状的汁液，则比黏液状的汁液好。

芋头的吃法，咸甜皆宜。现在最普遍的是吃火锅时放入芋头块，可增加汤头的浓度。台湾的面包店可以买到芋头酥，是最有特色的芋头小点。芋头蛋糕、芋圆等，现在也很流行。我最喜欢的是吃完筵席后的芋泥。做芋泥要选用槟榔心芋，去皮后切成小块，先蒸熟再碾成泥，加上动物油或植物油与白糖，继续搅拌成非常匀称的芋泥，然后隔水再蒸，让它更入味软烂，最后撒些芝麻增加香味，或撒花生碎粒、葡萄干、红枣与桂圆亦可，可以吃到一种甜糯香润的舒适感觉。

芋泥有个故事与国家尊严有关。相传清道光年间，林则徐担任钦差大臣，到广州见其他国家的领事，那些外国领事为了嘲笑中国大臣，准备了冰淇淋请林则徐吃，只见他端起碗直朝冰淇淋吹气，以为要散热，遭到领事们一顿奚落。后来林则徐回请对方时，饭后甜点端上了不冒烟的芋泥。外国领事们不知这芋泥刚出锅时的温度滚热，看到这色香俱全的美食立即舀了满匙吃进口，结果是吞不下去也不好意思吐出来，狼狈不堪。有位领事甚至把嘴唇给烫红了一圈。林则徐这才告诉领事们："这道中国名菜槟榔芋泥，外表冷静，内心炽热，与冰淇淋表面冒气，里面冰冷正好相反。"一道槟榔芋泥，竟可帮我们中国人报仇呢。

蒟蒻有很多名字，最常见的是魔芋，还有花梗莲、虎掌、花伞把、麻芋子、土南星、花麻蛇等。它的特性是春天先开花结果，再长出叶子。

蒟蒻具多糖且高黏稠之特性，有洁净肠道的功能，所以又有"去肠砂""胃肠清道夫"之名。除了有利于吸收胃肠内的水分，也可以吸收胆固醇。同时它含有大量的水溶性纤维，不含卡路里，是瘦身者的最爱。

市面上卖的都是蒟蒻的加工品，是用一两的蒟蒻粉，均匀地加入以三饭碗的水先配以一钱的碱粉搅拌的液体，以同一方向搅拌，凝固前入模具。静置一小时左右，倒入热水中汆烫，加入白醋，去除碱味，煮约三十分钟。再持续换水煮，直到闻不到碱味为止。

蒟蒻可做成果冻当点心，也可变成面条粉丝的形状当主食，或者凉拌、宫保均可。我们家

生的白萝卜香脆好吃，但属于性冷食物，煮熟则性属温平。我有个朋友久咳不止，中医叫他吃些萝卜，因为据《本草纲目》记载，吃萝卜可化痰。吃中药时要注意，同时吃萝卜有很多忌讳，可能会解中药的效果。老一辈说"上床萝卜下床姜"，也说明了晚上适合吃萝卜。

中国人可说把萝卜的吃法发挥到极致，在台湾有人会以萝卜的嫩叶腌制酸菜，比芥菜少些苦味也比较脆；萝卜的幼苗称为萝卜缨，也是居家常用的叶菜。萝卜除了凉拌、炖汤，还可腌制萝卜干（菜脯）、酱萝卜，以及做萝卜糕与萝卜酥饼等。早年留学生想起"菜脯蛋"是会充满乡愁的。而萝卜糕与萝卜干，还可以分出来源产地与中国不同省份的不同口味。杭州菜里有道糟油萝卜，切成方方的，是可以当成主菜的。有一个说法，萝卜未经霜就不适合做萝卜干，所以要做前，还要弄清楚摘采的时间呢。

每年过年之前，王平姐都会送给我几包她腌制的萝卜皮，王平姐的厨艺没有人能比，她所经营的华声坊，过年前都会做各种不同的萝卜糕点，削下的萝卜皮就腌制成香脆可口的餐前小点送给亲友，我可把它当成宝一样，因为她做出来的口感与味觉是没有人可以比的，而年节期间吃得比较油腻，这餐前的小点特别让人觉得清爽开胃。萝卜从头到尾，从里到外，是那么普遍又具有可塑性的食材。

好友华真的母亲有一份台湾南投的腌萝卜配方，是一种味觉的记忆，流传在台湾老厨房的角落，特为推荐如下：萝卜十斤、盐半斤、糖半碗、白醋半碗、酱油半碗、香油半碗。先切去萝卜头尾，连皮洗净切片，加盐腌渍二天。装入干净的洗衣袋后，用石头重压以利出水。酱油、糖、白醋煮开放凉后备用。最后用上述酱料及香油与压干的萝卜拌匀，放入冰箱冷藏，约一星期即可食用。此外，也有加上辣椒、蒜茸、豆豉、高汤等口味的，在外卖便当中较常见。

台湾乡间还有一种老菜脯，少则十多年，多则上百年，据说比人参还贵重。我以前只是听说，后来意外得尝，真觉得是人间极品。

我的朋友宪能兄、月芸姐热爱古董家具与茶，不但收藏丰富，而且件件都是精品，光是老茶瓮就有几百个。为了陈列这些藏品，他们买了个好大的老茶厂，取名"前后巷"，我常借那个别具特色的艺文空间拍照。一回瞥见一个不一样的瓮，放在一处特别的角落，问了宪能兄才知里面装的是高龄九十年的老菜脯。他说是收藏古董瓮时，意外发现里面还有菜脯，问了原来的瓮主人，才知已有九十年历史了。我一听兴奋得抢着要，他俩很慷慨，不但给了我几条九十年的，还给了其他瓮里五十年的。后来我郑重其事地做一桌菜回谢他们，主菜就是用两只土鸡，分别以九十年与五十年的老菜脯炖汤，那味道既甘醇又浓郁，令人回味无穷。所谓"琼浆玉液"，大概就是这样的滋味吧？

这九十年老菜脯的颜色，沉黑朴素而润泽，是我见过最美的黑色。最独特的是，它的表面均匀

选用比较肥大的白色蒟蒻，在其表面划几刀，加上红萝卜丝、金针菇等，用沙茶酱与醋加上香菜凉拌，是既有味道也可以先垫点底的餐前小食。

牛蒡的闽南语发音为"吴母"，俗称"牛大力""牛房"，中药学名"牛蒡子"，常用于银翘散或透疹汤等处方中。牛蒡虽其貌不扬，却又名"便宜的人参"，因为它有丰富的营养成分与高纤维。台湾从日本引进牛蒡后，也发展了自己独到的吃法。

牛蒡的纤维质容易木质化，所以采购以带点土的、体形笔直均匀没有须根为原则。根茎类植物若放太久就长出叶子，一定要予以去除，以免吸收其养分；最好是切丝煮熟后冷冻保存。牛蒡的皮很薄，用刷子略微刷洗再用刀背轻刮表皮，日本料理的师傅切丝时，会先在表皮画入刀痕，再以同一方向刨削成丝，或是削成薄片，静置于加醋的水中一阵子，避免其颜色氧化变黑。如吃冷食沙拉，则配以碎核桃等坚果，浇上芝麻酱等。牛蒡的表皮营养成分更高，若入汤，最好不要刮掉表皮，切块与排骨或鸡块炖煮即可。若要香酥，则切丝沥干后，放入约一百五十度的热油中，立刻把火转低，用筷子翻搅以免黏在一起，油炸至金黄后起锅沥干油分，撒上砂糖或糖霜与芝麻。也可以切粗一点，裹上低筋面粉加冷水与蛋黄混合的蛋糊，一根根地油炸，也有特殊的滋味。

东方的素食，除了豆腐，就属**白萝卜**最具特色。李时珍在《本草纲目》中称赞白萝卜为"蔬中最有利益者也"。小时候我们会唱"拔萝卜、拔萝卜，嘿哟嘿哟拔萝卜……"这首童谣让我很小就知道这长在地底下的东西一定不好拔。自己种了才知道，"生沙壤者甘而脆，生瘠土者坚而辣"，土壤的松软与湿度，是种植白萝卜的要点，而且千万不能让它开花，一开花，地下的萝卜就老了。

白萝卜是十字花科类，胡萝卜则属伞形科。相传唐朝时即开始种植白萝卜，是僧侣们作为供品并馈赠给施主的。白萝卜又名"莱菔""大根"，闽南话叫"菜头"，有"好彩头"的象征意义，所以也在竞选或开年时成为纳祥的装饰品。我的朋友嘉瑜是安徽人，她们家一直都保有的过年习俗是，年夜饭全家要围在炉子边，吃炸萝卜丸子，也是有吉祥的寓意的。

我阿姨教我买萝卜时要轻敲几下，有脆音者较佳，煮之前先切洗好，放上一阵子，让它本身的水分自然蒸发，才有足够的空间来汲取烹调时的汤汁。忙碌的生活，也可先把白萝卜放在水中加上米粒，煮好冷藏备用，等要吃前再放入各种有味道的汤头中。这两点，我觉得非常受用，是居家可以事前准备的。

青菜
类

分布着一粒粒细小闪亮的结晶盐，那是经过时间的提炼再生出来的。

依据中医的说法，老菜脯具有滋阴、排毒、去瘀、解郁的功效。与鸡汤同煮，什么都不用加就满室生香。煮好后，老菜脯拿起来放着，还可以再煮第二锅、第三锅呢。我还盛了第一锅的一碗给识货的季季喝，季季也认定那是菜脯中的顶级品。人生有过一次这样的经验，是值得怀念的。

百合为草本球根植物，应用上除了观赏常见到的香水百合与麝香百合之外，有些品种，球根含丰富淀粉质，则可拿来作为食用与药用。其中以兰州所种植的百合最为有名，个大、味甜，可做菜或做点心。

《神农本草经》已经有对百合的记载了。它是由鳞瓣数十片层层相合而成，故名百合。百合特性在于既甘寒且滋润，营养丰富又有养阴润肺的好处。与肺有关的毛病，都以此为食疗，又可以维持血液酸碱平衡，所以为养身的重要食材。百合近中心部分可能略带苦味，可以不用，清洗时可以多泡一下。

百合粥是加入冰糖与米煮成的粥。百合莲子或是百合牛柳是快炒的食疗菜，我则以宫保方式，加入大段红干椒与花生炒。百合与梨子、冰糖慢火炖煮，也是常见的餐后甜点。

容易腹泻的人不宜多吃，又受风寒咳嗽的食疗以散、疏、宣为方向，百合则以收、敛、润为所长，在《本草求真》中有提到，百合好处多，但"初咳不宜遽用"，所以要有所分辨。

面筋类食品，我在《来自中原的面食文化》中曾提及它的制作方法。面筋加入酵母与糖，加温发酵再蒸则可制成烤麸。看起来没几个字的叙述，真的要自己做却不是很容易。好友Betty旅居美国，她教我用美国超市卖的大豆蛋白（高根粉）一包，约一百八十四克，加水一杯左右搅拌，切成小块油炸一下就成面筋；用筷子略卷一下，放到水里去煮，就是面肠；若加上泡打粉一大匙，蒸三十分钟左右使其膨胀，然后泡入冷水十分钟，挤出水分后再进出热水与冷水两次，出现海绵状的质地就是烤麸。高根粉本是美国人用来增大面包筋性与延迟面包变硬的烘焙用品，没想到能变成做面筋的材料，真是旅居国外华人的福音。

我阿姨的烤麸最是好吃，她用撕的方法把烤麸分开，而且撕得比别人好看，尺寸恰当，用黑木耳、香菇与笋或扁尖笋干红烧。她会在做烤麸的前一天晚上，把香菇与扁尖笋干用冷水泡起来，并用个盘子压住。香菇泡软后，那碗水要留下来。因为烤麸有很多毛细孔，红烧时可以轻易地吸收其中的香菇水与酱油的精华。阿姨用的是万和豆瓣酱油，加入适量的糖，烧出来的烤麸不会硬硬的，味道香甘而不死咸。使用什么样的酱油，可能是红烧烤麸的关键，至于一般常用的毛豆，因为再煮就不好吃，颜色也会改变，我们只有煮面筋时才会用毛豆来搭配。花生面筋则是一道常见的家庭小菜。

此外我阿姨还会把面筋加入高根粉，搓出更结实的面团，再加入麦芽糖调味，烧出有叉烧口感的素食，非常巧妙而别致。面筋的发明，让华人的素食产生有嚼劲的系列产品，确实比西方人的素食特别而有味道多了。

可摘掉最外层的叶子。摊贩要赚她的钱，可真不容易。

我跟阿姨买菜理菜，通常要花上一天时间。上半天在菜场精挑细选，回家后分开处理，耗神耗时，也要花半天时间。阿姨说现代农业会喷洒催生或熟成剂，很多化学变化是看不到的，因此分开存放以免牵连的化学反应干扰是有必要的，她特别强调胡萝卜一定要跟其他的菜分开放置。

阿姨先是用醋或盐与柠檬热水洗刀板，然后开始整理。阿姨最不喜欢把菜放到冰箱，她说会被闷到，使菜变得软烂，失去水分，但不得已一定要放进冰箱的菜如菠菜、油菜、小白菜等，看状况喷点水，用会呼吸的报纸或牛皮纸包好站在冰箱下层。生菜则会把芯部摘掉，塞入纸巾，待水分被吸干后，才放到袋中冷藏。瓜类先切掉蒂头（避免老化），去掉内部的瓜瓤，再用报纸包好，也一律倒站着放入冰箱。山苏要去掉硬梗，切开的冬瓜用保鲜膜包，豆类放到盒子中再放卫生纸保持干燥，嫩姜则用保鲜膜包，这些都可以放到冰箱冷藏。

暂时不放冰箱的有韭菜、芹菜、茼蒿、葱等，她会分别捆起来，站在浅浅的水盆里。这样可在使用时保持湿润度，也不容易烂掉。茄子只要表面完好，也暂时不放到冰箱。香菜也不放冰箱，但仍套上一层纸，装到塑料袋，但不封口。有时她收到我送给她我种的肥美香菜，她想存得久一些，就索性把根部摘掉，放到太阳下晒一两天，再扎一下悬挂在阳台上。要吃的时候，再用温水泡一下，神奇的是，能保存住香味。再看她对番茄的耐心，五分熟的番茄，放到塑料袋后，扎紧，每天开一次袋子，让新鲜空气进入十分钟左右，再扎紧，放在阴凉的角落。有一次我看她拿纸巾擦拭塑料袋，她说别让湿气进去，这样的办法，可以养着这些番茄足一个月之久。阿姨的阳台上，有各样的篮子，放洋葱、蒜苗、马铃薯。喜欢整齐与有洁癖的她，受不了大蒜松散的样子，替大蒜找个有孔的专用陶罐，有时她会把蒜干脆挤成泥，装到小罐放冰箱冷藏。那一小罐，通常用上半个月之久。阿姨的阳台上还有一个保丽龙盒子，里面有些土，她喜欢保存冬笋，有时也把老姜放里面。阿姨非常在乎冬笋，若看到有点破的，或该吃的，她会先剥掉壳，干脆煮到半熟，挂在她那篮子里面。听说那样笋可以保存十天。要送礼物给我阿姨，只要送篮子，她就会很开心，因为可以让她晾菜用，她的后阳台，太阳不会直接晒到，成了她保存蔬菜的园地。

青菜的叶子都很嫩，菜农为了防虫，多少会洒一些农药，阿姨炒菜之前都先把青菜放在流动的清水底下，慢慢洗去农药，包菜类还得先切开来洗。苋菜、空心菜或菠菜、豆苗等菜不能用钢铁刀切，而是用掐的，这是因为除了菜有铁质以外，菜的叶子与梗的口感是不一样的，阿姨会把梗子部分单独以刀工处理成爽口的菜色。叶菜类锅炒之前要先汆烫，捞起入冷水保持翠绿的颜色。至于烫青菜，水滚入菜，再滴下油。炒青花菜，油锅爆香蒜头，加水与糖再入菜。炒菠菜、空心菜、茭白笋之前，一定要用沸水煮过，去除其中的草酸钙。她还告诉我，醋一定要后加；青菜要脆，则用玻璃袋装上冰块，隔袋冰敷。

这前前后后的处理，费了多少工夫，所有的青菜到了我阿姨的手下，当然是既安全又营养又好吃。

每天五份如手掌般大的蔬菜水果，是医生建议我们要摄取的基本养分。我们有着丰富的各种青菜，很多是外国没有的，如地瓜叶、空心菜、A菜、韭菜、韭黄、苋菜、青江菜、油菜、大白菜、茼蒿、高丽菜、红凤菜、九层塔、山苏、紫苏、山芹菜、香椿、川七、珠葱、娃娃菜、过猫、皇宫菜、金针花，以及丝瓜、苦瓜、茭白笋、茄子、四季豆、豆苗、秋葵、春菊、槟榔心、青椒、黄豆芽、绿豆芽、芦笋等。

每一种青菜都有特殊的维生素，为了保留其中的养分，一般都以汆烫或快炒为主。台湾最传统的处理方法是汆烫，只蘸酱油膏，或拌以蒜茸酱油，讲究一点的则加几滴麻油或猪油。如果是快炒，顶多是以葱姜蒜爆香。但随着经济环境改善，饮食的料理越来越讲究口味变化，光是青菜的入味方法就五花八门，近几年还流行以百香果、青木瓜、苹果、番茄等水果入味。其他比较一般的，如豆腐乳炒空心菜，培根炒高丽菜，破布籽炒龙须菜，豆豉炒山苏、川七，小鱼干炒黄豆芽，鲕仔鱼炒苋菜，肉末炒韭菜、韭菜花，蚝油炒芥蓝，芝麻酱焖冬瓜、豆芽，虾酱炒空心菜，干贝炒娃娃菜、白萝卜、芦笋，老姜丝炒过猫、红凤菜，柴鱼片炒春菊、萝卜，椒盐炒银杏，豆瓣酱炒箭笋、茭白笋，嫩姜麻油炒枸杞、川七。另外还有用鸡蛋入味的，如苋菜、香椿、番茄、珠葱；用皮蛋入味的有韭菜花、菠菜；用咖喱入味的茄子；用粿粉炸的紫苏、香椿、九层塔、牛蒡、地瓜等。

此外，用做法入味的有干煸四季豆，焗烤南瓜、马铃薯，奶油白菜，醋熘高丽菜，以及用三杯法做的茄子、九层塔等。至于凉拌腌制类，则有用白萝卜、胡萝卜、高丽菜、大白菜、小黄瓜等腌的泡菜，用芥菜腌的酸菜、福菜、榨菜、大头菜，以及用豇豆腌的酸豆角等，都是很开胃的菜色。

在素材的搭配上，有咸蛋配苦瓜，菠菜配皮蛋，蛤蜊配丝瓜，九层塔配茄子，海带配黄豆芽，韭菜配绿豆芽，雪里蕻配豆干或百叶，酸菜配肚片，芥蓝配牛肉，腊肠配香蒜也是很常见的。还有混合搭配的吃法，如马铃薯沙拉，麻辣豆鱼，毛豆笋丁肉丁与萝卜干豆干同炒，以及中国人过年吃的十香菜。十香的种类还可依据各地生产的菜色及各家的习惯而做不同的搭配，我们家是把金针、木耳、酱瓜、咸生姜、百叶、胡萝卜、芹菜、豆苗、黄豆芽、咸菜等每一种少量分别过一下油，最后合在一起拌，这菜吃冷的，很费工夫，是很地道的上海菜。

说了青菜的吃法，当然还必须说说它们的前置作业。就以我那很会做菜的阿姨来说吧，从买菜到做菜的每一步骤，她都步步为营，绝不放松。跟着她上菜场一天，可以学到很多窍门。她会去折一下菜摊的青菜，如果梗折不断，表示不脆，她就不买。根茎类她用敲的，因为菜从内部开始腐烂，听声音听得出来。快要发芽的不行。苦瓜要色白，表面颗粒大。冬瓜要外绿内白。且瓜类拿起来要有重量，尾部不要发黑。西芹颜色越绿越好。茭白笋切口处如有黑点或海绵状，表示太老、不新鲜。青木瓜，她是用订的，如果她准备腌菜，则提前打电话请菜摊的老板不

豆腐与粉丝

豆腐的来源，有一说是起于孝道。公元前一百多年，汉高祖刘邦的孙子刘安，人称淮南王，对母亲非常孝顺。他母亲喜欢吃黄豆，有一天病了，刘安就将黄豆磨成粉，加水熬成汤，要给母亲喝，没想到加盐调味后，豆粉汤竟凝结了。刘安也修炼丹之术，遂与同道开始研究，研发了凝结成块的技术后，豆腐就渐渐变成中国人最重要的食材。

明朝时，苏雪溪写了一首咏豆腐的诗，不但传神而且很雅致：

传得淮南术最佳，皮肤褪尽见精华。一轮磨上流琼液，百沸汤中滚雪花。
瓦罐浸来蟾有影，金刀剖破玉无瑕。个中滋味谁知得，多在僧家与道家。

其实，不只是僧家与道家，皇帝吃的菠菜豆腐取名为"金镶白玉板，红嘴绿鹦哥"，老百姓则有"菠菜豆腐保平安"的俗语。中国人不分贫富贵贱，家家户户的餐桌上，几乎每天都会看到豆腐这项独特的民族食物。

豆腐发明至今两千多年，制作技术更为细致，除了以黄豆制造，也有用营养价值更高的黑豆制成。台湾的黄豆大多为进口，分成基因改造与非基因改造黄豆，我都尽可能选择非基因改造的有机黄豆。

做豆腐的第一步是磨豆浆，对怕胖或对牛奶过敏的人来说，豆浆是最好的替代品。做西点时需要用到牛奶，也可以用豆浆替代，我还用它来做优格呢。不过长辈常提醒我们一些喝豆浆的禁忌，例如不要空腹喝，不可以跟红糖一起冲泡，不能跟生鸡蛋一起服用，不要放到保温杯中……

生活三宝 葱姜蒜

葱姜蒜是中国人的生活三宝，不只是重要的食材，因其具有刺激性作用，也可透过皮肤吸收，达到疏通血脉、驱寒杀菌、增发、清洁等功效。百分之九十的菜色，都可以用葱来提味与去腥，我自己总种上几盆葱，做菜时可以随时取用。

有谓"冬吃萝卜夏吃姜，不劳医生开药方"。姜分老姜与嫩姜，我小时候父亲经营金山农场种过嫩姜，直销日本，那几间厂房黑漆漆的，我很怕走进去。现在的我可是一天都离不开姜，尤其是冬天，稍受风寒一定要喝生姜红糖茶。去国外滑雪，也先找当地的中国餐馆买些老姜，回旅馆煮姜茶驱寒。每天上午起床后先含五片姜，已经变成我的例行公事了，听说这样可以预防感冒。有谓"早上吃姜，胜过吃参汤；晚上吃姜，犹如吃砒霜"，还有"一年之内，秋不食姜；一日之内，夜不食姜"，秋天干燥，燥气伤肺，姜属热，要吃对时间才是。

种植姜的时候，需在切开的面上先蘸一层干稻梗所烧出的灰，以防止腐烂。嫩姜几个月即可采收，老姜则要两三年，有句话说"姜是老的辣"，道理即在此，也因而引申为评估一个人精明干练的隐喻。姜丝姜片快炒是很多食材常用的，举凡看到姜片爆炒的菜，姜都被先炸成卷曲状，就是要把姜汁完全逼出来融入菜中。姜汁豆花是健康的冬日甜品，姜汁撞奶也是冬日暖胃的好饮品。姜面直接擦在头皮上，蘸点硫黄粉，可去除汗斑。

姜汁、蒜泥，都可帮助菜肴去腥，增加鲜味，强化免疫力。SARS期间，我"命令"孩子们每天生吞大蒜。大蒜一般指的是蒜头，蒜叶称为青蒜或蒜苗，花薹称为蒜薹。每个地方的称谓都不一样。据载是汉朝张骞从西域引入。我有个得癌症的朋友告知，医生要他一天吃一颗蒜。大蒜最好捣碎成泥，放置十几分钟再吃，因为这样会让大蒜素形成，具有疗效。糖蒜是北方吃法，配饺子吃。吃多了大蒜，口腔有味道，可喝牛奶解除。金门有一种大蒜，叫黑蒜，是将普通蒜头发酵、熟成，做成没有辛辣味的食品。葱与嫩姜要放冰箱保存，其他的可多买一些，放在通风处即可。葱姜蒜去头、削皮或渣子剩下的部分，装到棉布袋里，泡澡前丢入热水中，可促进血液循环。

生活三宝，处处都可善加利用。

因为制作时的方式不同，豆腐有以下几种分类：**硬豆腐**，又叫板豆腐或老豆腐，也有人称为卤水豆腐，常与虾酱、白菜、毛豆、豆豉搭配，以红烧、油炸、麻婆做法处理；**嫩豆腐**，含水量比硬豆腐多很多，大多为凉拌皮蛋豆腐或香椿拌豆腐，或与肉末同烧之用；**鸡蛋豆腐**，加入鸡蛋制成；**百叶豆腐**，系蒸过的豆腐，很扎实；**油豆腐**，系炸过的豆腐，有三角形、四方形、口袋状等；**冻豆腐**，系以老豆腐冷冻而成，通常为吃火锅时食用。东北人把冻豆腐与黄豆芽熬汤数小时，成了**蜂窝豆腐**，蘸酱料吃。

豆腐进一步加工后也有多种产品。**豆干**，含水量只有豆腐的百分之四十到五十，是豆腐经过调味后的产品，有各种口味的变化，依形状又分豆干块、豆干角、豆干条、干丝。豆皮，是豆浆凝结后最上面的一层皮，上海人称为"**百叶**"，又名"**千张**"。市场上看到一张一张整摞的贩卖，买回后要浸泡在小苏打水里，约一千毫升的水对一茶匙的比例，几秒钟就要拿起来，否则会太软不好处理。若要打成百叶结，对切整页，折成三折后，轻巧地打个活结，这个动作要快，留足空间来吸吮再煮入的味道。百叶结的妙处在于让软嫩的豆皮增加嚼劲，市场上现成的百叶结，则完全无法有这种软嫩的体会；如以油豆腐粉丝配百叶结做一碗点心，三种材料都是豆类，却有不一样的口感与味觉，这是中华饮食文化的伟大之处。**豆酥**，以磨豆浆时挤出的豆渣油炸加盐而成，是很多素食品的原料，豆酥鳕鱼这道菜的豆酥，则能让鱼腥味减轻，也让鱼的口感比较硬挺，是绝佳的组合。

亚洲地区的不少国家，也是爱吃豆腐的民族，技术也都是从中国传过去的。唐朝时的鉴真和尚，把豆腐技术介绍到日本，他们的豆腐文化比我们晚了五百年，虽然也做得很精致，但种类的变化没有我们多。任何食材到了中国人手里，就像变魔术一样，不断变出各种不同的形式与口感。

豆腐乳的制作，最重要的是接种毛霉菌及密闭发酵。虽然各省口味不一，基本功课都是豆腐先切小块，抹盐后晒干，唯一的差别是有的先蒸过。制作豆腐乳的功力在于要做出有弹性的腐块，恒温与湿度控制的掌握，其他则各家各有腌制的办法。以台式豆腐乳的制作为例，选择微硬的豆腐块，去边，切成小块，抹上盐，晒太阳。晒时需常翻面，晒到两面金黄。若出现白色的菌丝是正常的，若有黑色斑点则需用米酒擦拭，若斑点面积过大最好不要用。

晒干的豆腐块，还需先放入热水汆烫一下，吹风晾干。此时把凤梨切小薄片铺到罐底，放入风干的豆腐块，铺上一层细冰糖，再放入豆腐块，铺上一层糙米，再放入豆腐块，最后加上米酒。米酒倒入至离瓶口一二厘米，再滴入数滴高粱酒，盖紧瓶盖，放置两个月以上即可食用（放置愈久风味愈甘醇）。也有人用豆曲（糙米）或咖啡豆取代凤梨，会有不一样的风味。

我去过江苏吴江，向项先生学当地豆腐乳的做法。他是把豆腐切成块，上面盖一层纱布防尘，使其自然发酵，冬天还给它们盖上被子呢。待豆腐表面长出菌毛后，容器以热开水烫过，自然风干。然后把花椒与盐放入水中煮开，待冷透后加入黄酒，把豆腐一层层放入，并于层间洒上椒盐酒水（也可加入辣椒粉）。容器塞满后即放置阴凉处，待菌毛全部融化即可食用。

豆腐乳又称南乳或猫乳，一般常见的有红白豆腐乳、玫瑰腐乳、火腿腐乳、油辣腐乳。袁枚在《随园食单》称"广西白腐乳最佳"，其实是各人的习惯与口味不同。我常旅行于很多偏远地带，常有不同饮食文化的不适应，但只要带上一罐豆腐乳，总让我有离家不远的感觉。

要让豆浆凝结成豆腐的凝结剂，制作上比较麻烦。如碱卤为磷肥，以干稻梗所烧出的灰碱性较强，半公斤的灰加半公斤的水，沉淀下来的即为碱卤。盐卤的制作则有三种方法：（一）一千公斤的海水煮三天三夜，剩下约百分之一的液体即为盐卤。（二）十斤盐装在布袋内，放到雨淋不到地方，出现在布袋外层的结晶体即为盐卤。（三）盐装入洞口很细的网篮里，把篮子放在陶制的桶上，放一碗水在它旁边，再用塑料袋将之套住；让篮子中的盐吸收水分后，滴到陶桶内的即为盐卤。另外较常用的石膏粉，是中药行卖的煅石膏磨成的。

　　而豆腐的制作其实很简单，黄豆先加水泡一晚，捞起后放到机器中，一般市售豆浆大多以一比七的比例，但自己做，可以一比三的豆加水磨成较浓的豆汁，经过分离去渣则成为豆浆，大火煮滚后，再煮上五到十分钟，要不断地翻搅，以免粘锅烧焦。煮滚熄火后，待温度降到七八十度，加入凝固液（为十克的盐卤配以六百毫升的水），用勺子以阿拉伯数字"8"的走向混合后，倒入有棉布覆盖的模子中，压上重物，让其静置凝结即成。

　　豆花，是很多人爱吃的餐后点心，制作时以十公升的浓豆浆，配以凝固液（为十克的盐卤配以一千毫升的水），以及三百五十克的地瓜粉，混合后可倒入较深的锅子。凝结后用平平的铲子，挖出来吃。

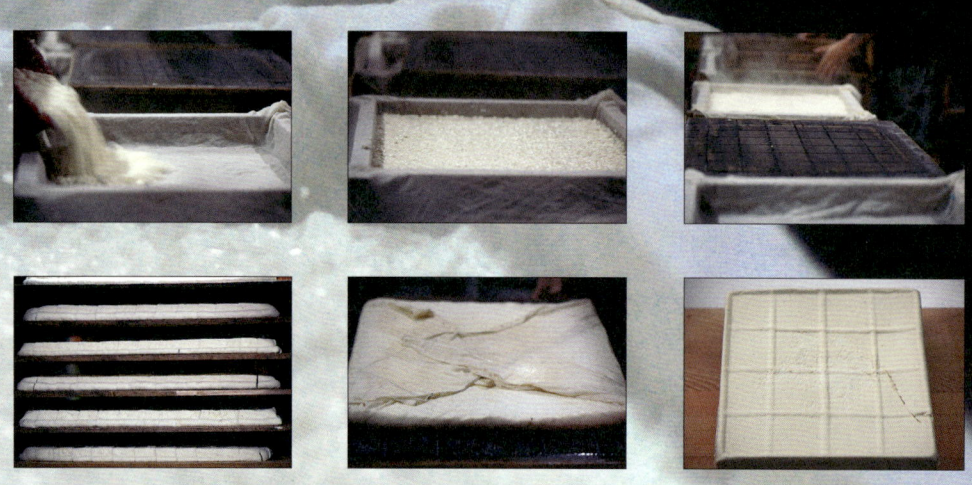

三 073
以食为天

粉丝又名冬粉，制作过程一样要浸豆、磨浆，然后还得经过糅合、成形、煮熟、挂竿、低温冷冻、常温解冻、干燥、包装等程序。以粉丝为材料的菜色，最常见的是蚂蚁上树、油豆腐细粉，也有怕胖的人用来作为主食。切碎的粉丝，也可混合其他蔬菜，作为素饺子、素包子的馅料。台北淡水有一道有名的小吃，名为"阿给"，就是油豆腐里面塞满冬粉，高汤煮过，淋上甜面酱。

粉皮的制作完全靠人工，从选豆开始就很重要。绿豆磨成粉加水混合后，捞一点到一个铜制的圆框模型，放到滚水中快速煮熟，直接转入冷水中定型，然后立刻拿起来晾晒到通风的架子上。热成型与转入冷水的时间，都需要有经验的人才能拿捏得当，所以没有办法以机器自动化制作。而且晾晒也要看天气，必须上午十点多就开始曝晒八到十小时。万一当天天气不好，就没办法制作。

粉皮的颜色晶莹透明，最常见的菜色是鸡丝拉皮，配以小黄瓜与芝麻酱入味。如放到砂锅鱼头中与大蒜苗同煮，也非常软滑可口。

　　有"中国的起司"之称的**臭豆腐**，是以豆腐块泡入臭卤水发酵做成的。古法制造臭卤水，大多用野苋菜、冬瓜、姜、花椒等数十种蔬菜，加盐腌制，让它自然生臭、发酵，产生发酵水。第一次产生的臭卤水，需要放置八九个月的时间，之后就变成了引子；如味道变淡，再加入蔬菜即可。但目前能以这样从容的时间制作的厂商已不多。

　　臭豆腐的奥妙是闻起来臭的，吃起来香的。我记得小时候吃的，油炸后只加点甜酱与辣酱，也没有泡菜等其他味道的介入。我阿姨也自己做臭豆腐，她只用菠菜，洗净切成碎末，容器先用开水烫过晾干，然后置入菠菜塞紧，不加任何水，过了一周就变臭卤汁，放入豆腐后，两天就是臭豆腐了。天太热她就放到冰箱，因为密封得好，臭味不会外溢，挺干净的。除了炸之外，配以毛豆蒸臭豆腐，更是行家才吃的好东西。臭豆腐其实像优格一样，是含有益生菌的食品。

　　我们家除了善于料理豆腐，也擅长料理**干丝**。但我们不是买现成的干丝，而是买豆干回来切，若没买到白豆干，则要忍痛把黄色豆干黄皮削掉，切细丝，不需要加上别的材料，纯配以鸡火汤，就很好吃了。那切得极细的干丝，吃出了味道也吃到了刀工。

　　有些人吃百叶只用热水泡，那口感很硬，我们则先用碱水泡，以一叠十张的百叶，泡约四分之一碱块，或是一汤匙苏打粉，泡开时用温水会快些，但温水拿捏的时间要懂得控制。当百叶泡出了黄色的水，即可开始漂清水，以流动的水至少冲四十分钟；手必须不紧不松地抓洗。要学会拿捏百叶的软硬，洗到没有黏黏的感觉，需在水槽边站很久才摸得出来。若没有冲干净碱水，则百叶一遇热就会烂掉。我相信在外面的餐馆，是用泡洗，而非冲洗，所以跟家庭的口感不一样，因为不经煮，所以味道进不去。我们常以百叶炒猪肉丝为家常菜，非常下饭。

　　在市场中，与豆腐排在一起的还有鱼豆腐与芙蓉豆腐，但它们都不是用黄豆做的。**鱼豆腐**的材料是鱼浆，**芙蓉豆腐**则是鸡蛋汁与柴鱼片做成的。还有一种**蛋豆腐**，是用蛋与太白粉做的，但水分比芙蓉豆腐少一些。

　　很多国家都产黄豆，但大多不会制作豆腐及相关的加工品。可以理气去燥热的绿豆，是我们夏季的解暑圣品，却也是在其他民族不容易看到的食品。

　　夏季最常吃的绿豆汤，好吃的诀窍是在绿豆快要煮烂时，加入一些绿豆粉，这样味道会更香浓。

　　绿豆还可以做粉丝与粉皮，是中国人餐桌上不可少的食物。以纯绿豆粉做的粉丝，煮起来不会断，黏度强，有劲道，若加了玉米粉制作的粉丝则容易断。更有一些黑心厂商加了化学漂白剂，所以购买时选择有信誉的厂商比较妥当。

山里的珍宝

三 077
以食为天

问题。白木耳又名"穷人的燕窝"，含丰富的胶质与胶原蛋白，是美颜的食品。白木耳浸泡到软，去除底部，加水以果汁机打烂，再加龙眼干或红枣、莲子与冰糖同煮。一片白木耳泡发起来很大，有时可吃一星期。除了白木耳、黑木耳，一般买到的菇蕈类还有蘑菇、鸿喜菇、蚝菇、秀珍菇、杏鲍菇、香菇、洋菇、巴西蘑菇（又称小松菇）、金针菇、金喜菇、白面蘑菇。

中国云贵川等地的原始森林，因为没有工业污染，是世界上以野生方式栽培菇蕈真菌类最多的地方。好比素食中常见到的竹荪，并非长在竹子的内膜，而是一种将真菌予以火焙或晒干而制成的食材，此物需要在地深山密的竹丛环境下生长，容易凋零，又叫"雪裙仙子"。竹荪自然清香，野生的不容易取得，其味不浓也爽，使用时先以冷水浸发，挤干水分后，再用来吸取汤汁。现在市场上看到的，多半是人工培养，且经过漂白后的产品。而菇蕈类就更多了，尺寸上大的如石磨，小的像扣子，品种上百种，但可食用的仅三四十种：羊肚菌、松茸、鸡枞菌、黑虎掌菌、黄虎掌菌、干巴菌、珊瑚菌、块菌、松露、牛肝菌（白葱）、牛肝菌（红葱）、黑牛肝菌、喇叭菌、牛肝菌（黄赖头）、老人头菌、鸡油菌、青头菌、猴头菇、皮条菌、大红菌、谷熟菌、奶浆菌、北风菌、青杠菌、冬瓜菌、金耳、银耳、木耳、茶树菇、竹荪、姬松茸、滑菇、杏鲍菇、榆黄菇、白灵菇、平菇，最近还开始种植冬虫夏草、樟芝、灵芝。

冬虫夏草，顾名思义冬天是虫夏天是草，这种野生的菌丝生长于海拔三千至五千米的高山，寄生在近雪线的草坡上的蝙蛾幼虫内，以虫体为养分，生长快速。当菌孢长到跟虫体一样长时，即是最珍贵的"头草"；接下来是约虫体两倍大的"二草"；僵化之后长出须根，就是通称的"冬虫夏草"。有效提升免疫力，价钱比黄金还贵。

这些山里的珍宝，近年经生化研究发现多种对健康有益的成分，但因天然的种植不易，也研究发明了菌丝体，广泛应用于珍贵的樟芝、冬虫夏草、灵芝等山中的野珍种植。有"台湾之宝"称号的野樟芝，是一种只生长于牛樟树干腐朽心材内壁的真菌，数量极为稀少。我去阿里山采访茶叶专题时，听说原住民可以带路去山区内指认。因为听说对肝病有疗效，目前市面上夸大的广告不少，都称以萃取的方式取得养分，以液态或颗粒状贩售。

灵芝据说是炎帝最小的女儿瑶姬的精灵转化的，中国古典小说中常提到这种山中灵草有起死回生的功能。著名的戏剧《白蛇传》中，白素贞偷盗南极仙翁的灵芝去救爱人许仙还阳，即是流传千古的感人故事。

灵芝菌有神奇疗效，其表面生长的图案，也大多有象征吉祥的庆云图或如意图腾。前几年我家装修房子，拆开院子里那棵百年香楠树底下的挡土墙，竟然发现了一颗灵芝，我还很兴奋地去跟一位植物学教授炫耀。他却告诉我，这并不是好事，因为灵芝不是植物，不进行光合作用，生长于树底会把根部的养分吸光。我们除去了灵芝后，香楠大树确实长得比以前更挺拔了，足见灵芝果如古典小说中的，汲取天地之精华。近年各地虽有很多论文探讨灵芝的功效，二〇一三年台湾的研究院则是领先全球破解灵芝多糖抗癌作用机制，岩藻糖是灵芝多糖萃取物F3抗癌的关键，可促进各种免疫细胞增生，提升自然杀手细胞毒杀能力进而消灭癌细胞。

灵芝起死回生的故事，曾发生在我一个长辈身上。他的家境优渥，大约五十年前因为心脏病紧急住院，家人花了当时的三十万元新台币买了一个灵芝，长辈服用后，真的回了点精神，跟家人交代些事情，准备进开刀房手术。哪知进了开刀房手术后，突然整区停电了。当时的医院设备还没有现代化的不断电系统，这位长辈就因电力系统中断太久而回天乏术。我听了这故事后十分感慨：灵芝虽能助人起死回生，老天爷命定的安排却是人抵挡不了的啊。

对中国人而言，野生的菇蕈类自古就是山里的珍宝。元代的《农书》即已记载人工栽培香菇的方法，是用椴木养殖的。

二〇〇九年一月底，我开始跟着山上的何先生学种香菇，以杜英树的一段枝干用电钻挖孔，把菌丝塞入孔中，然后滴入蜡烛溶液封口，整段包上塑料布平放在地上，每天浇点水保湿，过一个月翻转一次。到了七月，移开塑料布，让段木立起来，每天大量浇水，三四天转一百八十度。到了十月，香菇就一朵朵长出来了。

第一次种植就有收成，真是让人喜出望外。而且这新鲜香菇可以生吃，蘸一点橄榄油与盐，就是人间美味。五段杜英木，让我们从十月吃到三月。雨水少时，菇长得慢，肉质比较厚，下一场大雨过后，就会冒出好多，肉质变薄但是比较大朵。盛产时，我们可以奢侈到做香菇浓汤。我也把它们放入干燥机，变身为好像价值上千的礼盒，送给朋友分享我的喜悦和骄傲。

在台湾，除了杜英、椴木外，楠木段也可以养香菇。椴木以直径分，直径小的收成一年，粗一点的听说可以收成三年。我有个朋友种的菇跟我的是同一家族，比较圆。但他种得多，为了烘干香菇，特别盖了一间仓库，香菇放在大铁柜内的一层层网子上，底下的土挖一个大槽，用烧柴烟熏的传统方法熏干香菇，但必须有人二十四小时照看，保持温度的稳定。他养香菇也很辛苦，因为松鼠会来偷吃，他要比松鼠起得早，清晨四点就到香菇林站岗。我们都觉得，我们的香菇比起真空包种植的菇类，多了一层浑厚且清新的味道。我相信跟菌丝成长的速度与天然的养分有直接的关系。从我们种下菌丝到收成，至少约九个月到一年，真空包则只需一半的时间。

冬末春初种植的菇，生长较慢，形状比较肥厚像花朵，称为冬菇，日本人称为椎茸或天白冬菇。天气渐热，则比较大而成伞状，这种菇通常会烘干，称为香信，介乎厚与薄间的，则称为香菇。此外还有香蕈、北菇、花菇等。

菇类是天然的碱性食品，中国人视干菇为重要的烹饪材料，很多素菜料理，都靠着干菇提味。我们家的习惯，是用冷水盖过干菇泡十二个小时，并用个盘子压在干菇上。烹饪时，那泡过的菇水，比化学合成的鸡精或味精都更能提鲜。

菇蕈类在食物链中，不像蔬菜是生产者，也不像动物需要摄取其他生物的养分再排泄。而且菇蕈类不需要光合作用，是先把养分进行分解后，才吸收其中的蛋白质、矿物质、维生素等营养作为它生长的能源。每一片菇类的菌伞下方有菌褶，大都平贴而挺立，蕴藏无数的孢子，时机成熟时，会飘散到空中去为新的生命落脚，所以在孢子蓄势待发要飞之前，即是最佳的采收时机。

一九七〇年代开始，大众化的太空包种植菇类广为流行，方法是把木屑、米糠、贝壳粉或发酵过的稻草等香菇生长所需的养分，整合在一个经过抽气的段木状塑料袋内压紧，然后消毒，把可能生菌的菌种以高温杀菌，待冷透后再植入香菇菌种，四五个月即可收成。木耳类的种植，现在也渐渐使用这种方式。有位朋友的祖母百岁大寿，我们去贺寿，席间她就告诉我们，她每天上午吃白木耳与黑木耳，当饭一样吃。很多人都知道一帖治疗心血管堵塞的食疗方：白背黑木耳（干的）二两、瘦猪肉二两、红枣五个、老姜二片，木耳泡软后以六碗清水慢火炖煮至少两小时，空腹吃，一天一次，以二十五日为一疗程。经医界分析与实验证实，木耳有清血的功能，能防止凝血、血栓等

白面蘑菇、滑菇、榆黄菇、白灵菇、茶树菇、猴头菇、姬松茸、松茸、金耳、银耳、木耳、竹荪、羊肚

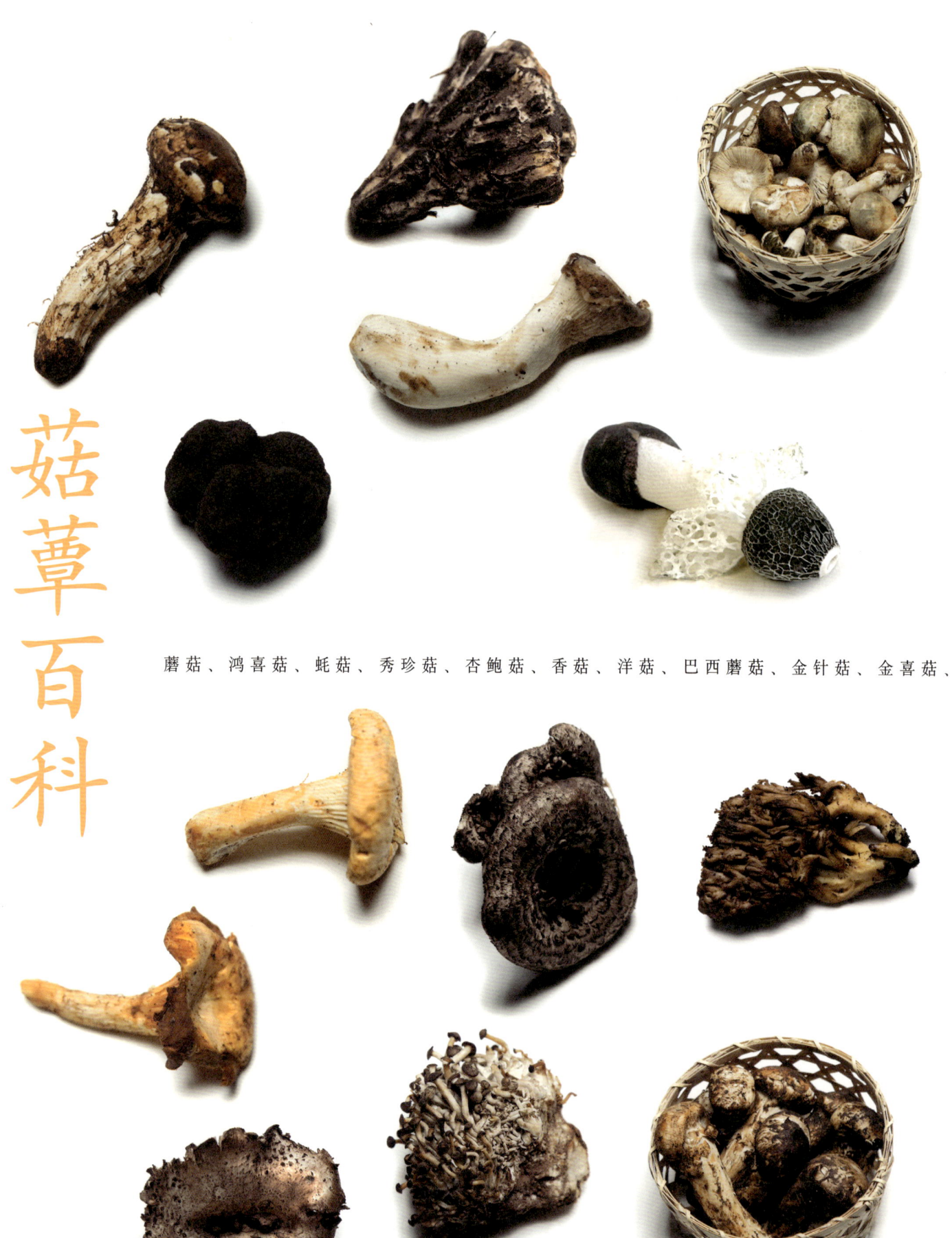

菇蕈百科

蘑菇、鸿喜菇、蚝菇、秀珍菇、杏鲍菇、香菇、洋菇、巴西蘑菇、金针菇、金喜菇、

菌、黑掌虎菌、黄掌虎菌、干巴菌、珊瑚菌、块菌、松露、牛肝菌（白葱、红葱）、黑牛肝菌、喇叭菌

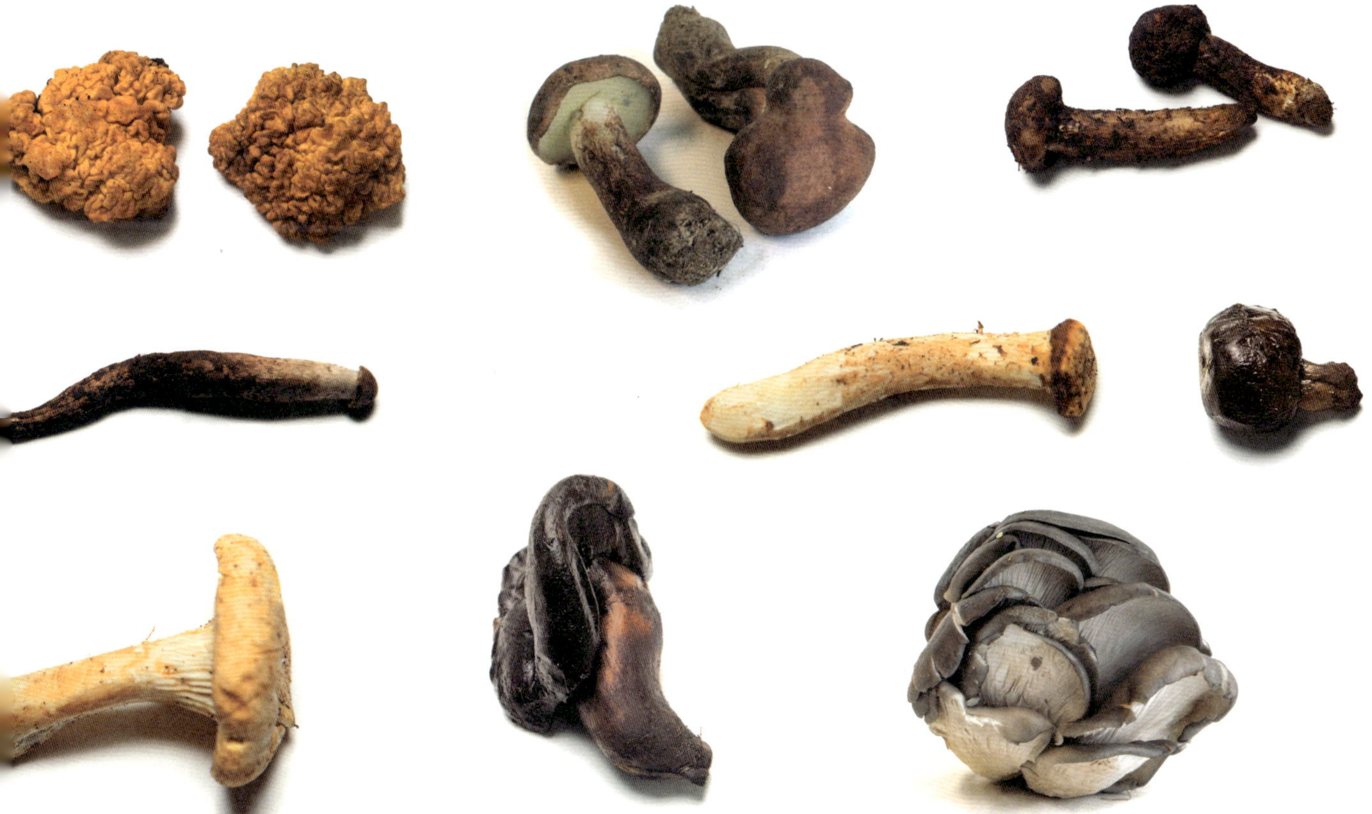

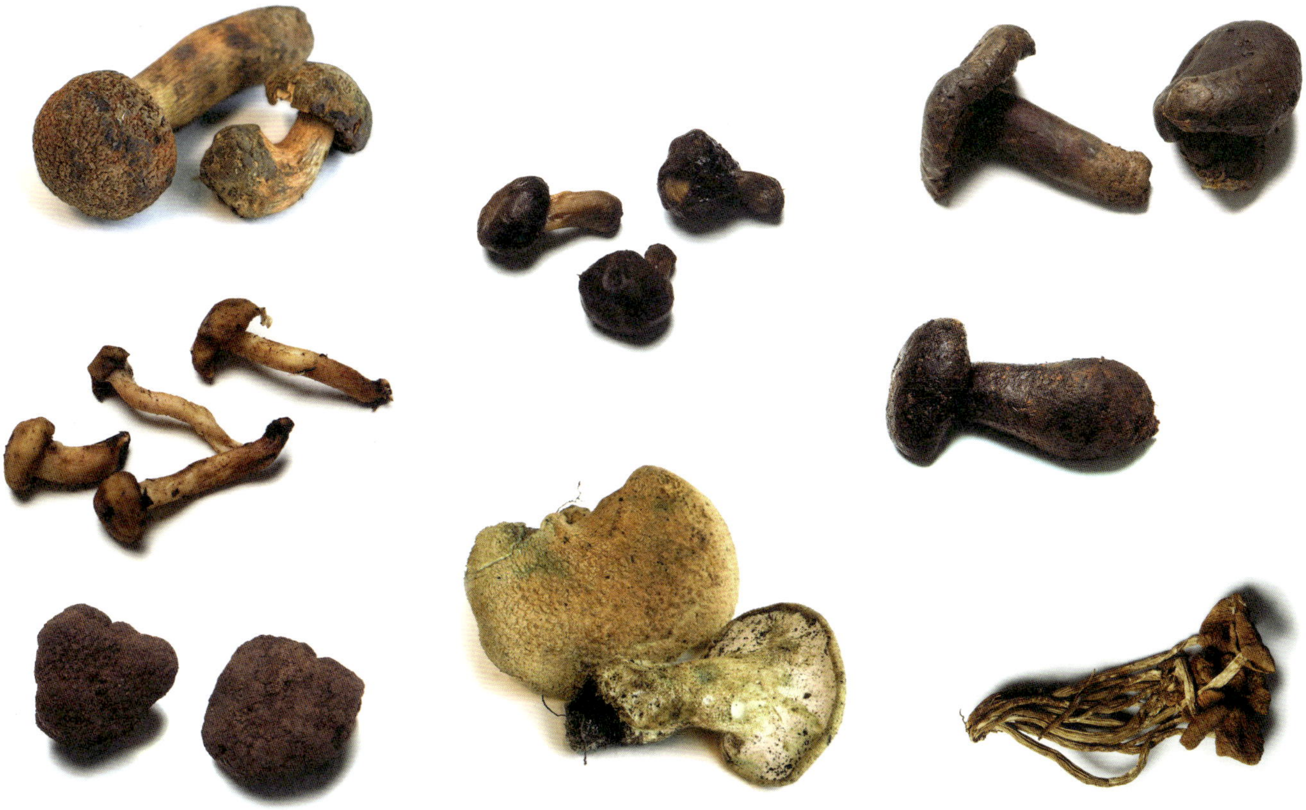

黄赖头、老人头菌、鸡油菌、青头菌、皮条菌、大红菌、谷熟菌、奶浆菌、北风菌、青杠菌、冬瓜菌

咸鸭蛋又名腌蛋，是早年经济比较宽裕的人家搭配稀饭最常见的食材。咸鸭蛋的极品是红心蛋，蛋黄颜色红且油多，常用来做月饼的馅心。袁枚曾说"腌蛋以高邮为佳"，使得江苏高邮的咸鸭蛋声名大噪。其实各地腌制鸭蛋的手法不一，风味也各异。新鲜鸭蛋蘸上各家的入味料后，要用沙或黏土、泥土或面粉、盐水包覆，静置三到六周后即可煮食。除了配稀饭及前述的三色蛋，还可做咸蛋蒸肉、咸蛋炒苦瓜，都是很传统下饭的菜色。

看一个民族的饮食文化，光看蛋的处理就知道他们的饮食艺术。中国人对于蛋的料理，除了最平常的煎蛋、炒蛋、烘蛋、蒸蛋，还有卤蛋、茶叶蛋、熏蛋、铁蛋等。甚至还懂得利用鸭蛋壳毛细孔粗善吸收的原理，做出咸蛋与皮蛋，进而发明了好吃又好看的冷盘菜"三色蛋"。这道菜的做法是把咸蛋、皮蛋切成小块，与鸡蛋混合去蒸，待冷切片即成。方法其实很简单，但第一个想到把三种颜色、质地都不一样的蛋混在一起蒸的人，真是有创意呀。广东料理中有一道金银蛋苋菜，是以蒜头、苋菜配上咸蛋黄切丁、皮蛋切片，再混以鸡蛋白勾芡，除了有不同的蛋，还有不同的形状，真是了不起的构想。

还有一种溏心蛋也很特别，但做法比三色蛋麻烦。"溏"有三点水，意指它的特色是蛋黄非常水嫩。先把酱油、糖、五香粉、姜、葱煮滚成卤汁，放置到凉透。室温蛋轻敲一下，放入冷水中开火煮七八分钟，加一点醋防止蛋壳破裂，并用手滚动蛋，求其蛋黄位置居中。关火焖两分钟后，把蛋放到水龙头下冲冷，以利剥除蛋壳。然后将之浸入卤汁中，隔一天捞起，切半排列成盘，是一道理想的前菜。但切开时不能用刀，需用两手抓一条线，从中间划开，以免粘连。

我还吃过很特别的没有蛋黄的蛋呢。做法是把鸡蛋敲个小洞，让蛋汁流出，取其蛋白与鸡卤汁混合，再灌回蛋里蒸熟。熟后剥掉蛋壳，端上桌时好像一只外形完好的白煮蛋，但里面没有高胆固醇的蛋黄，而且洋溢着香浓的鸡汁味。这个菜的名字为"混套"，这也是很富巧思的创意。

过年时吃的蛋饺，也是富于创意的发明。首先把蛋打匀煎成蛋皮，包上碎肉与大白菜、粉丝搭配的内馅，香味与口感绝佳。由于外形金黄色，妈妈说是金元宝。但因很费工，以前只有过年才吃得到这讨吉利的金元宝。

小小的一颗蛋，在处理蛋的火候上，温度的控制很重要：温泉蛋七十度，滑蛋牛肉七十度，炒蛋七十五度，都采用中火而不是高温。炒蛋与煎蛋都是先热油，把蛋打入后立刻熄火，再看状况调整火候。有些人为了增加味道，会在蛋汁中加入牛奶或高汤。荷包蛋的油温可稍微热一点，蛋一下去，待边缘有一点焦脆，立刻熄火，把蛋放到盘中，再把锅内的油淋上酱油起一阵烟，利用余温把蛋白再淋熟些。水波蛋必须水煮开了才打入蛋，剔透的白色外衣也可看得到嫩黄的蛋黄。我们家是用糖水煮，吃甜的，有时也加点酒酿。

至于蒸蛋，用筷子以同方向打匀蛋液，不要打出泡沫，加入两三倍的高汤，再透过细小孔的筛子筛过，再蒸。碎肉蒸蛋是很多小孩子最喜欢的一道菜。

蛋壳本身就是一个完好的器皿，例如以美乃滋拌蛋白马铃薯胡萝卜沙拉灌回蛋壳，上面再撒点火腿末；也可以装入比较稀有的海胆或鱼子酱或松露片；也可以做鸡蛋布丁的甜点。这都是精细而讨巧的吃蛋艺术。

"鸡蛋鸡蛋破鸡蛋看谁买到破鸡蛋"，这是我小时候在数数时会念的一句话。随着年龄增长，我在买鸡蛋时还常常想到这句话，因为一不小心就会买到不好的鸡蛋。最近两年我自己养鸡，为的就是想得到好鸡蛋。

　　起先是卖给我电脑的洪先生，告诉我他父亲在养鸡。我跟他说能不能帮我买两只母鸡？他来帮仁喜换电脑的时候，真的抱来了两只蛋鸡。

　　刚巧前阵子我去了宜兰的不老部落，看到潘老板满山的鸡，又听了他们几年前开始养鸡的故事，也开口向他要了两只土鸡。

　　潘老板是台北人，从事景观建筑，娶了位少数民族的公主，变成了未来的酋长。想把台湾地区少数民族自然生活的理念介绍给都市人，于是把自己的部落整理为一个五星级餐厅，连带介绍自然体验生活，开创了餐饮结合一日游的新事业。去过的朋友一个传一个，让他简直应接不暇。公主擅长烹饪，采用自己种的小米、蔬菜或野菜，搭配上山猎捕的野猪、小米酿的酒，用最简单自然的料理方法，端出精致的美食飨宴。但野猪不是每天猎得到，需要养些放山鸡来搭配菜色，这个没有养过鸡的少数民族，决定开始自己养鸡。潘老板去向朋友买了一群小鸡，哪知道它们长大生蛋后就潇洒地走开，完全不知道孵蛋这件延续后代的大事。工业化的世代，大型蛋鸡场的孵蛋是灯泡的责任，母鸡可以潇洒地四处串门子，可是部落并不是大型蛋鸡场啊。潘先生后来带着成打的小米酒去拜访部落的长老，陪老人家喝了几缸小米酒后，他们终于答应把两只会孵蛋的博士母鸡借给他。

　　博士母鸡到了不老部落，果然就往鸡蛋上一坐，很尽责地开始孵蛋。那些下蛋的母鸡们，竟然看不懂博士老师的肢体语言，还是轻松地径自去游山玩水。潘先生于是围了个学校，让那些年轻的母鸡们看看它们的长辈如何传家，最后干脆用竹子编鸡笼，把老师与学生关在一起，一对一地授课。我去参观时，还真看到单一授课的笼子教室，博士鸡认真地坐在蛋上，旁边已有小鸡围绕，年轻的妈妈鸡仿佛也很认真地在一旁做笔记呢。这个孵蛋补校的成功，终于让潘老板的养鸡事业延续下来。

　　潘老板送给我两只母鸡，还配了只雄赳赳气昂昂的公鸡。这下子，我们家真的成了鸡犬不宁、鸡飞狗跳的园地。我赶紧划分区域，先去买笼子，把洪先生送来的蛋鸡放到二楼的阳台外。洪先生再三交代，要保持温度，不能太冷，也不能太热，因此也为它们的笼子铺上帆布与厚棉布。潘先生的土鸡则放到一楼的走廊边，做上护栏让鸡犬分离。洪先生要我去买饲料喂蛋鸡。我去饲料店一看，那些饲料都是合成的，不合乎我的实验原则，于是去买些自然的谷物、米糠等，配合我们的叶菜厨余，混合成天然的饲料，让蛋鸡与土鸡都吃同样的"姚家饲料"。刚来时，蛋鸡每天都会下一次蛋，土鸡则约两三天下一次蛋。

　　天气好时，我会把蛋鸡与土鸡放到屋顶的菜园。但是蛋鸡不太会走路，漂亮的红色鸡冠一下子倒到左眼睛，一下子倒到右眼睛，重心不太稳。大概因为这样，它们不喜欢走路，两三步就要坐下来，好像它们天生就该永远蹲在笼子里，尤其跟土鸡放在一起，更是被吓得直想躲起

  皮蛋又名彩蛋、泥蛋或松花蛋。它的发明据说在明朝初年，湖南省益阳县一个养鸭人家的鸭子把蛋下到石灰卤中，过了一段时间才被主人发现，成就了这个不寻常的美食。

  有名的松花蛋则是北方的名称，用米糠与泥土包裹于鸭蛋外壳，北方气温较低，经过两个多月打开一看，蛋白已凝结为胶状，呈半透明的墨绿色，且上面的白色结晶很像松树的花，故得名。皮蛋性寒，最好配红姜片与醋同食。

  我觉得最好吃的皮蛋是香港镛记做的，他们的蛋黄溏化后稀软黏稠，蛋黄边缘又成型，拿捏得刚好，口感绝佳。我去访问第二代甘老板，他们是照古书所载的方法腌五七日，也就是在温度控制下腌足三十五日，并在第六个七或第七个七，也就是第四十二到四十九天之间食用。这期间的皮蛋，一定有溏心蛋黄，过了这日子则退为其次，拿去做粥。可见吃皮蛋也要有保鲜期的考量。切皮蛋时，也不要用金属刀切。另有一说，做腌渍蛋的时间与月亮潮汐有关，要选初一或十五做，其蛋黄就会在正中间。

  制作皮蛋，必须把生鸭蛋浸在强盐的碱溶液与生石灰中，才能让蛋白质变性，达到完全凝胶化的效果，所以皮蛋也是难得的碱性加工食品。就因制作过程会产生神奇的变化，制作的经验与时间的拿捏很重要，否则蛋会继续溶解而液化。有些厂商大量制作，会加入化学物质防止液化，所以会有含铅的疑虑。老人家买皮蛋，皆取外壳没有斑点且壳面完整者，同时会拿起来用手指轻敲几下，有弹力振动的就是好皮蛋。

文化
食物

来。土鸡的气势可就不同，兴致高昂地走在我的酒箱菜园间，我希望它们帮忙吃虫，它们却抢着吃新鲜的菜，而且速度奇快。

后来，蛋鸡不愿多吃我们的天然饲料，下的蛋一下来就破掉。我儿子小元建议说，如果给它们喝气泡水，也许可以增加蛋壳的硬度。为了实验，我真的去买了一瓶二十八元的沛绿雅气泡水，无奈它们喝了照样生下破蛋。我仔细看我喂食的内容，都是传统的食物呀，以前的鸡可没有什么饲料呀。回头看看土鸡，它们倒是怡然自得，两只鸡一周大概下六七颗蛋，情况很稳定。

我跑去养鸡协会询问蛋鸡的破蛋困扰，没有人可以回答我这种实验性质的家庭主妇的问题。一些文献资料也都是告知要注意温度、饲料与环境设施等。看来没有人把蛋鸡当土鸡养，更没有人傻到像我一样做实验。

眼见这蛋鸡在我家生活得不愉快，我就把它们送给附近的邻居，他们欢喜地用现成的合成饲料，把它们当机器一样养。回头说土鸡，它们不需要搭房子，也不用温度控制，每天走来走去，生龙活虎，跟狗群们隔栏对望，随时摆出要交战的姿态。

它们唯一的问题是公鸡，每天凌晨四点半就啼叫，让仁喜闻鸡起舞，只好起来打坐。隔壁邻居有对八十几岁的老夫妇，有天遇到我，很客气地说：我们好久没听过鸡叫了呀！我连声道歉，不好意思再打扰别人，只好把公鸡送还给潘先生。

帮我忙的阿玲舍不得公鸡，跟我打赌说，没有了公鸡，母鸡就不会下蛋了。我说，那两只蛋鸡不是也没有公鸡陪吗？她说那是因为品种不同。我说母鸡就是母鸡，不分品种都会下蛋的，她则坚持土鸡没有公鸡是不会生蛋的。结果公鸡送走后母鸡照样下蛋，阿玲输了就改口说，没有公鸡，母鸡的心情一定不好，产量会减少。我问她，你心情不好就不会排卵吗？眼见母鸡下蛋的量也没减少，她才心服口服，不再叨念那只送走的公鸡。我也因而知道，可能很多人都以为母鸡下蛋一定要有公鸡做伴，事实上这完全是一种误解。还有人打蛋时看到红色的血丝，以为是受精卵，这也是误解。受精过的蛋，会在蛋黄中心看到网状的结构，有血丝的蛋与是否受精完全无关。

我把土鸡的蛋送给母亲，她吃了直说，好久没吃到有蛋味的鸡蛋了！我想，一般市面上卖的鸡蛋，都是蛋鸡厂量产，二十四小时开着灯，蛋鸡不眠不休，有时还一天生两个，累坏了身体，蛋的品质当然也打折扣了。

有了自己养鸡与收成的心得后，我都劝朋友们不要再买破鸡蛋，最好买黄色壳的土鸡蛋，因为土鸡吃的食物比较自然，也具有较强劲的生命力，生出来的蛋一定比温控食控的蛋鸡的蛋更富于生命能量。

黄金好个秋

我对秋天的黄金色印象，是从小时候吃蟹宴开始的。四十多年前，大闸蟹还不能合法进口，但爱吃蟹的上海人总有办法托人从香港走私进来，或从特殊渠道买到海关查扣的拍卖品，每年秋风送爽之后，我常跟着父母亲到亲友家吃蟹宴，我家也会收到两三次亲友馈赠的大闸蟹。

我家的大闸蟹，还有一种戏剧性的来源。我母亲与阿姨有几个当电影明星的干儿子干女儿。当年的海关很严格，但对电影明星好像有某种礼遇，不需要被检查。入秋时节，他们去香港或从香港来，也会偷偷带几只大闸蟹来孝敬干妈。我记得其中一位干哥哥带着他的朋友风尘仆仆地赶到我们家，进门鞋一脱就用那演古装戏的声调说："娘呀，孩儿回来看您啦！"然后眼神溜溜地转，小心翼翼地，从他们的大外套口袋里边掏边喊：一、二、三、四、五！哇，五只还会动的大闸蟹！然后又用那古装戏的声调说："娘，这是我孝敬您的！"

我母亲是又高兴又舍不得："你看看，你看看，要是被查到了可怎么办？你这个孩子呀，顽皮！我们怎么舍得你这样呀？以后千万不可以呀！"——话虽这么说，偷渡蟹的戏码依然年年上演。

大闸蟹价钱高昂，得来又如此不易，加上它那珍贵的膏是"黄"的，难怪从小给我"黄金"一般的印象。

据说有人把"吃大闸蟹"列为一生一定要做的一件事，可见这秋天最诱人的食物有多大的吸引力。我小的时候，如果某日发现家里的人突然上上下下很忙碌，似乎还带点神秘的气氛，就猜想着晚上可能有螃蟹宴。因为那时我母亲也会托人从海关拍卖买两箱大闸蟹，郑重其事地上菜场买菜，晚上做一桌丰盛的蟹宴回请亲友。预订的螃蟹送来了，要一一刷洗干净，当然得有一番忙碌。不久，生姜与镇江醋调和的香味漫出来，吃蟹的用具，装醋的壶，放姜与糖的小碟，精致的洗手小碗，暖酒的壶，喝黄酒的小杯子，吃蟹用的绣了花的棉质小围兜……一样样像办家家酒似的摆上桌，一场让人心神荡漾的蟹宴就要开始了。

那年代的大闸蟹味道很重，我母亲蒸蟹时，水里要放入干紫苏叶同煮，而且为了怕留下腥气，饭桌总要先铺一层塑料纸。蟹蒸熟上桌后，母亲就一一挑选，如果发现"黄膏"不够多，就放在一边留给自家人，务必挑选"黄膏"肥满的给客人。那个分蟹的仪式是蟹宴的序幕，大家谦虚地推来让去，笑语喧哗中有热闹也有温馨。序幕拉开后，每个人就开始用各自熟练的方式，慢慢享用这人间的美味。

大闸蟹的吃法是拆下一只小腿后，用它做工具来吃其他的腿肉。母亲说那个动作叫"拆"。那拆下来的肉质之鲜美细致，是其他螃蟹没法比的。而绵绵密密的黄膏吃下肚子后，加上喝了几杯黄酒，就觉得从心里到肚子都醺醺然的醉了！所以我母亲总先熬好一锅姜茶，吃完了蟹，热热地一口口喝下去，胃有一种甜美的饱足感，蟹的寒气也消减了大半。

吃蟹的技巧因人而异，不善于吃蟹的，主人来收盘子时会有些碎壳，会吃蟹的人则是留着一只完整的蟹壳。技术更考究的客人，吃完了蟹则会在盘子里回敬主人一只蝴蝶——蟹的大钳子，敲开来向外一拉会拉出大钳子的一片骨头，左右交错一放，就是一只蝴蝶的样子。

吃蟹的仪式告一段落，会有一段忙碌的中场休息。主人要收掉塑料纸，换新的餐具给客人，客人则要卸掉小围兜，轮流去洗手间，用牙膏再洗一次手。女士们也趁机补个妆，陆续回坐等着第二场节目。

吃蟹的仪式可能每家差不多,第二场节目才见出各家手艺的不同。像我家,如果不是请客,吃完蟹会来一碗"虾蟹面";如果有客人来,则先上各种冷盘小菜,马兰头豆干、素鹅、爊芥菜、风鸡、溏心蛋、肴肉等,至少七八种,配着温热的稀饭慢慢吃;有时也应客人要求吃"虾蟹面",被蟹黄与黄酒醺醉了的胃,这时终于渐渐醒过来。

吃完稀饭,冷菜撤下,开始上热炒:豆干肉丝、雪菜百叶、龙井虾仁、八宝辣酱、鸡丝豌豆⋯⋯菜式每次都有变化,但一定有一道入口即化的蹄膀。我阿姨说,蟹黄好像会把我们胃里的油水吸走,吃完了蟹觉得很"朒",需要吃些带油的肥肉补过来。

至于压轴的汤,我家必定是腌笃鲜,它综合了火腿肉、家乡咸肉和五花肉的香浓,百叶结的朴实,冬笋的清香,在热气里一口一口喝下去,"朒"的感觉也一寸寸消除了。

这第二场的菜,多数人家是一道一道上的,有一次我在香港一位长辈家做客,吃完蟹之后却是一口气端上二十道做工繁复的地道上海菜。那种海派的排场,让我叹为观止,至今难以忘怀。

海派人家不但吃蟹,还要做"蟹粉",就是上海话的"哈粉":把蒸好的蟹黄与蟹肉细心拆下后,用油与葱炒好,凉了后放进冰箱珍藏。这是未来没有大闸蟹的几个月里,家里最重要的食材配方。拆几只大闸蟹,得到的粉也只有一点点,要炒一碗蟹粉,花的钱也许跟买金子一样多呢。

虽然吃大闸蟹是许多人一生中一定要做的一件事,很遗憾的是我父亲体质过敏,无福享用,他说这是"敬蟹不敏"。每次我们细心地吃着蟹时,他总是闲闲地坐在一旁,像个说书人开始讲故事。他生性幽默,每每说得大家哈哈大笑。我觉得最有趣也记得最清楚的,是他说被我母亲招赘的故事。

我母亲年轻时就开始唱戏,晚上唱完戏后要跟团里的人研究明天的剧码等,回家好好吃顿饭时已经晚上十二点多,休息一下洗个澡再看看书,入睡的时间可能已是清晨了。她婚后虽然不再唱戏,但因为个性好静,还是等所有人入睡后再看看书,享受一下自己的闲情,因而起床时大多已过中午。我读小学五年级时,家里从乡下请来十七岁的女仆阿叶,她家是务农的,每天大清早起床,从来不知道有女人可以睡过中午。我父亲说,阿叶初来我家时,以为我母亲有病呢,后来仔细观察,不像哟,气色好得很!于是她又想:这女主人真神气呀,先生早早起来去上班养家,她却睡到中午才起床,说不定她娘家很有来头,这先生是招赘的。一天我父亲吃早餐时,阿叶忍不住问他:"先生,你是不是招赘的?"我父亲觉得很有趣,就笑着回答:"是呀!"阿叶于是把本省人的招赘习俗一一说出来和外省人做比较,她每说一样我父亲就说:"对呀,就是这样呀!"最后阿叶还问:"那你会不会也要被罚跪呀?"我父亲

1 用紫苏叶压锅底一起蒸。　　2 蒸好以后。　　3 姜不可以用剁的,要轻切到底成末状,配合糖与镇江醋调成配料。　　4 掀开背面。

说:"要哟!"阿叶好奇地问道:"那你怎样跪?"我父亲当真在餐桌旁跪给她看。哪知阿叶举起手说:"不对不对!被招赘的要这样跪,手要举起来,口里要念小子无能……"我父亲也就真的有样学样举起了手。然后阿叶又问:"先生,那你有没有改姓?"我父亲灵机一动说:"他们看我跪下了,可怜我嘛,就不要我改姓了。"……那天上午我父亲没去公司,等我母亲中午起床后,就在阿叶面前朝她跪下,我母亲先是一愣,看到我父亲顽皮的眼神马上会意过来,用清亮的京片子回了一句:"平身!"我父亲哈哈大笑站起来,阿叶则涨红了脸,吓得跑进厨房躲起来。

我父亲说,他后来也没跟阿叶说这是笑话一场,不知她回乡下结婚后,怎样向村人传播这件"外省人招赘"的情节。

秋天吃蟹的活动还不止于此,有些生活优渥的上海人还特别组个"吃蟹团"去香港,一团总有二十多人。我姨父以前离开上海后曾在香港做过股票业务,认识不少当地的同业,后来在台湾经营证券公司也很成功,每年秋天都和我阿姨参加。我父亲因为政治冤狱,被台湾当局限制出境,我母亲因而也不参加吃蟹团。但是阿姨疼爱我,我上中学以后曾招待我一起去开开眼界。

那时也还没有开放观光,办理出境手续很麻烦,二十多人组团去香港可是一件大事情。那不但代表着要出境,而且很像是"外交使节团"去办外交,因为对口也有一团人在等着你去交流,要有闲,也要有钱。

吃蟹团去香港,除了吃大闸蟹,还要交际应酬,买首饰衣物,以及各种珍奇的南北货,总之就是去花钱。那些随着丈夫同行的太太们,身上的穿戴,交际的礼仪,都代表着一个男人的成功指标,虽然是去花钱玩,其实也是比排场,顶辛苦的。我还未结婚,没有她们的富贵与负担,更能站得远远地看那个使节团的节目。

香港的对口接待团,端出各种的谱招待台湾使节团,台湾团要答谢的礼数当然也不在话下。譬如我阿姨,为了送答谢礼,特别去找一位专门刻象牙的师傅,他刻的象牙球,球中有球,还会动来动去,送给香港朋友时当然赢得一阵惊叹。

吃蟹团到香港,总是一早出发,到香港安排好旅馆后开始拜会朋友,午后就到香港朋友预订的旅馆房间打麻将,聊天叙旧,打到天黑了才吃饭,重头戏当然是吃大闸蟹。

第二天吃过早餐就去逛街,在一家家店里进进出出,采买首饰、衣物、披肩等配件……走到双腿都快麻掉了,拎着大包小包回旅馆打理,然后盛装出场到另外一个旅馆。阿姨说,去听戏!还没走进旅馆房间,走廊里就听到胡琴声幽幽传来。因为两边都有爱唱戏的票友,趁这一年一度的交流,都要展现自己又学了哪出绝活。唱到吃饭时间,隆重的晚宴又开始,第一道当然又是大闸蟹。也许因为在香港吃蟹比较平常,我总觉得似乎少了在台北吃蟹那种得来不易的珍奇与兴奋。

第三天上午起床后仍是采买,但走的是南货铺子或北货铺子。那时的杂货铺还分南分北,货品的区隔很清楚(现在则已南北货混杂合并)。总之大家各凭本事大采买,然后拎着火腿、鱼肚等南北货,一箱箱地搭晚班飞机回台北。要孝敬长辈的,要送亲戚送朋友的,讲究礼数的上海人一样样打点得清清楚楚。看起来吃蟹是名目,采购才是重点。

同时,我也意识到那些叔叔伯伯们,似乎借着那一年一度的场面,以及集体的"采购宣誓",对他

吃完后两个大钳子左右交错摆盘子上谢谢主人。

6 找出六或八角形的肺，那部分不可以吃，太寒。

7 享受绵密的黄膏。

养殖蟹

水温与水质，造就了中国南方秋天最重要的文化食物——大闸蟹。金黄色的蟹膏饱满馥郁，蟹肉则细致鲜甜，令人陶醉。上有天堂，下有苏杭，这是一个自古以来即富裕的鱼米之乡，大闸蟹就栖息于这一地域辽阔的湖水中。

养殖大闸蟹有名的阳澄湖、太湖等，水质清澄透彻，沉积湖底的是坚硬的沙砾，没有淤泥。大闸蟹的养殖，需要经过约二十次的脱壳，大约两年才能熟成。水温对脱壳有很大的影响，一旦温度降低，蟹会进入冬眠，停止脱壳成长。每年四月到九月间的温度适中，是大闸蟹活跃的生长期。

喂养大闸蟹的食物，大多为玉米、水草、南瓜、田螺与蚌肉等。近年来因为需求旺盛，很多求速的不良手法出现，影响水质，优氧化的情形严重，养殖业只好以抗生素对抗，结果影响了大闸蟹的品质。最近政府已出面管理养殖场的水质，并规定一亩的水域只能养三百五十只，以保障其生态品质。

大闸蟹的重量，三两到六两不等。必须选购活的才新鲜。它们有时会呈现冬眠状态，要敲一下看看眼睛会不会动。腹部与脚的关节处要硬。选蟹的口诀是"青背白肚、金爪黄毛"，即蟹壳平滑，均匀呈现青绿色；蟹肚则要晶白如玉，有光泽且不能有斑点；金爪是指蟹爪尖上细丝般的金黄色，看起来必须坚实有力；腿上的绒毛要长而密，以清洁不沾泥为上选。

阳澄湖的大闸蟹要过中秋以后才开始上市，越晚则蟹膏越肥美。"十尖九圆"一说是指农历九月吃母蟹，十月以后吃公蟹。大闸蟹买回家，可养在冰箱里，可以养十天左右。蒸蟹时，放入一些紫苏叶可去其腥气。吃的时候，需先取出八角形的肺。本章节介绍了拆蟹进食的先后，以及如何制作蟹粉与蟹粉菜肴的搭配。

们的太太表达慰劳、宠爱甚至是"赎罪"。而太太们也都唯唯诺诺，理所当然地代表着她们的先生，一律被称为"×太"，尾音还是微微上扬的轻声呢。

如果有个女子当时被称为"×小姐"或称名道姓，必定是有两把刷子的"厉害角色"。吃蟹团有位王伯伯从不带太太同行，他带的"红粉知己"徐小姐就是其他太太们所谓的"厉害角色"。听说王伯伯很疼爱徐小姐，就是没办法把她"娶"回家。徐小姐有点像大学生，长发垂肩，脂粉不施，也不戴珠宝，自然有她的韵味。她有自己的事业，我在台北就认识她，所以吃蟹团吃饭时常与她坐一起。有一次在一桌太太们吃饭的台面上，她小声地问我："妹妹，你看这一桌上哪个女人有气质？"我放眼扫视了一下，贵气、娇气、嗲气、霸气，样样都有，一时不知如何回答，只用眼睛抛给她一个问号。她呢，则用眼睛抛给我一种不屑的眼神，意思是：一个也没有！

虽然如此，那群太太打麻将或唱戏时，我总会入神地欣赏着她们精心展示的华丽衣服，搭配的鞋子、皮包、围巾或披肩。有些披肩还垂着各样的流苏穗子，最特殊的是一条粉红色披肩，绣着巴洛克时期的图案，既有东方色彩又带点欧洲风味。那个房间里的气氛和意象，可真像白先勇的《游园惊梦》啊。

算命也是吃蟹团的重要节目，阿姨告诉过我徐小姐算命的故事。当时香港有位铁版神算很精准，伯伯叔叔们问局势起伏都去找他。听说王伯伯的命单，出现了"一字记之曰徐，舍不得"这几个字，他回家拿给太太看了，王太太就此默认他与徐小姐的关系，只规定每晚十二点要回到家。他也拿给徐小姐看了，表示两人情缘天定。后来徐小姐也曾自己去找铁版神算，命单里排出"一字记之曰王"，再度证明了两人的情缘，终于心甘情愿地跟着王伯伯。但因没有生儿育女，心情难免有些孤怨。听说王伯伯每晚离开徐小姐家时，都会在她床头倒一杯约四分之一瓶的XO白兰地。那一大杯当时非常昂贵的XO，仿佛是王伯伯的替身，陪着她慢慢地喝，醉了才能好好地睡一觉。

徐小姐抛给我不屑的眼神后，看着一屋子的繁华与喧哗，我不禁想着回到台北后，王伯伯又要每晚十二点回到家，她也又要每晚孤单地喝一杯昂贵的XO……吃蟹团的这几天，对她也是黄金好个秋啊！

许多年过去，对于当年跟着吃蟹团去香港看到的一切，我至今印象深刻。有两年，香港的长辈们也在秋天带着大闸蟹到台湾来拜访，台湾的长辈们当然也使出浑身力气接待他们。但台湾的旅馆当时禁止打麻将，餐厅也不能公开吃大闸蟹，所以打牌、吃饭常在我们家，大伙玩完了才各自回旅馆休息。

不管是香港或台湾的长辈，他们的相聚代表着一九四九年前后从上海到香港与台湾的某些饮食文化与做客文化的融合。虽然他们事业与生活都很好，但当地的台湾人与广东人好像也说不上是百分之百地接受他们，所以吃大闸蟹，其实是乡愁的一部分。当年离开上海，以为过个一两年就能回去，哪知后来回不去了。住在香港的，只要有钱还能大方痛快地吃大闸蟹，住在台湾的，即使有钱也必须通过走私、偷渡才吃得到，始终带着不可明说的神秘色彩。

他们一起享受着美味的蟹宴时，一定也会想起还留在上海的家人吧？有多少以前与家人享用蟹宴的回忆，点滴萦绕心头？但场面上的他们总是热热闹闹的，回忆沉在心底，笑容堆在脸上，吴侬软语的上海话里夹杂着几句豪爽的广东腔、标准的京片子，听起来像是高低起伏、节奏鲜明的大合唱。当时年纪小，只觉得那气氛既繁华又阔气，现在回想起来，那也是一种说不清心情的，如黄金一样沉重的季节啊！

蟹粉的制作

1 拆蟹肉。　　2 用螃蟹的小腿尖处当工具推出整条腿肉。　　3 取黄膏。　　4 刮干净。

先出粘在蟹壳上的残渣。　　6 加点温水处理，保存所有的美味。　　7 起油锅加入大段葱姜，与少许入味温水拌炒，最后把葱姜夹走，可撒点胡椒。　　8 这一碗取一点点当提味料，可以过一年哟！

风干的角落

我住过的房子，总有一个淋不到雨，也晒不到太阳，但一定吹得到风的角落，挂着火腿、香肠或者腊肉。那个角落是一座宝库，不时为我们的餐桌点缀妩媚的色彩和诱人的美食。

我家阿姨，她烧菜的信心指数，就来自那个角落物资的多寡。其中最重要的是火腿，不管是来自浙江的金华火腿，或者来自云南的宣威火腿，她只要拿根牙签戳一下，鼻子凑近闻一闻，味道进了她的头脑，晚餐桌上就融入她端出来的烧豆腐或煲汤里。我自己婚后开始掌厨，更加了解火腿的价值。尤其家里突然来了客人，只要确定有此要角，我的心里就笃定多了。在中国传统的食材里，最能为餐桌加分的，莫过于"国色生香"的火腿。

云南靠近缅甸边境处还有一种著名的老窝火腿，是在海拔二千五百米的泸水县山区以放养土猪制成。由于地势高冷，在盐渍、烟熏等后制过程所需的时间比一般火腿短，所以能保持独特的香气。但这些火腿的运输，需靠马匹翻山越岭一段时间，才能把这白族的私房美味送到城市。所以采购时要格外小心，因为腌制时间不长，有些部位容易腐烂。也因淘汰率高，成本相对增加，老窝火腿的价钱是一般火腿的八九倍呢。

一只火腿至少有七八斤重，选购时可看白色的肥肉部分若呈黄色，表示可能时间太久，会有哈喇味。火腿的最前端俗称火爪，接着是火踵、上方、中方与滴油。五个名称的部位不同，处理与使用的功能也不同。它的精华之处是上方，蒸熟了可以切片当一盘菜，或切丝与其他菜肴焖煮。火踵一般先用热水洗刷，除去表面污腻，再用冷水冲洗干净，常用来搭配其他带皮的肉类同煮，比如火踵神仙鸭、金银蹄等名菜。火爪与滴油适合炖汤，能增加汤的香鲜味。如果处理时碰到较厚的皮，可加点糖，使它容易软化。火腿中间有个骨髓的圆点，若味道感觉重，可以于余烫时把它刮掉。

火腿的色香味俱全，是厨房里的辅佐要角，不但能提升主菜的味道，而且可以增加色彩美感。但因它是用盐腌制的，所以使用时要控制咸度，免得破坏了鲜味和口感。我的习惯是，做菜如果使用火腿，就不再加入别的调味料。

现代的公寓房子，已经少有空间留一处风干的角落，一切食物的

腌制

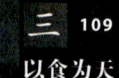

三 以食为天

赌，有的是个转盘，有根飞机指针，用转的，比指针数字的大小；或是有个略斜的木盒子，从右下角用力拉弹簧，让一颗金属珠子弹到盒子的最顶端，珠子再经过一些小小的钉针做的路径，落入有数字的洞里。你拉一次，小贩也拉一次，比小贩大就赢得一节香肠。小贩会取一节香肠，夹一瓣大蒜稍微烤一下，那冒着热气带点焦香的香肠就到了你的嘴里。顺着大蒜的辛辣劲儿及胜利的气势，那用力嚼食香肠的感觉真是过瘾极了。

我已记不得跟谁去过电影院，也不记得看了什么电影，但永远记得那厚实的台式香肠，有着焦香和辛辣，入口后却又一阵甘甜。如果加上珠子抵达彼端那打赢的喜悦，口里的甘甜还会深入心里，快乐好一阵呢。

台湾香肠种类繁多，想得出来的东西，不管几只脚、木本草本，或是香料酒精等，都可一并灌进香肠里，成为特产。早年在过年前，家家户户都会制作传统的香肠，除非自己要制作肠衣，否则可以买到现成的肠衣。如要自己做，先向猪肉摊订整副小肠不要切断，然后刮掉肠内黏膜再晒干。猪肉要选用腿的部分，前腿有油花，比较嫩，简单的配比是：瘦猪肉七百五十克，肥猪肉二百五十克，洗净抹干切丁，切得越细越好。调味料是糖一百克，盐四十克，葡萄糖二十克，肉桂粉约五克，高粱酒一百克，肠衣五十克，姜汁与五香粉适量。

将调味料加入猪肉内拌匀，腌三小时。晒干的肠衣浸入水里泡软，即可开始把腌好的肉灌进猪肠里。肠衣的一端用白线扎紧，另一端则套到漏斗上，将肉料慢慢灌入，边灌边挤紧，小心不要把肠衣挤破，然后以约十五厘米为一段扎起来。最后要用消毒过的针，在肠壁上刺些小孔，让水分与空气泄出来，放在大太阳下晒到干燥发硬即可。如果天气不好，可选个密闭的空间，用甘蔗皮烧烟熏干，约需一天才能干硬。更简单的则是把香肠放在锅子里干烧半天到一天。灌香肠时，一般都会加一点点硝抑制无氧环境中如肉毒杆菌等的生长，也让卖相好看些。在亚硝酸盐的含量没有受到规范以前，有人开玩笑说"妈妈"做的香肠最剧毒，这是因为家庭主妇不知道用量的规矩，加越多，颜色越红润。几千年来，中国与外国香肠类的熏制食品，虽然广为流行，但以现代营养学而言，绝对不是建议长期食用的食品。除非是自己灌制不加添加物的香肠，尽快食用才是最保险心安的。香肠一般的吃法是蒸和烤，也可切片炒菜或切丁炒饭。

我记得幼时家中那个风干的角落，还挂着一个好大的，黑黑灰灰的东西，看来有点怪异甚至恐怖的样子。它一直挂在那屋檐下，没有人去碰它，大概是不知如何处理吧？后来我才知道，那是朋友送给父亲的一对鱼翅。好大的一对，想必是一份很贵重的礼物。我不知道那怪物后来的去向，现在回想起来，当时一定价值不菲。最近篮球明星姚明发起"不吃鱼翅"的号召，很多人响应，我觉得是很有意义的一件事。希望从我们这一代开始，大家都能杜绝这个错误的饮食习惯。

保存也都交给了吹不进风的冰箱。火腿可以冷藏，却绝不能放进冷冻库，否则肉质和香味都会冻坏走味。其实，即使是放在冷藏室，我也觉得不如风干的好。

小时候我不懂自然保存的妙处，总觉得那块风干的角落是不能见阳光的灰色地带，所以最不喜欢靠近那里。尤其是火腿，表面似乎长着一层黑黑的霉，还有些小小的肉虫在蠕动呢，看起来好恶心啊！家里的大人一个月总要拿下一次，用布沾着火腿本身渗出的油或家里的素油在上面擦拭整理。长大后我才知道，那些看起来恶心的东西，其实是风干发酵的过程中的自然现象，而且会让它的风味更香醇呢。我到西班牙时，看到他们会在火腿的下方，用铁丝接一个小小的杯子，承接滴下来的油。

除了火腿，以广式香肠为主的腊味煲仔饭，也是一道很受中国人欢迎的经济美食。吃一碗腊味饭，有肉有饭有青菜，不用配别的菜色就有酣畅满足之感。如果里头再加入鹅肝肠与鸭肝肠，就更是人间美味。

广式腊味很容易买到，但鹅肝肠与鸭肝肠则香港才有，香港人管它叫鹅润肠、鸭润肠。镛记的第二代老板甘先生告诉我，他发现讲究美食的法国人对鹅肝情有独钟，我们中国人好像没有特别的兴趣，于是将之开发成鹅肝香肠，上市后大受欢迎，成为香港的特色美食。

香港的"太子捞面"，名称很传神，其由来是厨师忙于工作，无暇为孩子做饭，孩子肚子饿了，厨师就用腊味滴下来的油去拌捞面。这碗简单省时的捞面，却让老饕们意外发现，惊为人间美味，纷纷称呼厨师的孩子为太子，说他们也要吃一碗"太子捞面"。可见腊味的诱人，连滴下来的油也能成为美食的要角。像腊味煲仔饭，它的妙处就是在蒸煮的过程中，香肠的油分渗透到米里，使饭粒微硬又浓香扑鼻，而肉的本身则略有点粉的质感，不黏也不会松散，仍保有嚼劲的口感。不过据近年研究报告，高温之后滴下的动物油脂，对身体是不好的。

我在家做腊味煲仔饭时，通常会另外放几片肠肉到汤锅里煮，煮出来的水加点薄酱油，来处理配在一旁的青菜。如果嫌饭干硬了些，也可以浇一小匙在饭里润一润。如用煲仔陶锅在火上烧腊味饭，锅底会有一点点锅巴，那微焦而富嚼劲的感觉，更是完美的句点。

香肠的另外一款至宝，是比广式香肠略甜的台式香肠。它除了是许多台湾人饭桌上的佳肴，在夜市或电影院旁"打香肠"更让许多人留下快乐的回忆。你可以跟骑着脚踏车的小贩买香肠，但选择跟他赌则更有趣更刺激。

"打香肠"的车子上端挂着一条条诱人的香肠，底下是个像游戏机的盒子，如果跟小贩小时候，大清早就有人推着这样的酱菜车沿路叫卖，车上的铃铛声大老远就能听见。酱菜车上有各式各样的酱菜，还有各类豆枣、豆腐乳及咸鸭蛋、肉松、鱼松等，一样样整理得有条有理，上面还罩着纱罩，给人一种琳琅满目而清洁卫生的印象。

我想酱菜车的小贩一定知道哪家的女人最漂亮。因为那时女人刚睡醒，大多穿着睡衣端着盘子出来买吃稀饭的早餐配料，一脸素颜没化妆，看得最清楚啊！

我深爱奚淞的一件画作《泡菜坛子》。画的本身有其艺术特色，画中的陶坛则有器皿设计的实用性与科学性，并且蕴含着勤俭朴实的性格，包含着制作母水的亲切传承。除此以外，它与一般餐厅的泡菜缸不同，别具家庭的温暖，母亲的手感。

大千先生在世的时候，我曾跟母亲去他的摩耶精舍吃饭。餐厅的后面有个庭院，靠屋子的墙边放了好几个大小不一的泡菜坛子，有的瓦坛没有上釉，也有釉色丰富缤纷的。庭院邻着外双溪，放了一个好大的烤肉架，是大千先生自己设计的。那一排泡菜坛子和烤肉架，至今还清晰存放在我脑海里。

多年后，我跟大千先生最小的女儿心声重回已被有关部门指定为古迹并开放民众参观的摩耶精舍，她指着那一排高度一致的坛子说，不对不对，这不是我们以前用的。心声表示，他们用的不但有各式各样的大小，而且每个都有存水托盘。我俩都感叹物换星移，连泡菜坛子也不一样了。

中国许多省份都有泡菜，但以四川泡菜最有名。大千先生是四川人，又是美食家，腌制泡菜当然也是很讲究的。

四川人腌制泡菜，最重视坛子本身的密闭性，会选用具有隔绝效果的土陶或细瓷坛子。要检测坛子的质地，一说是把坛子对着亮光看，并用耳朵贴着听，回音越大越好。还有一说是放几张纸到坛子里，用火点燃，盖上盖子，在存水托盘内注入水，如果水很快被吸光，表示这坛子会呼吸，是个好坛子。为了达到密闭的效果，他们还会在坛子上加扣一个碗压住盖子。因为制作泡菜的过程，就是需要在一个没有氧气的空间加速发酵。

泡菜
与小菜单

感谢奚淞老师惠予刊载《泡菜坛子》之画作

泡菜、腌菜、酱菜的文化，代表着我们民族性中节俭朴实且务实的一面。在久远以前没有冰箱的年代，腌渍物具有可以久存的特性，而为了求其鲜脆爽口，在存放的器皿及制作方法上格外讲究，使其既可作为开胃的菜，也可搭配新鲜食材烩制口味特殊的菜肴。川菜是中国八大菜系之一，如果川菜做得不地道，问题可能在搭配的泡菜不正宗。

可以腌制泡菜的青菜，包括芥菜、萝卜、卷心菜、豇豆、芹菜、大白菜、甘蓝、辣椒、菜豆、莴苣等。只要选择质地坚硬些的，其根、茎、叶、果都可做泡菜。洋姜、莴苣、嫩姜等则要先用淡盐水浸泡一夜，去除太辛烈的味道。会出水的菜如黄瓜则要分开腌制。

一般的泡菜都不能放太久，否则会变酸，失去鲜脆感，但辣椒与姜则可以存放一年以上。所以心声才会说，家庭泡菜坛子，一定有很多个不同大小的，便于存放性质不同的蔬菜。小时候我们家并没有标准的泡菜坛子，任何腌泡菜的器皿外面，都会用油纸或塑料纸裹起来加强密闭的效果。这次为了拍照，我腌渍时选用玻璃缸，才能看清里面的腌渍物。

泡菜好不好吃，最基本也最重要的是坛子里的老母水。只要懂得持续地保持盐水酸度的动态平衡，视加入新的菜的分量调整盐、花椒、姜片、白酒量，则母水越用越好，历久弥香。古代四川人嫁女儿，准备给女儿备一坛老母水做嫁妆的，这是一个传女不传子的坛子。老四川人很挑剔第一次做母水的起坛水，要用生水，原因是要它不娇气，并且不易生霉花。然后把普通青菜晾干放入，一层盐一层菜，压紧，过一周后把菜挤干丢掉，再以同样的方式做几次，累积起来的水即为母水。影响这母水品质的，当然还包括盐。四川的盐，是凿井汲卤煎制的井盐，和我们一般用的海盐，风味大概是不一样的。此外，我阿姨说，四川独特的"胭脂萝卜"是制作泡菜的重要材料，因为不易长霉花，靠它来养那重要的母水。

除了有名的四川泡菜，中国各省也都有独到的腌渍方式保存食物。现在有各种口味的泡菜，也都很好吃，但四川泡菜有其地理上与文化上的特殊性，别地方的泡菜就是泡菜，而非口感独特的"四川泡菜"。

泡菜制作前，要先去除老根、黄叶，洗净切成条、块或掰开后在太阳下晒干，放入母水后可再加入盐、姜片、花椒、白酒、辣椒等基本佐料。如果母水太咸，可以倒出一些，但不要倒掉，这宝贝还可以分给别人用。

台湾的客家人，也很会腌渍，材料则以芥菜为多，依照不同的季节腌制酸菜、榨菜、梅干菜、雪里蕻、客家福菜等；瓜类则有冬瓜、大黄瓜、小黄瓜、茭瓜、洋香瓜、苦瓜等，材料十分丰富，口味也很多元。

老雪里蕻　雪里蕻　碎雪里蕻　榨菜　豇豆碎　客家酸菜　青雪里蕻　豇豆　酸菜心　客家酸菜

老咸菜

酸白菜

袁枚的《随园食单》有一份小菜单，清楚写明腌制的菜色与分类，尤其重视材料的季节性，特摘录如下供读者参考：

酱王瓜 王瓜初生时，择者腌之入酱，脆而鲜。**酱瓜** 将瓜腌后，风干入酱，如酱姜之法。不难其甜，而难其脆。杭州放鲁氽家制之最佳。据云：酱后晒干又酱，故皮薄而皱，上口脆。**瓜脯** 茭瓜入酱，取起风干，切片成脯，与笋脯相似。**酱姜** 生姜取嫩者微腌，先用粗酱套之，再用细酱套之，凡三套而始成。古法用蝉蜕衣入酱，则姜久而不老。**风瘪菜** 将冬菜取心风干，腌后榨出卤，小瓶装之，泥封其口，倒放灰上。夏食之，其色黄，其臭香。**糟菜** 取腌过风瘪菜，以菜叶包之，每一小包，铺一面香糟，重叠放坛内。取食时，开包食之，糟不沾菜，而菜得糟味。**酸菜** 冬菜心风干微腌，加糖、醋、芥末，带卤入罐中，微加秋油亦可。席间醉饱之余，食之醒脾解酒。

台菜心 取春日台菜心腌之，榨出其卤，装小瓶之中，夏日食之。风干其花，即名菜花头，可以烹肉。**大头菜** 大头菜出南京承恩寺，愈陈愈佳。入荤菜中，最能发鲜。**萝卜** 取肥大者，酱一二日即吃，甜脆可爱。有侯尼能制为鲞，煎片如蝴蝶，长至丈许，联翩不断，亦一奇也。承恩寺有卖者，用醋为之，以陈为妙。**腌冬菜、黄芽菜** 腌冬菜、黄芽菜，淡则味鲜，咸则味恶。然欲久放，则非盐不可。常腌一大坛，三伏时开之，上半截虽臭、烂，而下半截香美异常，色白如玉。甚矣！相士之不可但观皮毛也。**莴苣** 食莴苣有二法：新酱者，松脆可爱。或腌之为脯，切片食甚鲜。然必以淡为贵，咸则味恶矣。**香干菜** 春芥心风干，取梗淡腌，晒干，加酒、加糖、加秋油，拌后再加蒸之，风干入瓶。**冬芥** 冬芥名雪里蕻。一法整腌，以淡为佳；一法取心风干，斩碎，腌入瓶中，熟后杂鱼羹中，极鲜。或用醋煨，入锅中作辣菜亦可同，煮鳗、煮鲫鱼最佳。**春芥** 取芥心风干、斩碎，腌熟入瓶，号称"挪菜"。**芥头** 芥根切片，入菜同腌，食之甚脆。或整腌晒干作脯食之尤妙。**芝麻菜** 腌芥菜干，斩之碎极，蒸而食之，号"芝麻菜"。老人所宜。

我相信所有腌渍菜的方法，大多不离袁枚所说的范围。梅干菜等经过曝晒可以久放，泡菜如果不是一次吃完，一定要用干净不带油的筷子夹取，才不会长霉变味。

靠着交通的便利，一些可以久放的腌渍品可以在国外的中国超级市场买到，让很多旅居国外的人尝得到家乡味。我在美国时，当地的中国朋友教我一道简单而开胃的料理：把鸡肉洗净切块，配一瓶酱瓜一罐啤酒同煮，靠酱瓜罐里的酱汁与啤酒的泡沫入味，又快速又好吃。这简单有味的"酱瓜鸡"，想必是旅居国外的中国人，在忙碌的生活中灵机一现，结合了思乡与异国的食材所发明的吧？

零食

朴质的年代，满溢的幸福

一九八一年，张艾嘉唱的《童年》响遍台湾的大街小巷。那首歌是罗大佑作词并作曲的：

池塘边的榕树上　知了在声声叫着夏天
操场边的秋千上　只有蝴蝶停在上面
黑板上老师的粉笔　还在拼命吱吱喳喳写个不停
等待着下课　等待着放学　等待游戏的童年

福利社里面什么都有　就是口袋里没有半毛钱
诸葛四郎和魔鬼党　到底谁抢到那支宝剑
隔壁班的那个女孩　怎么还没经过我的窗前
嘴里的零食　手里的漫画　心里初恋的童年

总是要等到睡觉前　才知道功课只做了一点点
总是要等到考试以后　才知道该念的书都没有念
一寸光阴一寸金　老师说过寸金难买寸光阴
一天又一天　一年又一年　迷迷糊糊的童年

没有人知道为什么　太阳总下到山的那一边
没有人能够告诉我　山里面有没有住着神仙
多少的日子里　总是一个人面对着天空发呆
就这么好奇　就这么幻想　这么孤单的童年

阳光下蜻蜓飞过来　一片片绿油油的稻田
水彩蜡笔和万花筒　画不出天边那一条彩虹
什么时候才能像高年级的同学有张成熟与长大的脸
盼望着假期　盼望着明天　盼望长大的童年
一天又一天　一年又一年　盼望长大的童年

这首民歌，道尽了台湾四、五年级生的童年心声。在那物资并不充裕的年代，盼望长大的我们何其幸运，拥有一个快乐而默契十足的幸福回忆。那些童年的故事，即使如今人到中年，每一个场景回想起来仍然如在眼前那么鲜活。

我的印象是：尪仔标打出不重叠的是赢家；尪仔仙打入最靠近墙角的功夫，可造就男孩子桌上那一小沓的战利品；大伙寻找空地画个三角形，分别把弹珠放入，看谁滚到最远的，就是下次弹珠比赛的开珠者。踢毽子时，边踢边数数，"王一、王二、王三……王七、王八、王一、王二……"一个接一个传的是尼龙绳做的毽子。

酸白菜　　　　　酸菜

　　　　　　　　豇豆

　　　　　客家酸菜

酸菜心　　雪里蕻

　　　　　　老咸菜

　老雪里蕻

　老菜心　　　青雪里蕻

巷弄里任何一块空地，都有粉笔画的跳房子的格子；"小皮球，香蕉油，满地开花二十一，二五六，二五七，二八二九三十一……"男孩子裤袋里总是插着粗树枝做的弹弓，随处找着可以做弹丸的材料；女孩子则相互用两个指头勾结着一条红绳玩，节省下来的几毛钱可到杂货店买染红的芒果干，同时戳一个洞洞乐，换个橄榄什么的。我们的手臂上挂满的橡皮筋，好似随时准备迎战；一张自绘的寻宝图，卷卷开开的要每一个人来寻宝；两个养乐多空罐子变成的电话听筒，传递很多不能给妈妈知道的秘密；方形纸折的"东西南北恰北北"可以把玩上好几天，棉质废布做出来的小沙包，在空中飞来飞去，"城门城门几丈高，三十六把刀，骑白马，带腰刀，走进城门滑一跤"，抓到的人要就地被罚，罚责是弹耳朵，记得有次我的一只耳朵被弹成粉红色。哥哥们玩官兵捉强盗的游戏，我硬是要插一脚，增加一个"护士"的角色。人多的时候，有人大喊着"大风吹，吹什么？"我最喜欢说"吹穿裙子的人"。一支小小的竹蜻蜓，让我们相争着看谁的飞得最高……尖尖的陀螺轴心戳坏了家里的地板，妈妈指着地板骂：你看看！你看看！跟哥哥们总有一两次枕头大战，直战到妈妈出面怒斥才熄火……

杂货店里的洞洞乐有着致命吸引力，唆使我犯罪，偷拿抽屉的零钱，后来被妈妈发现了，把我关到楼顶的阁楼上。我哭得委屈，演出离家出走秀。好友佳君的一块钱零用钱买的零食，会省下来跟我在补习回家的路上分享；第一次与佩珍跟两个男生去约会，打完篮球，大家在篮球架下分享"乖乖"还有气球包着的圆形果冻……那手掌心中小小的零食，有着我们太多太多的回忆与滋味。

初中的时候，同学陈婉蓉带了酱油瓜子到学校，全班一人分一把。那东西一吃就止不住上瘾，数学老师一状告到训导处，后来全班罚站，因传闻可能全班都要记过，最后则演变成全班集体安慰模范生张嬬，因为她自觉对不起爸爸而决定要寻短……

佳君、佩珍与我是老师眼中调皮的三剑客。我们会拿着羽毛球拍当吉他，表演着谐星的动作，逗得老师哭笑不得。有一次，上数学课，我不专心地把玩着原珠笔，结果不小心掉到地上，赶紧低下头去捡。这一低下头发现：哎呀，老师的鞋子怎么一只黑色，另外一只咖啡色？我于是像发现了新大陆，跟佳君、佩珍猛使眼色，她们看不懂，我就把笔滚到地上，弯下身捡给她们看。当她们也意会过来时，我们就开始试着让全班知道；大家假装不小心掉了笔弯下身去捡。老师发现了，生气地问道："任祥，你在做什么？"我说："老师，我今天眼睛怪怪的，看咖啡色跟黑色怎么都一样？"老师低头一看，突然尖叫一声"天呀！"就冲出教室回家去换鞋子啦！

老师一走，换我们三剑客上台，让数学课有一个中场休息的表演秀。同学拿出书包内藏放的零食出来开心地分着吃，我们三剑客则在讲台上表演老师被糗到与慌张的样子，连她坐出租车赶回家再赶回来的样子也表演得惟妙惟肖，全班同学都笑翻了！

童年只有一次，当年的童玩让我们找到值得骄傲的简约创意手玩，孩提时代那份单纯的游戏规则，让我们拥有着相同的默契与纪律。许多童玩已经消失了，所剩的古董零食则伴随着童年的回忆，演变得越发的香甜了。

我们生长的年代，是安定的，朴素的。我们的信仰何其单纯，资源何其有限，虽然拥有的很少，但我以为，那朴质的年代，满溢的幸福，是你我人生中最值得怀念的。

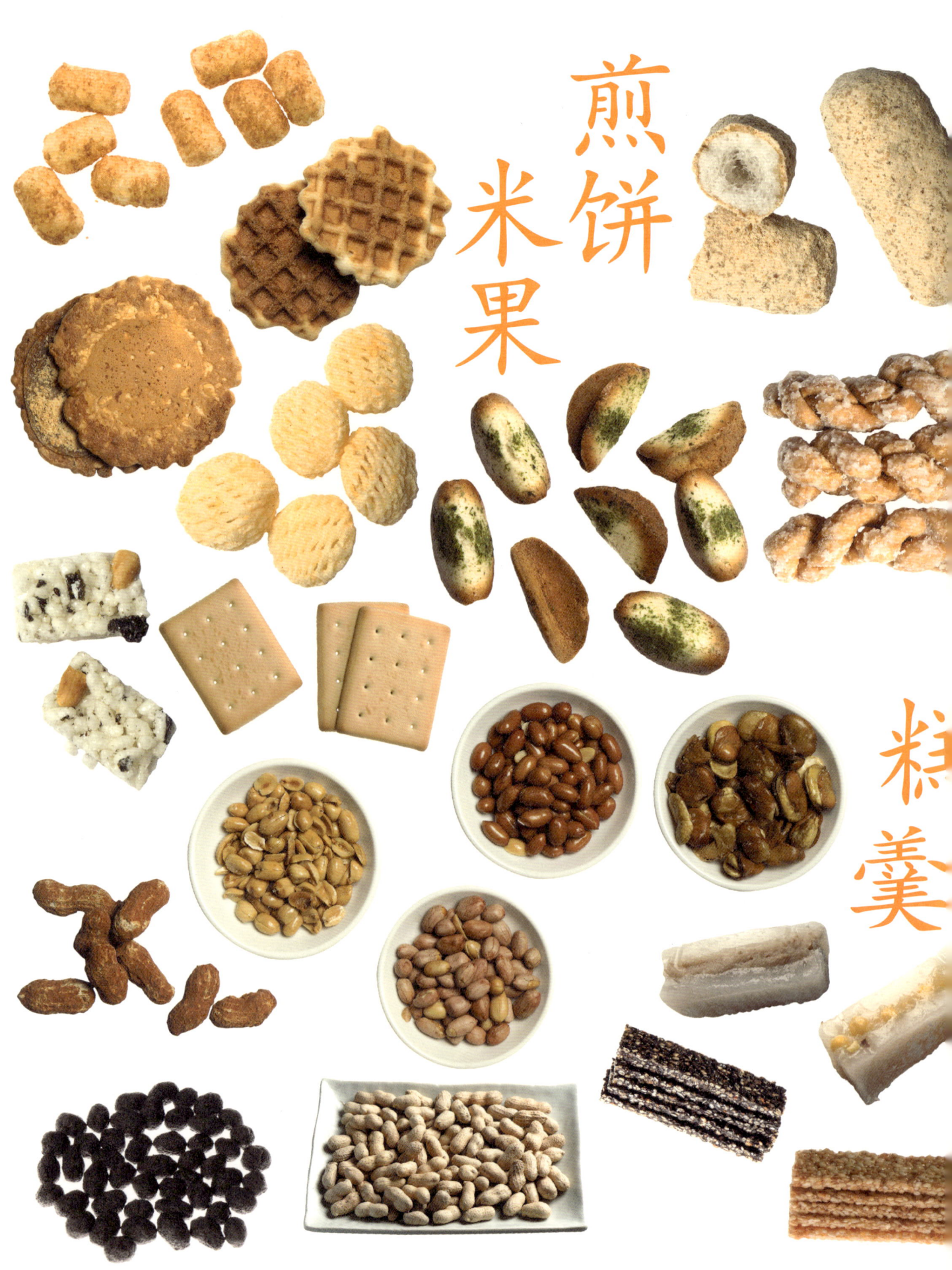
煎饼
米果
糕羹

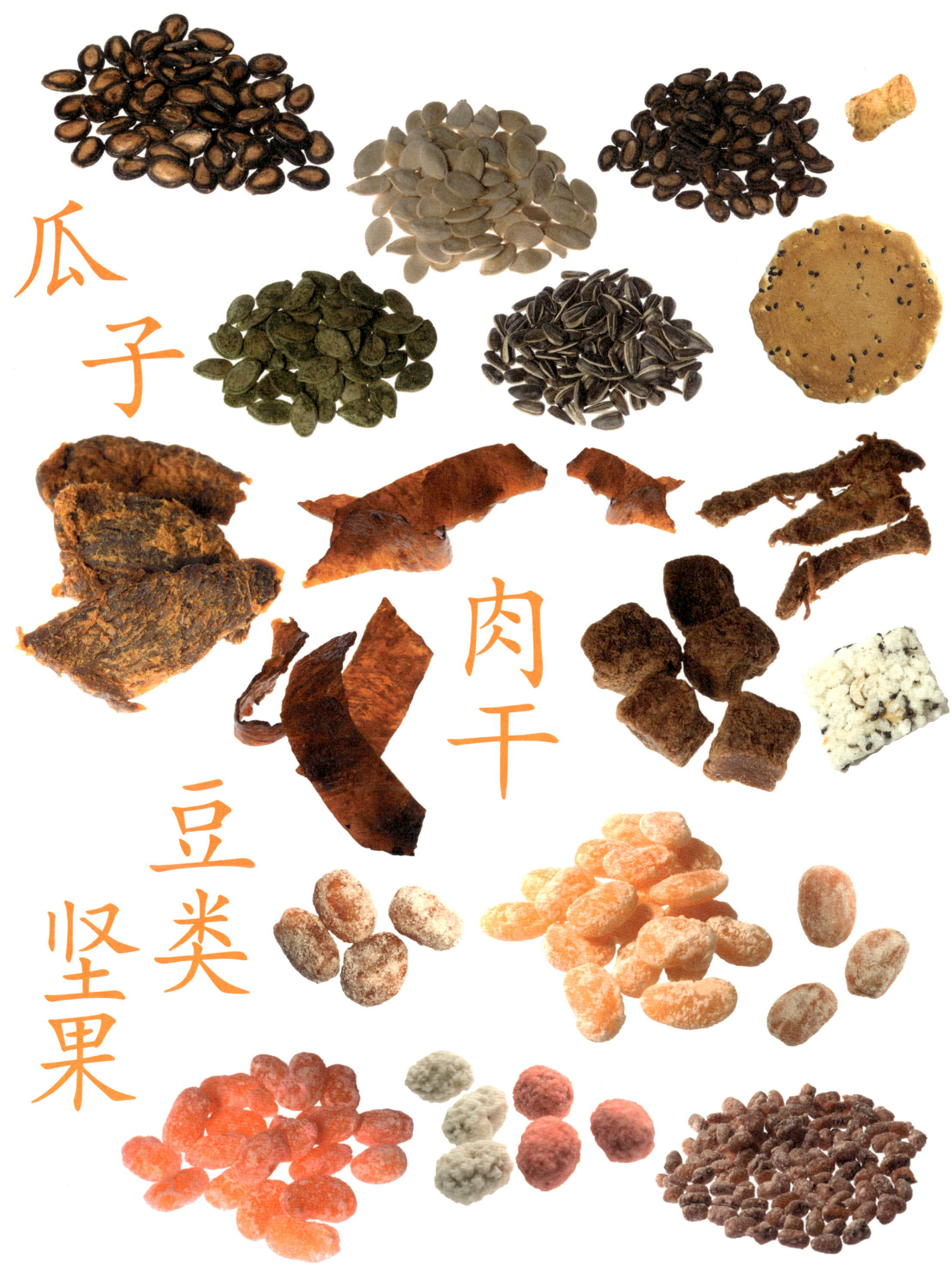

匠心手藝

欢乐派对

宴客

现在的孩子也许两三周就有一次同学的生日派对，加上向西方学来的万圣节派对、圣诞节派对、新年倒数派对……可以开派对的名目很多。每次帮孩子办派对时，我好像是借机圆了自己童年的梦一般，因为每一个孩子，对于派对都有很多的憧憬，怀着很多好事情即将发生的兴奋期盼。我的大女儿姚姚七岁快掉牙齿时，我学西方人哄她不要怕痛，放了个盒子在她枕头边，当她把牙齿放进盒子前问我："牙齿仙女来拿走牙齿，会不会在我们家开派对？"我说："会呀！"等她熟睡后，我把她抱到我房间，在她房间布置牙齿仙女的派对会场。我把会亮的粉粘撒到星星上，贴在她的屋顶，再散置几颗糖果在地板上，然后抱她回去继续睡。第二天她一起床就冲进我房间说："真的真的来了！"我还故意问："那她们带走你的牙齿没有？"

这个秘密派对，由老大传到老二，老二传给老三，他们知道牙齿仙女会来办派对，都不再怕掉牙。有天我在隔墙房间听到老二问老大："我昨晚看到妈妈在放东西耶。"老大回说："有时牙齿仙女会扮成妈妈的样子，你才不会害怕呀！"可见这个梦中派对在孩子们心中有多么不寻常。

透气与顶上罩子侧面透气的方式，设计香菇形状的罩子，风雨很大也不会直接灌入，可伫立于风雨之中而不熄。最重要的是，这样的油灯可以使用一般家庭炒菜的油，比较安全。而装油的玻璃器皿质感剔透，且以烛签即可点燃火苗，能让它随着油量减少而逐渐降低高度。如果在玻璃器皿外面套上不同颜色的色纸，烛火穿透玻璃能辉映出不同的色晕。我曾在一次晚宴时把罩上红纸的油灯摆在楼梯上，红色的光晕像星光大道一样欢迎着宾客，也让宾客体会到一种浪漫的神秘感。这款油灯设计，我历经两年实验才告成功，中间的困难度极高。

户外宴会首重灯光，远距离的光可以利用户外的灯打进水里面，造成隐约的光影，树干上则用灯光做出立体影子效果，这两者让整场色调定局。中距离的是利用火把、油灯与蜡烛，这有越晚越美的效果。近距离的则把宴会中要唱的歌名印出来，放到玻璃罐中，点上烛火，变成每一桌的桌灯。灯光最重要的是得把人打得更美。

派对的餐饮当然也很重要，视派对的性质分为轻松简餐与正式套餐两种。甜点是气氛的一部分，最好做成一口一口的，可以当成高高低低的排列展示，让人有赏心悦目的感觉。

如果能够提供一份菜单，则可以让客人知道怎么样分配当晚的胃口。最近流行很多人一起烧饭的趣味，菜单也可以扮演告知菜色与趁机幽默一下的角色。

礼数周延的主人，通常会事先规划座位的次序。我的习惯是，除非特别需要安排主客与陪客的顺序，一般比较喜欢用抽签的方式，让座位大小的问题迎刃而解。譬如接近过年期间，可以选用吉祥对联，下联放在座位上，客人抽到上联就去找下联坐下。还有一种最常用的办法是用扑克牌配对。如果一定要排位子，我会利用客人的名字、职业、擅长，做一个小纪念品。我有一个雕刻机，可以雕刻文字，选用木头刻出例如"任祥藏书"这类实用的个人用品。有个朋友饱读诗书，我以"××晒书"幽默他一下。有一群很熟的朋友聚会，有心脏科医生，有肠胃科医生，我选相关的词句让他们去找属于自己的"安心斋主"与"铁汉柔肠"。有一位人脉广事业有成的朋友，则认了"笑傲江湖"。这种无言恭维的方式，任谁都会打心里开心的。请客就是要让客人开心嘛！

做客人，也是需要讲礼节的，最好不要早到也不要迟到。早到了，主人可能还没准备好，正处于手忙脚乱的状态；迟到了则让其他客人等待，也让主人为难。尤其中国人忌讳多，如果没有准时赴约，临时位子缺个空，总是不圆满，或是造成十三这个不吉利的数字，让主人一时措手不及。我小的时候，家里请客如果某位宾客临时缺席，我就常被叫上桌递补那个空位。

做客人的另外一个礼节是要带个伴手小礼物以示感谢，可以事先请问主人需要帮忙带些什么与宴会餐点有关的食物或饮料。如果没有事先协调好，最好不要送蛋糕，因为主人通常已准备了甜点，送蛋糕会增加主人冰箱的负担，而一般人家的冰箱不一定放得下体积大的蛋糕。

宾主尽欢，是宴会的目的，掌握气氛的控制，菜肴的美味，饮料的助兴，音乐的选择，如果是一群不熟识的朋友，则还得为话题做点准备工作等，这些都是主人事先该思考的工作。

举办派对的目的，就是要让所有人开心。多年来，我张罗过很多派对，虽然有点辛苦，但绝对是值得的，因为它总是带给孩子们或朋友们美好的片段回忆。

不论哪一种派对，主题的设计不外乎整人的、亲切的、幽默的、浪漫的、隆重的，或是有特别的事件。整人的办法有很多种，我并不欣赏美国那种用奶油涂到别人脸上的整人法，黏腻腻的有点恶心。我策划过一次整人派对，方法是事前做了一本几可乱真的《中国男人》杂志，版权页的出刊日与派对同一天，很像一本刚出炉的杂志。封面照片是派对当天要过四十岁生日的寿星，内文则以一千五百字的篇幅报道他近期的糗事。寿星在商业界小有名气，看到报道以为是真的，紧张了一晚，直到派对快结束，我才揭穿这个整人剧码，所有宾客也享受了特殊的悬疑气氛。

我参加过一场生日宴会也很特别，寿星以007（詹姆斯·邦德）的造型随着音乐进场，寿星的太太则扮演剧中的美女，会场轻松而富戏剧效果，让客人不觉得只是吃一顿饭。还有个朋友，为她先生筹办生日派对，事先保密到家，数百个客人也全部配合，让寿星在生日当天从怀疑到惊讶，从惊讶到喜悦，从喜悦到开心畅饮，非常温馨，令人难忘。另有一场婚礼也很特殊，不但没有沉闷冗长的长辈演讲，新郎新娘还像演员一样做show给大家欣赏。我有个朋友是位成功的女律师，为了爱女出嫁，特别向公司告假两个月，专心地筹划她女儿的婚礼细节，最后成功地让宾客们走进她女儿的成长过程，是一场成功的婚礼派对。

成功的派对，少不了特殊的布置，让人享受迥异于日常生活单调的气氛。掌握不一样的气氛，是举行派对的第一个要素。决定了该有的气氛后，即可兼顾各种布置的细节，依环境而尽心布置。

布置会场，我最注重的是入口、洗手间与餐桌。入口是表示欢迎之意；洗手间插点花放个烛火，搭配点饰品，也是情调的安排；餐桌的摆设，则分成中间有一个焦点与个人餐具范围的焦点。中间的焦点可以是一盆花或是艺术品，个人的部分则可以利用口布环来达到效果。一般称呼餐桌正中间的那盆花叫中央盆花，要有圆满完好的造型，需要很多花材才能呈现出来，若要向花店订购，价格很昂贵。我利用一个圆形的底座，铺上吸水海绵，把蜡烛的位子先空出来后，利用叶子的高低盖住塑料的部分，再选几朵半开至盛开的花朵，抓住众人的视线，最后点上三根蜡烛或油灯，就是一个美丽造型的盆花。不过在搭配上叶材要选小一点的，比如尤加利，一根长长的，可以剪成很多段分别利用。吸饱水的唐棉，一球一球的，也很讨巧。花材则选择较高档的，可以满足近距离地观看，省钱而又效果佳。

为了增加效果，布置会场有时需要道具的辅助，有些道具也不需特别添购，以平日累积的拉杂小东西也能布置出特殊的气氛。比如孩子们的玩偶，平日的涂鸦，色纸做的卷圈，收到礼物的缎带等，都可以拿来点缀会场，再以蜡烛、气球、花材、音乐等为会场增加气氛。

烛火让人有柔和的感觉，如果是烛光晚餐，我比较喜欢用红色，显得喜气，映到人脸上也美。但若用蜡烛会滴下眼泪，不好整理，近年我比较偏好油灯。油灯点燃于室外最是浪漫，缺点是风吹雨打一下就熄灭。后来我设计了一款油灯座子，以玻璃与竹节意象的铜器结合，利用下方

请帖的设计

　　成功宴客的第一步,是先以请帖整合共识。宴会的主题、时间、地点、参加者、联络资讯等,都需在请帖上注明。请帖制作的精致与资讯的清晰,能让客人有所准备与期待。我把曾经对不同派对形式的请帖设计办法提供出来做参考:譬如一场生日派对,来宾约二十人,可以用生日快乐歌的歌谱做请帖的封面,宾客名单则以豆芽菜为栏位的方式清楚注明;如果是婚礼的请帖,新郎新娘是主角,可用激光切割亚克力字的手法,把男女主角的名字切割出来,再以做手工纸的手法,把亚克力名字浅浅地镶嵌于纸浆间,搭配上干燥花,干燥后就成了别致浪漫的婚礼请柬的封面;如果是请意大利式的菜肴,可以利用意大利面作为请帖的素材;如果是长辈寿宴,则以寿桃与蝙蝠的图腾,象征长寿与福气;若是品酒宴,可以酒诗为题材,或把所有有酒字边的字都挑出来做成卡片边框;如果是麻将派对,就以"下战帖"的形式增加输赢的气氛;如果是小孩的派对,可以用糖果直接粘在卡片上……我也曾经为一场树下音乐派对设计过邀请函,以美食、情歌、老树为主题,把歌词和菜单变成树叶,黑白对比强烈地展现在我家那棵老树上。

　　请帖的设计,可有各种巧思,呈现多元的风格。

　　请帖若附回函,通常是要求宾客注明参加人数,是否茹素或其他饮食忌讳等问题,宾客也都该尽到礼数回复主人。

　　花点时间制作请帖,其一是表示隆重的邀请,其二是信息的传达。讲究礼数的宾客,会在宴会之后写一封谢卡给主人表示谢意。这些看来都是小事,但累积起来会串成一个人对礼数的态度。

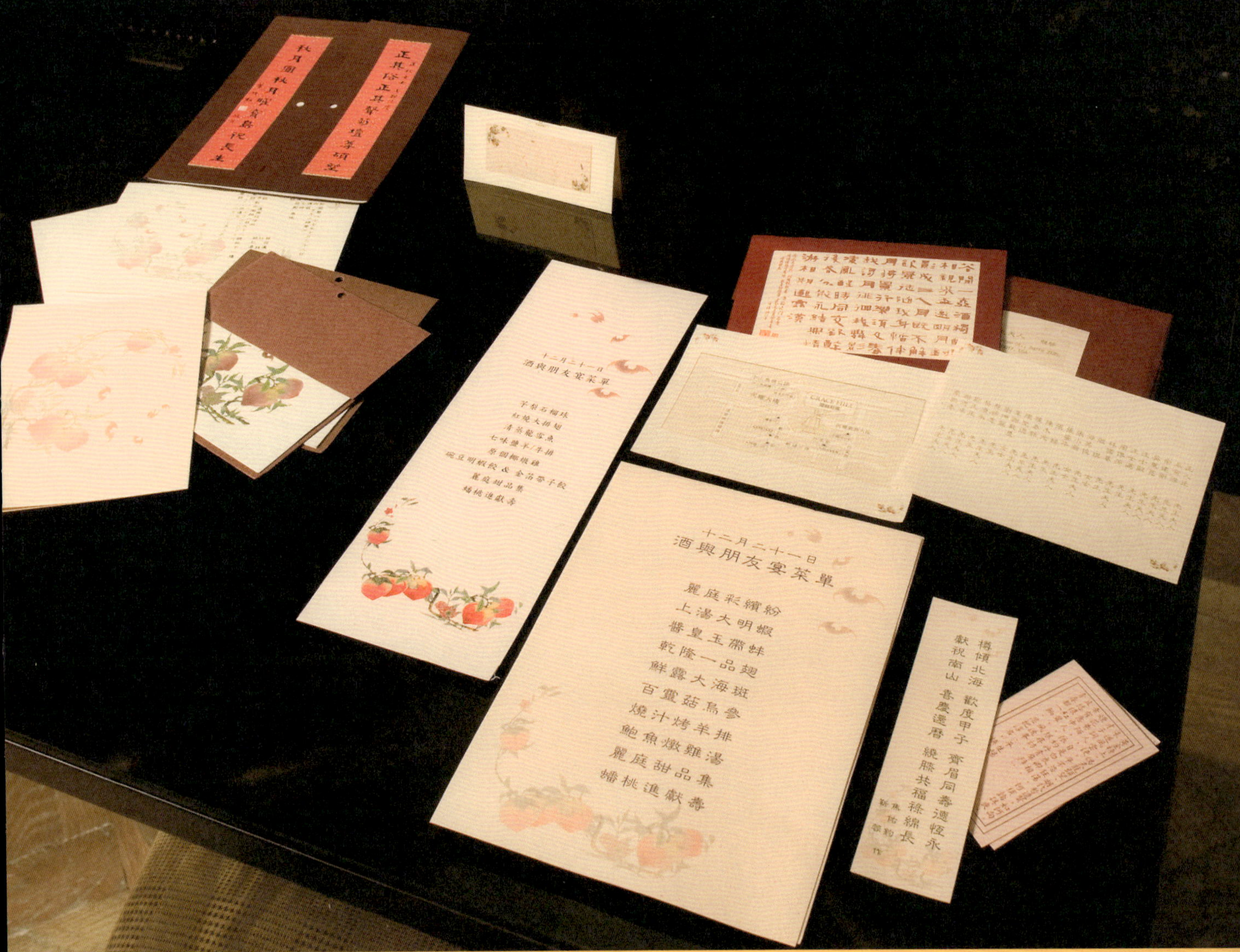
十二月二十一日
酒與朋友宴菜單
麗庭彩繽紛
上湯大明蝦
醬皇玉扇蚌
乾隆一品翅
鮮露大海斑
百靈菇鳥參
燒汁烤羊排
鮑魚燉雞湯
麗庭甜品集
蟠桃進獻壽

A DINNER PRESENTED BY RITA & KRIS
FOR ALBERT SOPHIE & DANIEL IRENE
AT RICKY'S YANGMINGSHAN MANSION
WITH SETTING DESIGN & SPECIAL EFFECT BY SHYANG
DECEMBER 5, 1992
YAKITORI PIZZA
TRIO CAVIAR SOBA WITH CHARDONNAY CREAM SAUCE
SAKE & TORO SASHIMI WITH WASABI VINAIGRETTE SALAD
BAMBOO GRILLED MATSUZAKA BEEF WITH PORT MEAUX MUSTARD & CABERNET SAUCE
CONSOMMÉ WITH SCALLOPS & SHIITAKE MUSHROOM
SAKE
RED WINE
CHATEAU PAVIE DECESSE ST. EMILION GRAND CRU CLASSE 1982
TIRAMISU

李宗盛的歌
詹宏志 王宣一的菜

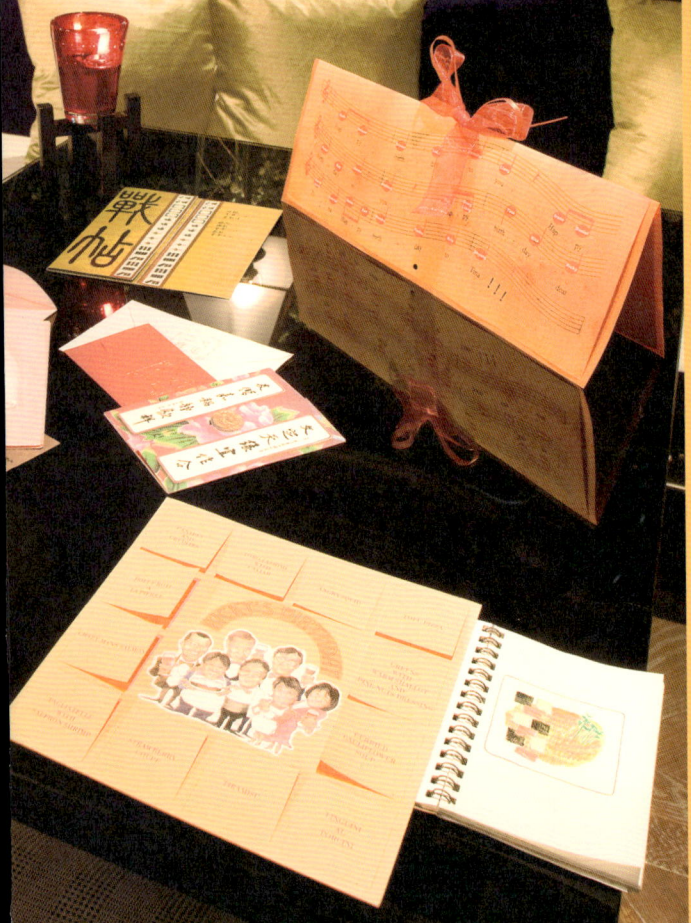

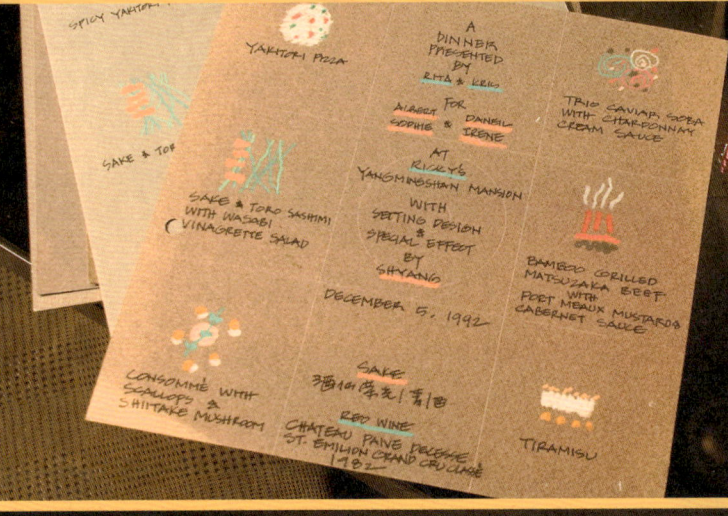

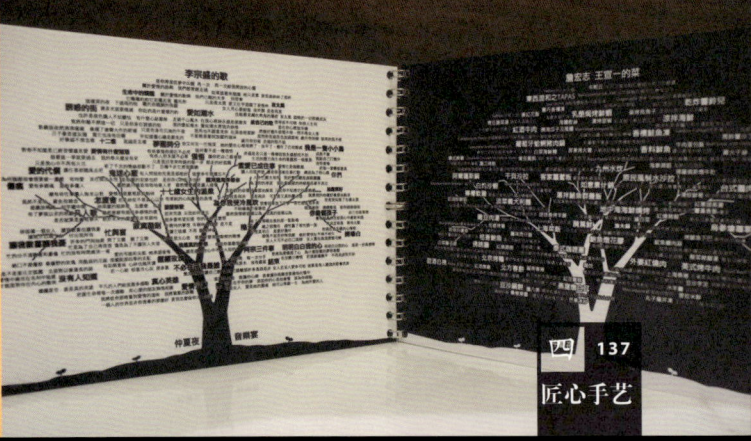

蛋糕
的布置

口布礼物的设计

　　近年来参加的婚礼，主人大多会在餐桌上备放礼物给宾客。有些一般的宴席，主人也准备礼物给客人。这使我想起六年的小学生涯里参加过两次同学的生日派对，第一次临走时，同学妈妈还送每个小朋友一只鹅黄色小鸡作为赠礼。那个愉悦的感觉一直深留脑际，让我后来也喜欢送人小礼物。

　　小礼物的设计，可以在口布上系个质地柔软的丝绒蝴蝶结，扎上个小东西，或用缎带卷成一朵花等。有一次聚餐有不同国家的人，我担心客人互不熟识，名字会叫错，干脆把名字放在口布圈上，用两张塑料布夹起来，加个锁口，垫一张小图纸，请客人戴在手臂上。客人心照不宣，可以亲切地交谈。同时也可以让宾客当成礼物带回家。中国结，通常都有好听吉祥的名字，也是很好的口布小礼物。

Liberation for Pearl's Big Five-Oh Birthday

小学时参加的另外一次同学的生日派对，也是至今记忆犹新。主人是从美国福特汽车公司搬回来的西化中国人，他们的两个女儿是所有同学最羡慕的，因为她们的生日好像是我们在图画中看到的美丽公主的生日派对，有气球，有糖果，有汽水，还有那位母亲亲手做的美丽的多层糖霜蛋糕。多年后我帮孩子办生日派对时，也学着自己做蛋糕，让派对出现那美好的景致。蛋糕美丽又可口，总是让人期待的。

台湾早年的蛋糕，以明星、红叶与顺成最有名，进而是唐琪与南西老师引进具创意的西式泡打奶油蛋糕，也培养了很多优秀的学生。最近几年，各式各样的烘焙蛋糕涌入台湾，造型和口味也更丰富了。

自己做蛋糕其实非常好玩，挤花更像是艺术家的工作。近年流行一种可以放几个月的糖花，选择一种特殊的造型奶油，让视觉效果格外美丽。我的孩子小的时候，我在蛋糕上涂一层奶油，把小道具放到蛋糕上，插上蜡烛，他们就很开心了。后来干脆自己设计了一个盘子，让盘子的四个角落长出一根小棍子，可以把气球棒或是铁丝棒插进去，利用那些道具拉出些线条来，吊点小东西，产生装饰的效果。这样就不用在吃的蛋糕身上做文章，更卫生也更简便。有时几个朋友托我做蛋糕与礼物，我就把面粉与糖混合成糖衣，擀成平面铺于蛋糕上，侧面用饼干装饰，用缎带绑起来，可以形成一个干爽的表面，适合把小礼物放在上面，也可以在蛋糕身最底端埋个苹果，借苹果的硬度来插根管子，达到悬挂讯息的目的。总之，自家做气氛蛋糕，没有商店的挤花技巧，但善用这些法则不但省钱，效果也一样好。如果是一个大型宴会，因为人多，来不及切蛋糕，则可以先切好，这时可以用字母模子的手法，切出讯息，既可传达讯息，兼具视觉美观，也顾及时间分配的问题。长辈过寿，可以采用一种母子寿桃，把小寿桃塞入一个大的寿桃中，是一个很讨喜的手法。蛋糕上的蜡烛，我则做过一个夸张的设计，有个朋友过生日，他是个爱说话的人，以前的经验，他都在点燃蜡烛后开始发表感谢词，等到蜡油滴下来，还讲不完。他过六十岁生日时，我排上可以烧几个小时以上的蜡烛，并以云龙柳与九曲编成一个篮子的把手造型，一口气点燃六十支蜡烛，让他开心地发表长篇大论，大伙在六十烛光的衬托下拍照，再请寿星吹熄所有的蜡烛。效果很温馨，也极为美丽。

插花
的陈列与手法

这盆中央盆花总共利用了八枝唐棉、三枝鸡冠花、一串扩叶武竹、三枝天鹅绒、六朵郁金香、四枝绿鸡冠、三枝乒乓、四枝雷丝、一枝尤加利。

　　花材的点缀可以让人赏心悦目，花朵的气味则可以让人心旷神怡。

　　我有很多机会插大型花艺，很喜欢为台湾丰富的叶材找到表现的舞台，由于叶材的体积较大，通常都陈放于大型宴会的入口。花材一定要选当季的，最美也最安全。如果要用不是当季的花色就比较富挑战；我就曾经为了颜色而让花朵吸有色墨水，虽然染色成功，但不能持久。

　　我对卖东西给我的摊贩一向有感情，买定了就一直向同一个人买。唯独买花材无法专一，因为经验久了发现新鲜才是最重要的考虑。尤其是打电话订花，收到的大多比较不新鲜。所以每次要布置会场，最辛苦的就是起个大清早，亲自到花卉市场挑选。台湾的花卉运销办得很好，分成种植花卉市场与切花市场，有些喜欢搞艺术的外国朋友来台北，我带他们去花卉市场参观，他们都惊艳得口水快要流下来。

　　台湾不像美国有whole sale制度，每一个人都可以自己玩插花，通常这些奇花异草也并不昂贵。自己玩与花店专业插花是很不一样的，可以各取所需，什么奇灵古怪的东西都可以变成艺术品。插花其实不需要专业经验，只要注意线条、色系与现场的搭配即可。至于色彩的选择，用一个主要的颜色最保险，比如绿白、红色系、黄色系。尽可能不要混色，因为来宾的衣着已经够花杂了，花的颜色一多，主色调就看不到了。栀子花、夜来香、尤加利等会散发香味，让人放松，近距离的餐桌陈列，可以搭配这些有香味的花朵。

　　成功的派对花艺，线条要与现场搭配，并且要能展现色系与香味。现代感的室内设计，我喜欢传达大自然的气息，布置多以叶材为主要素材，重视叶材枝干的颜色，拉出潇洒的线条来，花朵反而只是点缀的配角。但若在装饰繁复的欧式室内空间，就需要浓郁的花朵色彩来搭配较繁复的室内设计了。

　　此外，我也会视情况利用花艺来传递讯息。我有个好友，在十年间成功地完成了一件创举，正式发表当天，我插了一盆十二米长的花送她，慰劳她的辛苦。十二米长的花艺，其实等同于装置艺术。为此，我去她们公司的媒体剪报室，把那十年间发生的所有事件，不管好的坏的，褒的贬的，善意的恶意的，所有的报纸头条都抄录下来，然后摘录几个或几行字，以不同的字形与字级大小，印在一百八十张编了号的橘色透明胶片上，依序插在这一大盆花的中间。巨大的叶材好找，但花材不够多，这些含有讯息的橘色胶片穿插在众多绿色叶材中，也有花朵缤纷的效果。我还把透明丝带染成黑色，搭配成串圆珠形的橘红色"状元红"，并在作品顶端飘浮许多系着黑缎带的橘色气球，借以突显该企业的Logo颜色。我构思这个作品，是想嘲讽台湾的"媒体治国"，要完成一件高难度的公共工程需要具备多大的耐心、毅力与勇气。这一件作品，将主人的辛苦历程、光荣与委屈表露无遗。编号为第一的卡片，我是这样写的：应以何身得度者，即现何身而为说法，Nita筑THSRC的过程，当有知音。愿气球的喜悦能稍抚她的委屈，以状元红的意义赞叹她的成就。

秋之礼

送你个**月亮**

中秋节何不送人一个月亮？把月亮设计成一个器皿吧！

陶烧上釉让月亮沉稳安静，内置一套瓷烧的分割餐具，看似理所当然的思考，但出窑的期盼与土质温度的收缩，活活整了我一顿。盒盖上烧上了《月亮代表我的心》的歌词。最后我放上咱们的小笼包，或是直接做冰淇淋布丁模，精致讨巧，人见人爱。

四 147
匠心手艺

小鸭戏水

我们把游历世界的"大黄鸭"(Rubber Duck)缩小于掌心,以其沐浴治疗精神为题,秋天的橘色黄色为材,成就了这一个"小鸭戏水"的礼物。

让这个装置艺术游进您的浴缸,请您用心体会手工冷皂的手感与触感,也让它继续传递着天真愉悦与亲密美好的讯息。

成分:椰子油、橄榄油、天然辣椒红色素、红棕榈油、蓖麻油、芥花油、甜橙、广藿香、安息香、岩兰草、雪松精油。

月亮肥皂礼

抓准了秋天的橘色与黄色系,调制皂基成分与颜色倒入模子中,把洗澡用的老丝瓜瓤整条泡入,待凝固后,切成片,就是方便的洗浴礼品。包装也贯彻秋天的色系,成为讯息清楚的秋节礼品。

但愿人长久 蜡烛礼

诗人苏轼的《水调歌头》中有一句"但愿人长久，千里共婵娟"，是我很喜欢引用的诗句，这次特别以脱蜡的形式表现出来。一支美好的蜡烛，总让人舍不得点，于是我用蜡做身体，挖一个长洞，塞一根装了燃油的试管在其中，试管上再车一个不锈钢的线蕊头。这样的设计，既能看到烛光，蜡烛也能长长久久。配合它的包装，也是一个聪明的盒子。

秋之果

以南瓜或柿子传递金橘色的气质,这是一种叙述着秋天来了的手法。每次设计礼物的当下,我都会幻想着收到的人会怎么延续使用,所以容器要能再度使用为重要的原则,我找到现成的塑料球体,还有扁椭圆的器皿可以使用。求教于在上海的精通编织的周真华阿姨,试了好多回不同的编织手法,也尝试各种不同的叶子与枝藤的层次感,不同的毛线颜色搭配,还有不同的底部收编织法,成就了这组秋之果的秋礼设计。

这是洗面台上天天要使用的盛器，月亮肥皂用了大量的精油，也做出了朦胧的边韵，表现了月亮代表我的心；面纸座内则是仿了美金图案的面纸；毛巾架除了挂毛巾，也可以当成报纸架、锅盖架、折叠架，还可以当成晾杯架。这一套作品呈现出实用与幽默共存的可能性。

月亮
代表我的心

中国戏剧服饰

苹安
团圆烛

这个礼物的主题是"平安",选的是苹果蜡烛。礼品的包装,选用像布一样厚软的纸材,烫上黑色的诗句。透过烫黑的处理,诗句好像嵌入了纸张,效果非常好。我选用的诗句是宋朝诗人程颢的《秋月》:"清溪流过碧山头,空水澄鲜一色秋;隔断红尘三十里,白云红叶两悠悠。"我好喜欢其中的气氛与意境。因为不敢麻烦书家大师写字,我用美工工具书的现成字帖,抓出所有文字的草书,再用Photoshop软件,将字体整合;加粗或修细呈现出来。效果虽然不如大师的书法,不过也点出我所向往的意境啦!

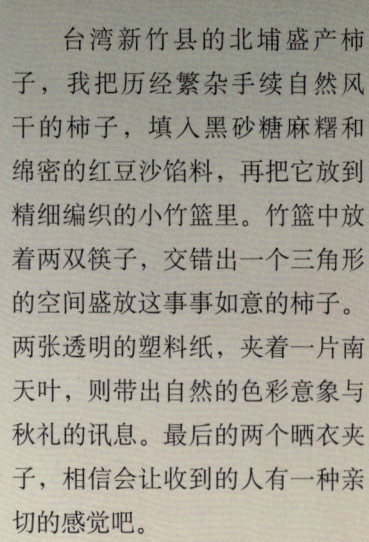

柿柿
如意礼

台湾新竹县的北埔盛产柿子,我把历经繁杂手续自然风干的柿子,填入黑砂糖麻糬和绵密的红豆沙馅料,再把它放到精细编织的小竹篮里。竹篮中放着两双筷子,交错出一个三角形的空间盛放这事事如意的柿子。两张透明的塑料纸,夹着一片南天叶,则带出自然的色彩意象与秋礼的讯息。最后的两个晒衣夹子,相信会让收到的人有一种亲切的感觉吧。

点翠

 赵匡胤
 雷公
 姜维

 夏侯惇
 包拯
 司马师

 窦尔墩
 王廷章
 赵公明

此为顾正秋女士出演《王昭君》剧中"出塞"一折。

道具

椅　　　桌子　　　椅

火旗

景片

风旗

车旗

布城

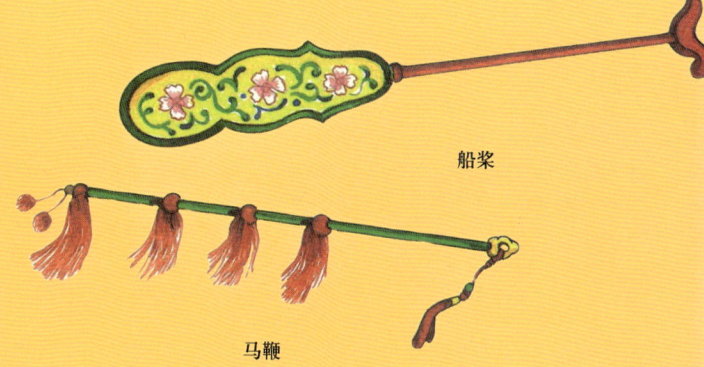

船桨

马鞭

齊家心語

西汉 (206BC–9AD)	新莽 (9–23AD)	东汉 (25–220AD)	三国 (220–280AD)		西晋 (265–317AD)	东晋 (317–420AD)
《西汉演义》	《烧窑封官》	《刘宗伯复国》	《打督邮》	《取南都》	《洛神》	《黑水国》
《大汉春秋》	《白蟒台》	《战蒲关》	《捉放曹》	《胭粉计》	《目连救母》	《荀灌娘》
《鸿门宴》	《刘秀走国》	《反八卦》	《借赵云》	《七星灯》	《春闺梦》	《柳荫记》
《万花亭》	《光武中兴》	《斩经堂》	《让徐州》	《江油关》	《除三害》	《九莲灯》
《喜封侯》		《收岑彭》	《濮阳城》	《绵竹关》	《金雀记》	《英台抗婚》
《斩戚姬》		《打金砖》	《辕门射戟》	《李氏殉节》	《绿珠坠楼》	《梁祝》
《莲花公主》		《姚刚发配》	《青梅煮酒论英雄》		《铜雀烟云》	
《折彭越》		《渔家乐》	《击鼓骂曹》			
《十老安刘》		《强项令》	《斩颜良》			
《太子回朝》		《玉门关》	《挂印封金》			
《监酒令》		《赏夏》	《斩五将》			
《与汉图》		《幽闺记》	《千里走单骑》			
《轵侯剑》		《班超》	《张飞负荆》			
《三孝记》		《琵琶记》	《官渡之战》			
《鸾钗记》		《四声猿》	《战冀州》			
《烂柯山》		《文姬归汉》	《马跳檀溪》			
《汉宫演义》		《凤凰二乔》	《徐母骂曹》			
《秋风辞》		《孔雀东南飞》	《荐诸葛》			
《汉宫怨》		《蔡文姬》	《三顾茅庐》			
《苏武牧羊》		《杀奢》	《长坂坡》			
《汉宫秋》		《血带诏》	《收周仓》			
《王昭君》		《吕布与貂蝉》	《哭刘表》			
《驿亭谣》		《凤仪亭》	《群英会》			
《卓文君》		《连环计》	《反间计》			
《渔樵记》		《和亲记》	《草船借箭》			
		《议剑献剑》	《借东风》			
		《三拷吉平》	《审百案》			
			《横槊赋诗》			
			《华容道》			
			《战长沙》			
			《三气周瑜》			
			《龙凤呈祥》			
			《甘露寺》			
			《卧龙吊孝》			
			《讨荆州》			
			《芦花荡》			
			《献川图》			
			《单刀会》			
			《取成都》			
			《连营寨》			
			《吞吴恨》			
			《安居平五路》			
			《祭长江》			
			《失街亭》			
			《斩马谡》			
			《空城计》			

神话时代	夏 (2070–1600BC)	商 (1600–1046BC)	西周 (1046–771BC)	春秋 (770–476BC)	战国 (475–221BC)	秦 (221–206BC)
《战蚩尤》	《传琴斩考》	《文王访贤》	**《封神榜》**	《走马春秋》	《七国志》	《博浪锥》
《洗耳记》	《汤伐夏》	《姜子牙与哪吒》	《周公与桃花女》	《孙叔敖复国》	《后列国》	**《孟姜女》**
《征三苗》		《文王卜卦》	《双尽忠》	《二子乘舟》	《杀狗劝妻》	《宇宙锋》
《麻姑献寿》		《进妲己》	《李广催贡》	《管仲拜相》	《南华堂》	《圯桥进履》
《嫦娥奔月》		《炮烙柱》	《庆阳图》	《雌雄剑》	**《孙膑》**	《九战章邯》
《天香庆节》		《太师回朝》	《烽火台》	《二桃杀三士》	**《孙庞斗智》**	**《萧何月下追韩信》**
《虹桥赠珠》		《摘星楼》		《葵花井》	**《马陵道》**	《楚汉争》
《芙蓉花仙》		《西岐山》		《战袁林》	《田单救主》	**《霸王别姬》**
《水晶柱》		《黄花山》		《托国入吴》	《将相和》	
《九龙柱》				《勾践回国》	**《晏婴说楚》**	
《碰天柱》				《二堂舍子》	《蝴蝶梦》	
《五行柱》				《北邙山》	**《大劈棺》**	
《黄袍记》				**《焚绵山》**	《赠绨袍》	
《白鹦鹉》				《摘缨会》	**《孟尝君》**	
《蓬莱大仙》				《秦晋交兵》	《荆轲刺秦》	
《八仙传奇》				《楚宫恨》	《李冰》	
《狮子王战陀厉》				《赵氏孤儿》	《金将台》	
《描金扇》				**《火牛阵》**	《青陵台》	
《朱泊艺》				《中山狼》	《息氏扑台》	
《五花洞》				**《鼎盛春秋》**	**《黄金台》**	
				《文昭关》	《三伐宋》	
				《浣纱记》	《神农涧》	
				《伐子都》	《桑园会》	
				《哭秦庭》	**《孟母三迁》**	
				《西施》	《鸳鸯冢》	
				《搜孤救孤》	《邯郸雪》	
					《马鞍山》	

这幅戏剧长轴表,是将中国的京剧、昆曲、歌仔戏、布袋戏、川剧、越剧等戏码,以时代先后依序列表,总共有五百多出。粗体字的一百四十多出,则在不同剧种重复出现。既然在各种剧种都出现,表示这一百四十多出是普及于民间的故事,身为中华儿女,有机会该去多认识与了解。

我们的戏剧

著名的目录学家杨家骆教授（1912-1991）主编的《中国俗文学》，将"诗歌""小说""戏曲""讲唱文学"均列入俗文学范畴，并强调因其领域广泛，深入民间，重要性与诗、散文等正统文学同样重要。他还进一步逐项细分其涵盖的类别："诗歌"包括谣谚、民歌、俗曲；"小说"包括话本与章回；"戏曲"包括戏文、杂剧、传奇、皮黄戏、地方戏；"讲唱文学"包括变文、诸宫调、宝卷、弹词、鼓词、相声。这个系统分类，整合了存在于民间的通俗文学形式，也说明了中国俗文学的丰富传统。虽然民间文化会随着时代环境而改变形式，但至目前为止，大体上都不脱杨教授所定义的范畴。

我母亲十岁进入"上海戏剧学校"学戏，十一岁就开始登台公演，课余之暇常穿梭于上海各戏院观摩名角演出。她说，当年的十里洋场有各种戏剧表演，除了正统的北派京剧、南派京剧，还有京韵大鼓、说书、弹词、八角鼓、河南坠子、河南梆子（豫剧）、相声等，观众的选择性很多，非常热闹。

母亲从"上海戏剧学校"毕业后至结婚之前，带着顾剧团公演了八年，也搜藏了一些精彩的戏剧唱片。现在的孩子大多没有看过黑胶唱片和唱盘，我们家那个古典的唱盘，不知陪着母亲度过多少个思乡的下午。我记得其中一张"八角鼓"演出的唱片，是根据明代冯梦龙同名小说改编的《杜十娘怒沉百宝箱》，主唱荣剑尘，搭配三弦和八角鼓，有些段落像说书。母亲有时候下午放着听，听着听着就见她眼睛红起来。全剧从曲头"十娘入赘勾栏儿院，托身李甲呀结下良缘……"慢慢地开始，进而越来越快地叙述，最后说到十娘随宝箱沉入江底，改以流水板述说女主角悲剧的结尾，真是扣人心弦。我印象最深刻的是杜十娘以快板训斥李甲那一段，把个无情无义的负心汉一五一十地骂了个痛快，好像帮那个封建年代的女性复了仇。那出戏的唱词，虽然能让人跟着朗朗上口，但要行腔柔美，吐字清晰地唱完整个故事，却不是容易的事。我曾跟着学唱其中的一段，但是就没办法唱出韵味，现在想到了仍会怀念那个腔调。

还有一张"京韵大鼓"的唱片，是骆玉笙以"摘唱"形式表演的《伯牙摔琴》。骆玉笙又名小彩舞，首创抒情"女声大鼓"的表演方式：左手拍檀板，右手击鼓，配以三弦与四胡，似说似唱，情韵动人，《伯牙摔琴》最后的快板尤其让人入迷。母亲爱听极了，直说她的腔高低自如，颤音非常特别，很适合表演悲伤的曲目。

京韵大鼓的前身是怯大鼓，创始人刘宝全原是京剧老生，但因表演《空城计》受挫而改学大鼓。他融入自己的京剧功底，加上京剧中的刀枪架势，改变了怯口乡音为"京字京韵"，从而产生了"京韵大鼓"。

忠 韩玉娘

孟良

闻仲、杨戬

巨灵神

徐延昭

曹操

张飞

杨延嗣

孙悟空

郑子明

德 薛湘灵

幽默诙谐的相声,可能是听众最多的民俗艺术,我小时候一家人常聚在收音机前,专注地对着一个小小的音箱听相声,不时捧腹大笑。有时我听不懂大人笑什么,总想问清楚,一打断母亲就说:"等一下再问嘛!"那时最有名的相声演员是吴兆南和魏龙豪。他们的开场白"吴兆南、魏龙豪上台一鞠躬!"也变成我跟哥哥搞笑的第一句台词。

后来相声不再局限于电台,也成了很受欢迎的舞台表演。一九八五年三月,赖声川导演,李国修与李立群主演的《那一夜,我们说相声》在台北南海路的艺术馆公演,我与仁喜坐在台下没有合过嘴,不断地捧腹大笑。当时的感觉真的超兴奋,没想到看完的后果超紧张。那是我们结婚那年,我从来不知道仁喜小时候害过气喘病,那晚也许是大笑的时间太久,他沉寂近二十年的气喘病发作了,回到家只能扶着桌边站着喘,把我吓坏了,赶紧送他到医院。他戴上氧气罩,有一口没一口地吸气,我则余惊未止,在一边直哭,他还边用手势安慰我哩。这笔账,我可是永远记在赖声川头上。赖导还理直气壮地说:"让你们大笑,你才知道丈夫有气喘呀,多么难得的事!"

相声,就是这么一个让人从笑里记取故事,而且不会忘怀的剧种。但是一代一代的发音不一样,妈妈总觉得现在的上海话,跟她那一代讲的很不一样,难免有点失落的感觉。

一九八〇年代台湾民歌兴起,出了不少著名的民歌手,我自己也曾有过小小的参与。但最特殊也最受瞩目的歌手,非"说唱诗人"陈达(1906-1981)莫属。他的老家在屏东恒春,没有上过学校,也不识字,却能以一把月琴弹唱他从小熟悉的恒春民谣,尤以单弦拨唱的《思啊思想起》最扣人心弦。他的歌和词都是随兴自创,每一首的引韵之后跟着七字仔的歌词,但都会在其中加入"伊嘟""唉哟喂"等语气转换或感叹的字句,加强整首歌的神韵,让听者更能体会其中的苍凉感。

后来陈达不幸因车祸过世,年轻歌手苏来邀赖西安作词,自己谱写了一首《月琴》向陈达致敬:"抱一支老月琴,三两声不成调,老歌手琴音犹在,独不见恒春的传奇……"最后那句"再唱一段,思想起!"是我至今都非常怀念的。

台湾日据时期,南管只在少数团体演出,不像现在这么普遍。南管的历史经过久远流变,据说最早可上溯至唐宋,后来在福建泉州、厦门一带流行,称为南音。它的结构严谨,曲风典雅,比较注重内心情感的流露。原籍泉州的王心心,嫁到台湾后大力推广南管,成为这项演出的佼佼者。吴欣霏则是后起之秀。

昆曲是比京剧还早两百年的剧种,它以竹制的昆笛为主要伴奏乐器,搭配三弦、二胡、琵琶、笙等丝竹乐器,以及鼓、板、小锣、大锣、铙钹等打击乐器。昆曲的辞藻艰深华丽,身段优美,是非常细致的表演艺术。梨园的由来,传说是唐明

情 虞姬

南朝 (420–589AD)	隋 (581–618AD)	唐 (618–907AD)		五代 (907–960AD)	北宋 (960–1127AD)	
《庆云宫》	《孔雀屏》	《大唐风云录》	《洪江渡》	《慈云太子走国》	《千里送京娘》	《游大城》
《绿袍相》	《杨广逼宫》	《罗成叫关》	《诗酒长安》	《五代残唐》	《龙虎斗》	《天门阵》
《竹林堂》	《晋阳宫》	《望儿楼》	**《太白醉写》**	**《白兔记》**	**《风云会》**	《雁门关》
《陈接隋》	《打登州》	《锁五龙》	《梅妃》	《困曹府》	《困龙床》	《洪羊洞》
	《响马传》	《宫门带》	《太真外传》	《二县令》	《贺后骂殿》	《黑风帕》
北朝 (386–581AD)	《东方夫人》	《尉迟恭救驾》	《马嵬坡》	《凤鸣山》	《王文英与竹芦马》	《玉鸳鸯》
	《断密涧》	**《敬德装疯》**	《长生殿》	**《打樱桃》**	《烛影摇红》	《什细记》
《花木兰》	《对花枪》	《取帅印》	《钟馗嫁妹》	《打龙棚》	《花子骂相》	《喜鹊告状》
《春秋配》	《南阳关》	《春江花月夜》	**《绣襦记》**	《三打陶三春》	**《彩楼记》**	**《七侠五义》**
	《雁荡山》	《天鹅宴》	《荣华富贵》	《打瓜园》	《评雪辨踪》	《破铁卷》
	《少林寺》	《柳迎春》	**《打金枝》**	《麦秀两岐》	《祭灶》	《八件衣》
	《隋唐演义》	《花打朝》	**《西厢记》**	《乘龙错》	**《吕蒙正》**	《双包案》
	《红拂传》	《白袍记》	《红娘》	《灌口神》	《娇红传》	**《秦香莲》**
	《改容战父》	《百花亭》	《愿作鸳鸯》	《窦公送子》	《双阳公主》	《陈世美》
	《卖马耍锏》	《五虎平西平南》	《玉狮坠》	《花蕊夫人》	**《寻亲记》**	《青天难断》
	《虹霓关》	《界牌关传说》	**《人面桃花》**	**《斩黄袍》**	**《翠屏山》**	《乌盆记》
	《三家店》	《罗通扫北》	《南柯梦》	《宋太祖收南唐》	《扈家庄》	《打銮驾》
		《红鬃烈马》	《铁扇留香》	《珠帘寨》	**《狮吼记》**	《赤桑镇》
		《薛仁贵征东》	《朱痕记》	《飞虎山》	**《艳云亭》**	《遇后龙袍》
		《薛礼叹月》	《青衫泪》	《五侯宴》	**《红梨记》**	《铡包勉》
		《樊江关》	《白衣童子》		《五桂联芳》	《太君辞朝》
		《马上缘》	《红线盗盒》		《寇莱公思亲罢宴》	《昊天塔》
		《银屏公主》	**《双红记》**		《潇湘夜雨》	**《香囊记》**
		《西游记》	《元宵谜》		《王伯东告御状》	《挡马》
		《猪八戒招亲》	《还珠吟》		《君臣情深》	《王华买父》
		《魏征斩蛟龙》	《雪拥蓝关》		**《狸猫换太子》**	《刁窗》
		《误斩马周》			《丹心救主》	《张明下书》
		《打李道宗》			《金水桥畔》	《青袍记》
		《薛丁山征西》			《秋江烟云》	《藏珍楼》
		《芦花河》			《人间盗》	《醉皂》
		《白马寺》			《状元媒》	《三岔口》
		《谢瑶环》			《金沙滩》	**《拜月亭》**
		《廉锦枫》			《李陵碑》	**《万花楼》**
		《徐策跑城》			《夜审潘洪》	**《杨家将》**
		《薛刚反唐》			《风波亭》	《佘赛花》
		《刘辟责买》			《卖油郎独占花魁》	**《杨宗保与穆桂英》**
		《汾河湾》			《天波楼》	**《穆柯寨》**
		《棋盘山》			《斩蛟龙》	《辕门斩子》
		《换金斗》				
		《举鼎观画》			**辽** (907–1125AD)	
		《杏元和番》				
		《紫钗记》			《八郎回营》	
		《酸枣岭》			**《四郎探母》**	
		《巴骆和》			《女探母》	
		《金琬钗》				

南宋 (1127-1279AD)		元 (1206-1368AD)	明 (1368-1644AD)		清 (1616-1911AD)	
《五台会兄》	《泥马渡康王》	《货郎旦》	《大明英烈传》	《辛安驿》	《金玉奴》	《大清秘史》
《八郎带镖》	《满江红》	《得意缘》	**《朱洪武》**	《打严嵩》	**《蝴蝶杯》**	《落马湖》
《杨门女将》	**《地藏王证东窗事犯》**	**《百花记》**	《良弓吟》	《龙凤阁》	《袁崇焕》	《盗御马》
《杨排风》	**《精忠报国》**	**《孟丽君》**	**《千钟禄》**	《五人义》	《史可法》	《东宁王国》
《雏凤凌空》	《双枪陆文龙》	**《窦娥冤》**	《归舟》	《孙安动本》	《上关拜楼》	《刘仪宾回番书》
《佘太君抗婚》	《黑虎缘》	《串龙珠》	《一品忠》	《婵娟误》	《闯王旗》	《顺治与康熙》
《碧血青天》	**《摇鼓战金山》**	《芙蓉屏》	**《杜十娘》**	《勘玉钏》	《董小宛》	《施公案》
《状元更夫元帅妻》	《哭灵》	《沈万三》	《失印救火》	**《香罗带》**	**《桃花扇》**	《唐朝仪》
《侠女英雄传》	《番状元》	《春灯谜》	《于谦》	《铁弓缘》	《秋霜燕子飞》	《闹苏州》
《野猪林》	**《济公活佛》**	《药茶记》	《陈三五娘》	《陈三两爬堂》	《徐九经升官记》	《康熙斩倭》
《林冲夜奔》	《朱砂痣》	《战太平》	《刁南楼》	《王有道休妻》		《十三妹》
《义侠记》	**《思凡》**	《九江口》	《绛霄楼》	《锁麟囊》		《宰相刘罗锅》
《逼上梁山》	**《玉簪记》**	《战土台》	《踏纱帽》	**《梅玉配》**		**《年羹尧》**
《王婆骂街》	《钓金龟》	《取金陵》	《十五贯》	《范进中举》		《火烧红莲寺》
《潘金莲》	《琼林宴》	《盘陀山》	《大闹养闲堂》	《三女抢板》		**《香妃》**
《武松杀嫂》	《铁莲花》	《铁笼山》	《小红袍》	**《玉堂春》**		《乾隆游西湖》
《真假李逵》	**《清风亭》**	《梵王宫》	《乌袍记》	《杀猪状元》		《乾隆游山东》
《李逵探母》	《望江亭》	《反徐州》	《罗定良》	《曲判记》		《解语花》
《李逵负荆》	《碧波潭》	《江东桥》	《金魁生》	**《春草闯堂》**		《皇上难为》
《醉打山门》	**《花田错》**	《孔雀胆》	《水源海》	**《连升店》**		《道光斩子》
《扈家庄》	《荆钗记》	《碧血桃花》	《斩胡居安》	《水牢摸印》		**《金印记》**
《乌龙院》	《御匾》	《八达岭》	**《江南四才子》**	《五柳园》		《玉京寒》
《活捉三郎》	**《王魁负桂英》**	《居庸关》	《唐祝文周四杰传》	《胡琏闹钗》		**《王熙凤》**
《快活林》	**《宝莲灯》**	《铁汉柔情》	《风流才子唐伯虎》	《乔老爷奇遇》		《千金一笑》
《打渔杀家》	**《牡丹亭》**	**《百花赠剑》**	**《唐伯虎点秋香》**	《御河桥》		《黛玉葬花》
	《路遥知马力》		《皇帝秀才乞食》	《离燕哀》		《晴雯归天》
	《潞安州》		《正德皇帝游江南》	《鸳鸯冢》		**《红楼梦》**
	《艳阳楼》		《梅龙镇》	《碧玉簪》		《鸳鸯剑》
	《钗头凤》		《青山绿水情》	《春灯谜》		《天女散花》
	《生死恨》		《疗妒羹》	**《三娘教子》**		《错魂记》
	《红梅记》		《风筝误》	《春秋配》		《二次革命讨袁》
	《牛皋下书》		《红尘客》	《乾坤福寿镜》		
	《凤凰蛋》		《云州大儒侠史艳文》	《南天门》		
	《破潭州》		《法门寺》	《百鸟朝凤》		
	《挑滑车》		**《贩马记》**	《海瑞上疏》		
	《正气歌》		《拾玉镯》	《海瑞罢官》		
	《三尽忠》		《一捧雪》	《秦淮烟雨》		
	《柴市节》		《盘夫》	**《描金凤》**		
	《八大锤》		《四进士》	《意中缘》		
	《柜中缘》		《凤还巢》	《登舟画梅》		
	《白蛇传》		《周仁献嫂》	《萝卜园》		
	《青蛇传》		《西楼记》	《三跑山》		
			《秦雪梅吊孝》	《苦节传》		
			《忠义烈》	《珍珠宝塔记》		
			《鸣凤记》	《荒山泪》		

苏州评弹，也是母亲念念不忘的戏剧。著名的评弹艺术家范雪君，她能一个人自唱自说地讲完一本书，一下演老的，一下演小的，甚至军阀、丫环、小姐、少爷……只要是书中的角色，她都可以说得惟妙惟肖。她也会弹琵琶，有时还会唱流行歌曲呢。母亲在上海听过她的《啼笑因缘》，欣赏不已。据说电台要播她的评弹，不是她到电台录音，而是电台工作人员到她家录音，可见她红火的程度。母亲记得十八岁的时候，曾在应酬场合遇过几次范雪君，这位中国民俗艺术的表演者，手上戴的戒指可是十克拉闪闪发亮的火油钻呢。

容 西施

歌仔戏流行于台湾已有百年，是土生土长的台湾戏剧。早年流行于民间的歌谣歌调，统称为"锦歌"，是继明代以来南方的小曲小调，主要以闽南的歌谣为主。台湾的宜兰地区，根据从福建漳州流传过来的歌仔，加上更多的场面与动作，广纳其他戏种的精华，逐渐发展为成熟的歌仔戏，主要在民间庆典与庙会演出。后来台视开播歌仔戏节目，使杨丽花成为人人皆知的歌仔戏小生。她的扮相潇洒，唱腔洪亮，从一九七〇年开始风靡全台达三十年之久，有"歌仔戏天王"之称。

布袋戏电视节目《云州大儒侠》里的史艳文，走红台湾至今已逾五十年，可说是知名度最高的戏偶人物。《云州大儒侠》一九七〇年代在电视播出的五六年间，工人每天中午一定要看看史艳文才回去上工，可见他受欢迎的程度。

布袋戏十七世纪即流行于福建的泉州、漳州一带，又称布袋木偶戏、掌中戏、小笼。其布偶的头与四肢是用木材雕刻而成，身上的衣服则用布料做成像袋子一样，所以有"布袋戏"之名。其剧情大多根据中国章回小说或者再加改编，很多基层百姓即使没上学校读过书，也都因为看布袋戏而了解《三国演义》《封神榜》等章回小说的故事情节。

黄梅调是另外一种歌舞性质的表演艺术，又称采茶戏，原为安徽省安庆市的地方戏，唱腔流畅活泼，多以抒情戏见长。早期剧目多是艺人自编自演，以反映民间生活为主。一九六〇年代在台湾轰动一时的黄梅调电影《梁山伯与祝英台》，捧红了女扮男装的凌波，不知赚了多少人的眼泪。凌波出场那一句"远山含笑"，我至今印象深刻。黄梅调活泼又易学，人人都可以哼两句，让人倍感亲切。

孝 荀灌娘

义 铁镜公主

诗词与格言

我幼年时还什么都不懂,老师就开始叫我们背唐诗。如果以西方的教育体系而言,似乎有违孩子的认知。但人的记忆力以幼年时代最好,我们中国人的教育自古就懂得利用这项优点。能让孩子多背诵一首诗,等于在他的文化户头里增加一笔定存,一笔一笔累积起来,几十年后用到的当下,一定感恩当年的投资。

在我们的中文教学里,诗词与成语、《世说新语》一样,在学生时代占有重要的比例。当时我也不知道背的是什么,有什么意义,只知道是为了应付考试。年龄稍长后,常常在生活中感受到背过的某一首诗的情境,仿佛大诗人就站在我的肩膀上,教我看到了他的眼界与心声,也才了解老师们当年的用心。而且相同的一首诗,在不一样的年龄阅读,会有不一样的领悟,引发对"真善美"的不同诠释与对人事物的感动,那是生命中最美好的时刻。而格言,也是学校教我们要读背的,这些都是智者隽永的生活智慧,意味深长的体悟,提供给我们判断的智慧,做人的规范。

中国最早的诗集,书名就叫《诗》,收录三〇五首,是西周初期至春秋中叶(约公元前十二世纪至公元前六世纪),历经六百年的采撷、筛选、整编而成,采撷范围涵盖黄河流域,从山东以西至甘肃等数省。其后不断有人注释、推广,至汉朝时被儒家奉为经典,遂改名为《诗经》。西汉初年(约公元前二世纪)的《毛诗序》,是现存最早的《诗经》注释,序中有云:"诗者志之所之也,在心为志,发言为诗……故正得失,动天地,感鬼神,莫近于诗。"简单几句话就阐明了《诗经》的要义。

《诗经》作品的性质分为三大类:"风"是指民间诗歌,有一六〇篇;"雅"是指贵族官吏的诗歌,有一〇五篇;"颂"是指宗庙祭祀的诗歌,有四十篇。它的表现手法也分三大类:"赋"是直述法;"比"是比喻法;"兴"是联想法。我最喜爱的是"风"(又称《国风》篇),大多是描写庶民生活的抒情诗,有男女之情的唱和,有季节时令的歌咏,也有骂人告状的、歌功颂德的……可以说无所不有。我觉得很像台湾的现代歌谣《望春风》《补破网》《绿岛小夜曲》,情感直接流露,词句却婉约动人。

我们伟大的国师孔子也深研《诗经》,同时教育他的孩子要好好阅读,因为"不学诗,无以言"。他还说:"小子何莫学夫诗?诗可以兴,可以观,可以群,可以怨,迩之事父,远之事君,多识于草木鸟兽之名。"——看这两句话,孔子可不是要我们念儒家的四维八德哟!他是要我们背像《望春风》那种我所谓的真性情的体会,并且认识自然界的花草树木,虫鱼鸟兽,丰富我们对宇宙间其他生命的常识,也可以发抒自我的心情转折。这让我对印象中的孔老夫子,感觉亲切多了。

东汉 (25-220AD)

蔡邕《饮马长城窟行》
青青河边草。绵绵思远道。
远道不可思。宿昔梦见之。
梦见在我旁。忽觉在他乡。
他乡各异县。辗转不相见。
枯桑知天风。海水知天寒。
入门各自媚。谁肯相为言。
客从远方来。遗我双鲤鱼。
呼儿烹鲤鱼。中有尺素书。
长跪读素书。书中竟何如。
上言加餐食。下有长相忆。

蔡文姬《胡笳十八拍》
我生之初尚无为,
我生之后汉祚衰。
天不仁兮降乱离,
地不仁兮使我逢此时。
干戈日寻兮道路危,
民卒流亡兮共哀悲。
烟尘蔽野兮胡虏盛,
志意乖兮节义亏。
对殊俗兮非我宜,
遭恶辱兮当告谁。
笳一会兮琴一拍,
心溃死兮无人知。

三国 (220-280AD)

曹植《七步诗》
煮豆持作羹,漉豉以为汁。
其在釜下燃,豆在釜中泣。
本是同根生,相煎何太急。

东晋 (317-420AD)

陶渊明《饮酒诗之五》
结庐在人境,而无车马喧。
问君何能尔,心远地自偏。
采菊东篱下,悠然见南山。
山气日夕佳,飞鸟相与还。
此中有真意,欲辨已忘言。

唐 (618-907AD)

李世民《赋萧瑀》
疾风知劲草,板荡识诚臣。
勇夫安识义,智者必怀仁。

王勃《滕王阁序》之名句
落霞与孤鹜齐飞,
秋水共长天一色。

王勃《送杜少府之任蜀州》
城阙辅三秦,风烟望五津。
与君离别意,同是宦游人。
海内存知己,天涯若比邻。
无为在歧路,儿女共沾巾。

贺知章《回乡偶书》
少小离家老大回,
乡音无改鬓毛衰。
儿童相见不相识,
笑问客从何处来。

陈子昂《登幽州台歌》
前不见古人,后不见来者。
念天地之悠悠,独怆然而涕下!

王翰《凉州词》
葡萄美酒夜光杯,
欲饮琵琶马上催。
醉卧沙场君莫笑,
古来征战几人回?

王之涣《出塞》
黄河远上白云间,
一片孤城万仞山。
羌笛何须怨杨柳,
春风不度玉门关。

王之涣《登鹳雀楼》
白日依山尽,黄河入海流。
欲穷千里目,更上一层楼。

孟浩然《春晓》
春眠不觉晓,处处闻啼鸟。
夜来风雨声,花落知多少。

王昌龄《出塞》
秦时明月汉时关,
万里长征人未还。
但使龙城飞将在,
不教胡马度阴山。

王昌龄《闺怨》
闺中少妇不知愁,
春日凝妆上翠楼。
忽见陌头杨柳色,
悔教夫婿觅封侯。

王维《九月九日忆山东兄弟》
独在异乡为异客,
每逢佳节倍思亲。
遥知兄弟登高处,
遍插茱萸少一人。

王昌龄《芙蓉楼送辛渐》
寒雨连江夜入吴,
平明送客楚山孤。
洛阳亲友如相问,
一片冰心在玉壶。

王维《相思》
红豆生南国,春来发几枝;
愿君多采撷,此物最相思。

王维《杂诗》
君自故乡来,应知故乡事。
来日绮窗前,寒梅著花未?

王维《渭城曲》
渭城朝雨浥轻尘,
客舍青青柳色新。
劝君更尽一杯酒,
西出阳关无故人。

李白《静夜思》
床前明月光,疑是地上霜。
举头望明月,低头思故乡。

李白《早发白帝城》
朝辞白帝彩云间,
千里江陵一日还。
两岸猿声啼不住,
轻舟已过万重山。

李白《月下独酌》
花间一壶酒,独酌无相亲。
举杯邀明月,对影成三人。
月既不解饮,影徒随我身。
暂伴月将影,行乐须及春。
我歌月徘徊,我舞影零乱。
醒时同交欢,醉后各分散。
永结无情游,相期邈云汉。

李白《将进酒》
君不见黄河之水天上来,
奔流到海不复回。
君不见高堂明镜悲白发,
朝如青丝暮成雪。
人生得意须尽欢,
莫使金樽空对月。
天生我材必有用,
千金散尽还复来。
烹羊宰牛且为乐,
会须一饮三百杯。
岑夫子,丹丘生,
将进酒,杯莫停。
与君歌一曲,请君为我倾耳听。
钟鼓馔玉不足贵,
但愿长醉不复醒。
古来圣贤皆寂寞,
惟有饮者留其名。
陈王昔时宴平乐,
斗酒十千恣欢谑。
主人何为言少钱,
径须沽取对君酌。
五花马、千金裘,
呼儿将出换美酒,
与尔同销万古愁。

李白《清平调》
云想衣裳花想容,
春风拂槛露华浓。
若非群玉山头见,
会向瑶台月下逢。
一枝红艳露凝香,
云雨巫山枉断肠。
借问汉宫谁得似,
可怜飞燕倚新妆。
名花倾国两相欢,
常得君王带笑看。
解释春风无限恨,
沉香亭北倚阑干。

崔颢《黄鹤楼》
昔人已乘黄鹤去,
此地空余黄鹤楼。
黄鹤一去不复返,
白云千载空悠悠。
晴川历历汉阳树,
芳草萋萋鹦鹉洲。
日暮乡关何处是?
烟波江上使人愁。

杜甫《赠花卿》
锦城丝管日纷纷,
半入江风半入云。
此曲只应天上有,
人间能得几回闻。

杜甫《梦李白》其二
浮云终日行,游子久不至。
三夜频梦君,情亲见君意。
告归常局促,苦道来不易。
江湖多风波,舟楫恐失坠。
出门搔白首,若负平生志。
冠盖满京华,斯人独憔悴。
孰云网恢恢,将老身反累。
千秋万岁名,寂寞身后事。

杜甫《春望》
国破山河在,城春草木深。
感时花溅泪,恨别鸟惊心。
烽火连三月,家书抵万金。
白头搔更短,浑欲不胜簪。

杜甫《佳人》
绝代有佳人,幽居在空谷。
自云良家子,零落依草木。
关中昔丧乱,兄弟遭杀戮。
官高何足论,不得收骨肉。
世情恶衰歇,万事随转烛。
夫婿轻薄儿,新人美如玉。
合昏尚知时,鸳鸯不独宿。
但见新人笑,那闻旧人哭?
在山泉水清,出山泉水浊。
侍婢卖珠回,牵萝补茅屋。
摘花不插发,采柏动盈掬。
天寒翠袖薄,日暮倚修竹。

《枫桥夜泊》
啼霜满天,
火对愁眠。
外寒山寺,
声到客船。

《游子吟》
,游子身上衣。
,意恐迟迟归。
,报得三春晖。

水部张十八员外
雨润如酥,
看近却无。
年春好处,
柳满皇都。

张籍《东平李司空师道》
,赠妾双明珠;
,系在红罗襦。
苑起,
光里。
日月,
生死。
泪垂,
嫁时!

《乌衣巷》
边野草花,
口夕阳斜。
谢堂前燕,
常百姓家。

《悯农》
,汗滴禾下土。
,粒粒皆辛苦。
,秋收万颗子。
,农夫犹饿死。

易《草》
,一岁一枯荣。
,春风吹又生。
,晴翠接荒城。
,萋萋满别情。

元《江雪》
,万径人踪灭。
,独钓寒江雪。

《赠婢》
孙逐后尘,
泪滴罗巾。
入深如海,
郎是路人。

《离思》
海难为水,
不是云。
山丛懒回顾,
道半缘君。

贾岛《寻隐者不遇》
松下问童子,言师采药去。
只在此山中,云深不知处。

崔护《题都城南庄》
去年今日此门中,
人面桃花相映红。
人面不知何处去,
桃花依旧笑春风。

杜牧《泊秦淮》
烟笼寒水月笼纱,
夜泊秦淮近酒家。
商女不知亡国恨,
隔江犹唱后庭花。

杜牧《清明》
清明时节雨纷纷,
路上行人欲断魂。
借问酒家何处有?
牧童遥指杏花村。

韩翃《寒食》
春城无处不飞花,
寒食东风御柳斜。
日暮汉宫传蜡烛,
轻烟散入五侯家。

李商隐《乐游原》
向晚意不适,驱车登古原。
夕阳无限好,只是近黄昏。

李商隐《无题》
相见时难别亦难,
东风无力百花残。
春蚕到死丝方尽,
蜡炬成灰泪始干。
晓镜但愁云鬓改,
夜吟应觉月光寒。
蓬莱此去无多路,
青鸟殷勤为探看。

李商隐《锦瑟》
锦瑟无端五十弦,
一弦一柱思华年。
庄生晓梦迷蝴蝶,
望帝春心托杜鹃。
沧海月明珠有泪,
蓝田日暖玉生烟。
此情可待成追忆,
只是当时已惘然。

秦韬玉《贫女》
蓬门未识绮罗香,
拟托良媒益自伤。
谁爱风流高格调,
共怜时世俭梳妆。
敢将十指夸针巧,
不把双眉斗画长。
苦恨年年压金线,
为他人作嫁衣裳。

杜秋娘《金缕衣》
劝君莫惜金缕衣,
劝君惜取少年时。
花开堪折直须折,
莫待无花空折枝。

五代 (907-960AD)

李煜《破阵子》
四十年来家国,
三千里地山河。
凤阁龙楼连霄汉,
玉树琼枝作烟萝。
几曾识干戈?
一旦归为臣虏,
沈腰潘鬓消磨。
最是仓皇辞庙日,
教坊犹奏别离歌。
挥泪对宫娥。

李煜《浪淘沙》
帘外雨潺潺,春意阑珊。
罗衾不耐五更寒。
梦里不知身是客,一晌贪欢。
独自莫凭栏,无限江山,
别时容易见时难。
流水落花春去也,天上人间。

张泌《寄人》
别梦依依到谢家,
小廊回合曲阑斜。
多情只有春庭月,
犹为离人照落花。

北宋 (960-1127AD)

欧阳修《戏答元珍》
春风疑不到天涯,
二月山城未见花。
残雪压枝犹有橘,
冻雷惊笋欲抽芽。
夜闻归雁生乡思,
病入新年感物华。
曾是洛阳花下客,
野芳虽晚不须嗟。

程颢《春日偶成》
云淡风轻近午天,
傍花随柳过前川。
时人不识余心乐,
将谓偷闲学少年。

程颢《秋月》
清溪流过碧山头,
空水澄鲜一色秋。
隔断红尘三十里,
白云红叶两悠悠。

苏轼《饮湖上初晴后雨》
水光潋滟晴方好,
山色空蒙雨亦奇。
欲把西湖比西子,
淡妆浓抹总相宜。

苏轼《赠刘景文》
荷尽已无擎雨盖,
菊残犹有傲霜枝。
一年好景君须记,
最是橙黄橘绿时。

李清照《声声慢》
寻寻觅觅,冷冷清清,
凄凄惨惨戚戚。
乍暖还寒时候,最难将息。
三杯两盏淡酒,
怎敌他、晚来风急!
雁过也,最伤心,
却是旧时相识。
满地黄花堆积,
憔悴损,如今有谁堪摘?
守着窗儿,独自怎生得黑。
梧桐更兼细雨,
到黄昏、点点滴滴。
这次第,怎一个愁字了得!

南宋 (1127-1279AD)

陆游、唐婉《钗头凤》
红酥手,黄縢酒,
满城春色宫墙柳。
东风恶,欢情薄。
一怀愁绪,几年离索。
错!错!错!
春如旧,人空瘦,
泪痕红浥鲛绡透。
桃花落,闲池阁,
山盟虽在,锦书难托。
莫!莫!莫!

世情薄,人情恶,
雨送黄昏花易落。
晓风干,泪痕残,
欲笺心事,独语斜阑。
难!难!难!
人成各,今非昨,
病魂常似秋千索。
角声寒,夜阑珊,
怕人寻问,咽泪装欢。
瞒!瞒!瞒!

朱熹《春日》
胜日寻芳泗水滨,
无边光景一时新。
等闲识得东风面,
万紫千红总是春。

赵师秀《约客》
黄梅时节家家雨,
青草池塘处处蛙。
有约不来过夜半,
闲敲棋子落灯花。

叶绍翁《游小园不值》
应嫌屐齿印苍苔,
小扣柴扉久不开。
春色满园关不住,
一枝红杏出墙来。

明 (1368-1644AD)

唐伯虎《妒花》
昨夜海棠初着雨,
数点轻盈娇欲语。
佳人晓起出兰房,
折来对镜化红妆。
问郎花好奴颜好?
郎道不如花窈窕。
佳人闻语发娇嗔,
不信死花胜活人。
将花揉碎掷郎前:
请郎今日伴花眠!

皇在梨树园内成立戏曲班底并演出，所以梨园子弟都以唐明皇为祖师爷。昆曲艺术一度因曲高和寡而没落，近年此剧种重新复活，受到海峡两岸老观众与年轻人的欢迎，是一个令人振奋的现象。

京剧，我们也称为国剧，已有两百多年历史。它源起于徽班和汉调，进入北京后汲取了秦腔、昆曲及其他地方戏的优点而形成特殊的剧种。由于声腔变化多，剧目丰富，得到清朝宫廷的赏识，而被视为中国的国粹。京剧的伴奏乐器为胡琴与锣鼓，演员"行当"分生、旦、净、丑四类。这四类又再细分，生有老（须）生，小生，武生；旦有正旦（青衣），老旦，花旦，花衫，武旦，刀马旦，彩旦（丑角）；净有花脸，又分正净（铜锤花脸），副净（架子花脸），武净，毛净，末配角；丑有文丑，武丑，女丑等。

才 蔡文姬

京剧的演出形式，也分四类：唱是行腔，念是念白（又分京白、韵白、苏白），做是指身段与表情，打则结合舞蹈与武术动作。

在人物的造型设计上，京剧最特别的是以假发片贴在脸颊，同时以勒头把眼角吊高，用以修饰脸型。生角还要戴胡子，称为髯口。京剧的化妆称为"胭脂化妆"，务求角色的妩媚与俊美，而且还利用脸谱的画法，以揉、勾、抹之法突出角色的个性表情。"行头"是京剧服装的总称，有蟒、靠、帔、褶、盔帽、靴鞋以及所有的服饰配件。京剧的舞台最为抽象，一桌二椅就代表了一切室内布置。"砌末"是京剧道具的统称，通常都有其独特的象征意义："风旗"代表风，"车旗"代表车子，"马鞭"代表骑马。我将大部分的道具绘制于前章节中，网站上另有各类链接。

京剧后来还演变为北派与南派。北派中规中矩，较以唱功为主；南（海）派则以剧情为主，一出戏可以像连续剧一样连演三五天甚至十天半月，演员也比较多，一出戏中，可能安排四位武生各自较劲儿地表演绝活的空间。

本章节中的戏剧长轴表，我将中国的京剧、昆曲、歌仔戏、布袋戏、川剧、越剧等戏码统计后，大约有五百多出，其中重复的有一百四十多出。我母亲的戏码有七十六出，我自其中选择了女主角不同造型，并代表着戏剧教育传达的忠孝节义才德容情八个女人的代表，将之以铅笔稿的方式，绘制如本文之旁。她们分别是忠：《韩玉娘》饰韩玉娘；孝：《荀灌娘》饰荀灌娘；节：《朱痕记》饰赵锦棠；义：《四郎探母》饰铁镜公主；才：《文姬归汉》饰蔡文姬；德：《锁麟囊》饰薛湘灵；容：《西施》饰西施；情：《霸王别姬》饰虞姬。在网站上则可以看到不同戏种与人物分类的列表。

节 赵锦棠

持躬类

安详是处事第一法,
涵容是待人第一法,
恬淡是养心第一法。

气忌盛,
心忌满,
才忌露。

逆境顺境看襟度,
临喜临怒看涵养。

事当快意处须转,
言到快意时须住。

花繁柳密处拨得开,
风狂雨骤时立得定,
才是脚跟。

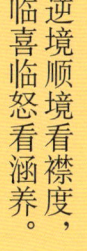
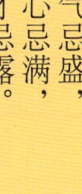

接物类

处难处之事愈宜宽,
处难处之人愈宜厚,
处至急之事愈宜缓。

喜时之言多失信,
怒时之言多失礼。

惠不在大,在乎当厄。
怨不在多,在乎伤心。

《谦》卦六爻皆吉,
恕字终身可行。

论人当节取其长,
曲谅其短。
做事必先审其害,
后计其利。

人之谤我也,
与其能辩,
不如能容。
人之侮我也,
与其能防,
不如能化。

林退齐临终,
子孙环跪请训,
曰:无他言,
尔等只要学吃亏。

任难任之事,
要有力而无气。
处难处之人,
要有知而无言。

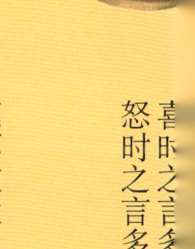

惠吉类

悖凶类

盛者衰之始,
福者祸之基。

摘自弘一法师《格言别录》

(1616-1911AD)

纳兰容若《采桑子》

今才道当时错，心绪凄迷。
泪偷垂，满眼春风百事非。
知此后来无计，强说欢期。
别如斯，落尽梨花月又西。

郑板桥《难得糊涂》

明难，糊涂尤难，
聪明而转入糊涂更难。
一着，退一步，
下心安，非图后来福报也。

郑板桥《满江红》

梦扬州，便想到扬州梦我。
一是隋堤绿柳，不堪烟锁。
打三更瓜步月，
荒十里红桥火。
红鲜，冷淡不成圆，
兆颗。
日向，江村躲；
日上，江楼卧。
诗人某某，酒人个个。
圣不无新点缀，
鸡颇有闲功课。
当头，供作折腰人，
毋左。

梁启超《东归感怀》

目中原暮色深，
佗负尽百年心。
夺涕泪三千斛，
寻头颅十万金。
手故林魂寂寞，
归华表气萧森。
九稠叠盈怀抱，
神空为梁父吟。

1911AD—

徐志摩《再别康桥》

轻轻的我走了，
正如我轻轻的来；
我轻轻的招手，
作别西天的云彩。
那河畔的金柳，
是夕阳中的新娘。
波光里的艳影，
在我的心头荡漾。
软泥上的青荇，
油油的在水底招摇；
在康河的柔波里，
我甘心做一条水草，
那榆荫下的一潭，
不是清泉，是天上虹，
揉碎在浮藻间，
沉淀着彩虹似的梦。
寻梦？撑一支长篙，
向青草更青处漫溯，
满载一船星辉，
在星辉斑斓里放歌，
但我不能放歌，
悄悄是别离的笙箫；
夏虫也为我沉默，
沉默是今晚的康桥！
悄悄的我走了，
正如我悄悄的来，
我挥一挥衣袖，
不带走一片云彩。

闻一多《红烛》

红烛啊！
这样红的烛！
诗人啊吐出你的心来比比，
可是一般颜色？
红烛啊！
是谁制的蜡——给你躯体？
是谁点的火——点着灵魂？
为何更须烧蜡成灰，
然后才放光出？
一误再误；矛盾！冲突！
红烛啊！不误，不误！
原是要"烧"出你的光来——这正是自然的方法。
红烛啊！既制了，便烧着！烧吧！烧吧！
烧破世人的梦，
烧沸世人的血——也救出他们的灵魂，
也捣破他们的监狱！
红烛啊！你心火发光之期，
正是泪流开始之日。
红烛啊！匠人造了你，原是为烧的。
既已烧着，又何苦伤心流泪？哦！
我知道了！是残风来侵你的光芒，
你烧得不稳时，才着急得流泪！
红烛啊！流罢！你怎能不流呢？
请将你的脂膏，不息地流向人间，
培出慰藉的花儿，结成快乐的果子！
红烛啊！你流一滴泪，灰一分心。
灰心流泪你的果，创造光明你的因。
红烛啊！"莫问收获，但问耕耘。"

李金发《弃妇》

长发披遍我两眼之前，
遂割断了一切羞恶之疾视，
与鲜血之急流，枯骨之沉睡。
黑夜与蚊虫联步徐来，
越此短墙之角，
狂呼在我清白之耳后，
如荒野狂风怒号：
战栗了无数游牧。
靠一根草儿，与上帝之灵往返在空谷里。
我的哀戚惟游蜂之脑能深印着；
或与山泉长泻在悬崖，
然后随红叶而俱去。

弃妇之隐忧堆积在动作上，
夕阳之火不能把时间之烦闷
化成灰烬，从烟突里飞去，
长染在游鸦之羽，
将同栖止于海啸之石上，
静听舟子之歌。
衰老的裙裾发出哀吟，
徜徉在丘墓之侧，
永无热泪，
点滴在草地，
为世界之装饰。

艾青《我爱这片土地》

假如我是一只鸟，
我也应该用嘶哑的喉咙歌唱：
这被暴风雨所打击着的土地，
这永远汹涌着我们的悲愤的河流，
这无止息地吹刮着的激怒的风，
和那来自林间的无比温柔的黎明……
——然后我死了，
连羽毛也腐烂在土地里面。
为什么我的眼里常含泪水？
因为我对这土地爱得深沉……

卞之琳《断章》

你站在桥上看风景
看风景的人在楼上看你
明月装饰了你的窗子
你装饰了别人的梦

胡适《梦与诗》

都是平常经验，
都是平常影像，
偶然涌到梦中来，
变幻出多少新奇花样！
都是平常情感，
都是平常言语，
偶然碰着个诗人，
变幻出多少新奇诗句！
醉过才知酒浓，
爱过才知情重；——
你不能做我的诗，
正如我不能做你的梦。

覃子豪《向》

意志囚自己在一间小屋
屋里有一个苍茫的天地
耳边飘响着一支世纪的
胸中燃着一把熊熊的烈
把理想投影于白色的纸
在方块的格子里播着火
火的种子是满天的星斗
全部殒落在黑暗的大地
当火的种子燃亮人类的
他将微笑而去，与世长

纪弦《狼之》

我乃旷野里独来独往的
不是先知，
没有半个字的叹息。
而恒以数声凄厉已极的
摇撼彼空无一物之天地
使天地战栗如同发了疟
并刮起凉风飒飒的，
飒飒飒飒的：
这就是一种过瘾。

周梦蝶《还》

依然空翠迎人！
小隐潭悬瀑飞雪
问去年今日，还记否？
花光烂漫，石亭下
人面与千树争色。
不许论诗，不许谈禅
更不敢说愁说病，仁义
怕山灵笑人。这草色
只容裙影与蝶影翻飞
在回顾已失的风里。
直到高寒最处犹不肯结
想大海此时：风入千帆
谁底掌中握着谁底眼？
谁底眼里宿着谁底泪？
多样的出发，一般的

林亨泰《风景No》

防风林 的
外边 还有
防风林 的
外边 还有
防风林 的
外边 还有
然而海 以及波的
然而海 以及波的

余光中《乡愁四韵》

给我一瓢长江水啊长江水
那酒一样的长江水
那醉酒的滋味是乡愁的滋味
给我一瓢长江水啊长江水
给我一张海棠红啊海棠红
那血一样的海棠红
那沸血的烧痛是乡愁的烧痛
给我一张海棠红啊海棠红
给我一片雪花白啊雪花白
那信一样的雪花白
那家信的等待是乡愁的等待
给我一片雪花白啊雪花白
给我一朵腊梅香啊腊梅香
那母亲一样的腊梅香
那母亲的芬芳是乡土的芬芳
给我一朵腊梅香啊腊梅香

洛夫《不雨》

久晴不雨
此心早已龟裂
如果你是凝聚不滴的泪
我多么想
化为你眼中的鱼呀

杜潘芳格《含笑花》

含笑花哟含笑花
你来过我的房间和我共下食三餐
共下去散步
生生的含笑花
你甜甜的抱着我
我家不曾断花香 也不曾断爱心

蓉子《生命》

生命如手摇纺车的轮子
不停地旋转于日子底轮轴
有朝这轮子不再旋转
人们将丈量你织就的布幅

商禽《五官描述之二：眉》

只有翅翼
而无身躯的鸟
在哭和笑之间
不断飞翔

商禽《五官描述之四：眼》

一对相恋的鱼
尾巴要在四十岁以后才出现
中间隔着一道鼻梁
（有如我和我的家人
中间隔着一条海峡）
这一辈子是无法相见的了
偶尔
也会混在一起
只是在梦中他们的泪

痖弦《如歌的行板》

温柔之必要
肯定之必要
一点点酒和木樨花之必要
正正经经看一名女子走过之必要
君非海明威此一起码认识之必要
欧战，雨，加农炮，天气与红十字会之必要
散步之必要
溜狗之必要
薄荷茶之必要
每晚七点钟自证券交易所彼端

草一般飘起来的谣言之必要。旋转玻璃门
之必要。盘尼西林之必要。暗杀之必要。晚报之必要。
穿法兰绒长裤之必要。马票之必要
姑母遗产继承之必要
阳台、海、微笑之必要
懒洋洋之必要
而既被目为一条河总得继续流下去的
世界老这样总这样：——
观音在远远的山上
罂粟在罂粟的田里

郑愁予《错误》

我打江南走过
那等在季节里的容颜如莲花的开落……
东风不来，三月的柳絮不飞
你的心如小小的寂寞的城
恰若青石的街道向晚
跫音不响，三月的春帷不揭
你底心是小小的窗扉紧掩
我达达的马蹄是美丽的错误
我不是归人，是个过客……

白萩《流浪者》

望着远方的云的一株丝杉
望着云的一株丝杉
一株丝杉
丝杉
在
地
平
线
上
一株丝杉
在
地
平
线
上
他的影子，细小。他的影子，细小
他忘却了他的名字。忘却了他的名字。只
站着。　　　　　只站着。孤独
地站着。站着。站着
站着
向东方。
孤单的一株丝杉。

杨牧《孤独》

孤独是一匹衰老的兽
潜伏在我乱石磊磊的心里
背上有一种善变的花纹
那是，我知道，他族类的保护色
他的眼神萧索，经常凝视
遇遥的行云，向往
天上的舒卷和漂流
低头沉思，让风雨随意鞭打
他委弃的暴猛
他风化的爱

孤独是一匹衰老的兽
潜伏在我乱石磊磊的心里
雷鸣刹那，他缓缓挪动
费力地走进我斟酌的酒杯
且用他恋慕的眸子
忧戚地瞪着一黄昏的饮者
这时，我知道，他正懊悔着
不该贸然离开他熟悉的世界
进入这冷酒中，我举杯就唇
慈祥地把他送回心里

席慕蓉《一棵开花的树》

如何让你遇见我
在我最美丽的时刻　为这
我已在佛前　求了五百年
求他让我们结一段尘缘
佛于是把我化作一棵树
长在你必经的路旁
阳光下慎重地开满了花
朵朵都是我前世的盼望
当你走近　请你细听
那颤抖的叶是我等待的热情
而当你终于无视地走过
在你身后落了一地的
朋友啊　那不是花瓣
那是我凋零的心

一部《诗经》可以受惠这么多，当然要好好地研读。可惜相隔年代久远，其中很多古字都必须靠前人注解才能看懂，现代年轻人恐怕没多少人能耐心阅读了。

我不敢鼓励我的孩子一定要读《诗经》，但一定要认识我最爱的屈原、陶渊明、王维、李白、杜甫、白居易、李商隐、苏轼、辛弃疾、孟浩然、郑板桥、唐伯虎、胡适、徐志摩等伟大的诗词作家及其作品。因为欣赏大师的经典作品，就像借助他们的眼睛，看到他们对美的感受，也像借助他们的耳朵，听到他们心中的志向；经由他们的感官经验，学习到他们的品格与气度，也学习到情感的表达，景物描述的技巧。

我的女儿姚姚初到美国读大学那年，写信回来请我寄《三字经》与《唐诗三百首》给她。他们很小的时候，我们坐车回家的路上常常听那些古典作品的录音带，难得她到了国外还会想要这两本经典重温旧梦。

关于《三字经》，有个好感人的场面是我永远不会忘记的。孩子小的时候，我请了一个阿婆帮忙照顾，那时她已七十几岁了，不识字，只会讲闽南语，常常讲她从小做养女的故事给我听。但她不是抱怨自己的遭遇，而是跟我说谁对她好，她总是念念不忘。

那时候，我每天教孩子背一句三字经。有一次背到"孝经通，四书熟，如六经，始可读"，电话响了，我去接，等回来的时候，听到阿婆用闽南语接着在念"诗书易，礼春秋，号六经，当讲求"。她看到我回来，不好意思地停下来，我热切地鼓励她继续念，不要停，于是她一口气念下去，一直念到最后一句"口而诵，心而惟，朝于斯，夕于斯，昔仲尼，师项橐，古圣贤，尚勤学"为止！

我瞪大了眼睛，简直不敢置信。阿婆说，她其实不知道那些字句的意思，是小时候听养家的哥哥在背，她也跟着背起来的，几十年都没忘记哩。

《三字经》的作者是谁，现在已不可考，但它是中国蒙学最重要也最普遍的一本书；连一个不识字的阿婆都能用闽南语背到七十几岁而未忘，原因之一就是它便于背诵的音韵。

在中国文学史上，《诗经》是北方文学的代表，《楚辞》是南方文学的代表。汉朝的乐府、唐朝的诗、宋朝的词，也都曾佳作迭出，大放光芒。尤其是节录了七十七位大家的《唐诗三百首》，也是许多孩子朗读的启蒙书。我很欣慰女儿要我寄启蒙年代背过的《三字经》与《唐诗三百首》给她，因为我知道，早年的投资有了回报，孩子已经知道领受生命中最美好的事物了。

在本节附表中，我把各朝代著名诗人依照年代排列，并把流传的经典诗词列出来。

读我母亲

我的母亲顾正秋，十岁时以第一名的成绩考进了上海戏剧学校，开启了她的戏剧生涯。母亲在学期间，学校认真地栽培她，安排她向当时京剧旦行最高成就的四大名旦与诸位大家习艺，最终造就了她宽广的戏路，不拘泥派别的艺术承传。毕业后于一九四六年组织了"顾剧团"，走南往北地在各地演出，声誉日上，邀约不断，深受好评。一九四八年年底，"顾剧团"应邀到隔着海峡的台湾演出，母亲带了一百多名团员抵达台北，原本预定演出一个月，但因为盛况空前，主办单位请求延期，几度延展，却因为台海政局变迁，让年轻的她无法再回家乡。当时年仅二十一岁的她，一肩挑起百人剧团的生计，继续在台湾演出，一演五年，座无虚席，盛况空前。也因缘际会地奠定了京剧艺术在台湾开枝散叶的成果。

母亲与父亲结婚后，家庭遭受波折，惨遭莫须有家难，父亲系狱近三载，其间惊心动魄，母亲于数年艰危中，志不改，情不移。家父出狱后，两人远居金山，胼手胝足，共同创建金山农场。

母亲与父亲的爱情故事，在现代人看来，已经有点像神话。他们的结合，曾经历许多波折，父亲对母亲一直疼爱有加，呵护备至，母亲对父亲也一往情深，总是体贴温柔。有一次父亲还对我说，他费尽千辛万苦炸山拓路，开辟金山农场，就是下定了把母亲"带到天涯海角"的决心。

我们在金山农场的家，是没有邻居的，半山腰孤零零的四五间砖砌的房子，屋顶盖的是茅草，光线也不好。那时候的日子，农场没有电，晚上点的是马灯，吃用的水是用明矾沉淀过的溪水。台风来的时候，母亲总和父亲守在窗口，担心屋顶被风刮下来，或田里的作物是不是被雨打坏了。天气好的时候，母亲忙里忙外，也不时拉着我的手到田里探望女工工作，和她们聊聊天。父母台北的朋友，也常常到农场来，老朋友聚在一起有说有笑，好令人羡慕。那时候的母亲，打扮得很朴素，在我看起来也有点滑稽：冬天的时候，总是上身穿着厚厚的旗袍，下身套条长裤，脚上则穿着球鞋，没有脂粉的脸上，总浮着明亮动人的微笑。小小的我有时痴呆地看着她的脸，觉得她好美。那段日子，物质生活虽然贫乏，现在回想起来，却也是母亲精神生活最安宁、富足的一段岁月。

父亲有一部下雨会漏水的老吉普车，有时黄昏后也会带着母亲和我们三个孩子到台北看朋友，买些日常用品。山上的雾很大，一过傍晚就一片雾茫茫，几乎伸手不见五指。我印象最

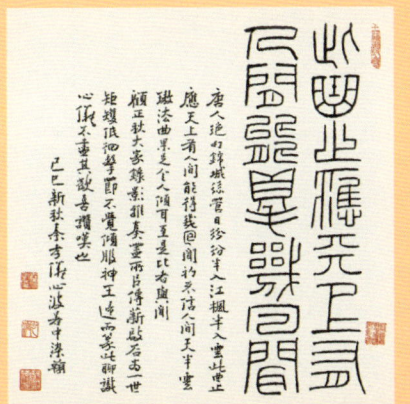

"此曲只应天上有，人间难得几回闻"，此为已故台北故宫博物院院长秦孝仪先生送给顾正秋女士的墨宝，是人称"秦孝公"的著名"秦体"书法。

格言

学问类

为善最乐,读书便佳。

以恕己之心恕人,则全交。
以责人之心责己,则寡过。

以淡字交友,
以聋字止谤,
以刻字责己,
以弱字御侮。

存养类

宜静默,宜从容,宜谨严,宜节约。

敦诗书,尚气节,慎取与,谨威仪,此惜名也。
竞标榜,邀权贵,务矫激,习模棱,此市名也。
惜名者,静而拙。
市名者,躁而拙。
辱身丧名,莫不由此。
求名适所以坏名,名岂可市哉!

敦品类

先益后损,则恩反为仇,前功尽弃。
先松后紧,则管束不下,反招怨怒。

又云:论人须带三分浑厚。非直远祸。亦以留人掩盖之路,触人悔悟之机,养人体面之余,犹天地含蓄之气也。

善化人者,心诚色温,气和辞婉;容其所不及,谅其所不能;恕其所不知,随事讲说,随时开导。

修己以清心为要,涉世以慎言为先。

处事类

持身不可太皎洁,一切侮辱垢秽要茹纳得。
处世不可太分明,一切贤愚好丑要包容得。

盛喜中勿许人物,盛怒中勿答人书。

深刻的画面是父亲开着车子，母亲不停地用抹布帮着擦拭车窗的雾气，也不时地把头伸出窗外看路，我们一家人就这样一晃一晃回到半山腰的家。

不记得几岁，只记得我很小很小时候的一晚，我们那老爷车晃过了马槽再过去的路段，车子抛锚了。我被爸爸一个关车门的声音吵醒，爸爸必须走一个半小时的路回山上求救援，母亲与我们待在车子里面等。天好黑好黑，空气好像凝结住一般。爸爸离开车子一阵子后，只听见远处传来野狗狂吠，叫声凄厉。我也不记得自己有没有害怕，因为躺在母亲身边，她用一个小小的手电筒照着她的脚指头，正演戏安抚我们呢！"嘘，不要吵哟，你们看，"她说："老大磕头磕头，老二点头点头；老大磕头磕头，老二点头点头……"我好像又睡着了。几十年后，我自己住在山里，听到野狗狂吠，想着那天涯海角的深邃夜晚，镇静的母亲、勇敢的父亲吞忍着的生存。这无尽无期无声的黑暗，对照的是舞台上的灯光闪耀锣鼓喧哗。那一呼百应，拯救国家经济存亡关键的掌舵者，对照的是狂奔逃避野狗群追逐的仓皇。

对于母亲艺术生命里的种种，我是稍解世事才从别人的赞美以及文字、照片的报道了解的。小学的时候，有个戴眼镜的同学对我说："我好羡慕你有这样的母亲！"那时候的我，是一点也不懂那句话的真义的。我只是说："有什么好羡慕呢？别人的母亲会做饭、打毛衣，还会给孩子送饭盒到学校，我的母亲可都不会啊！"

我只觉得母亲管教我非常的严格，例如教我们做人不可有"懒相"；行、坐、站都要有个样子；穿鞋走路每一步都要提起脚跟，不可拖着走。光是为了走路不可出声，粗心的我不知被罚跪过多少回才改了过来。在日常生活中，只要她对我使个眼色，我就知道一定有什么地方又做错了。

母亲自己从戏剧及师长那里学到的纪律，规范，榜样，以现代人的眼光去看是那样的严谨，但她从不说一声苦，自自然然地化为血肉和生命，谨守不违。我虽然没有学习戏剧，母亲在生活中仍以舞台艺术不得有一点错误的那种方式管教我，我所承受的家教确实比一般孩子严格得多。

记得将近二十岁那年，有个长辈过大寿，家人替他办了个隆重的庆生会，我也被点名上台，表演我学过的"凤阳花鼓"，又要唱又要跳。我穿上领口绣花的蓝色凤仙装，舞鞋上系个小球，跳起来会在半空中闪呀闪的，好不热闹，台下的长辈们都带着微笑看着我表演，我也忘掉紧张尽情地唱跳着。后来有个优美的过门动作，左手的鼓棒梅花转的平放着，右手的鼓棒在空中转一圈到头顶的上方，头则由上方随着旋律的节奏转向观众，眼睛要妩媚有神地落到观众席的一个定点。好巧不巧，我的眼神那一刻刚好落到我母亲的脸上，我看到几百个人带着微笑，却只有她脸上全无笑容，用严厉的眼神看着我，我脸上的笑容马上僵住了，心想是哪里出错了吗？身上也不免吓出汗来了。

等我卸了妆来到她旁边用餐，所有人都赞美我表演得好，我也规矩地站着向他们一一举杯敬谢。

此为顾正秋女士饰演《锁麟囊》剧中女主角薛湘灵,在"春秋亭"一折中的剧照。

我知道母亲从不轻易夸奖我，坐下来后就找个空当侧过头问她："妈，还好吗？"

她没有用正眼看我，只轻声说了一句："调门太低了！"

事后回想，对于艺术工作者而言，不能犯错是最基本的法则，他们一直是用挑剔的眼神在看待自己的"作品"；对母亲而言，我也是她的"作品"啊！

这也解释了她个人别致的"顾式谢幕"：每一场成功演出后，观众的情绪总是异常赞叹、踊跃鼓掌请她出来谢幕，而她总是缓缓地往舞台中间一站，谦虚地向台口中间一鞠躬，左边一鞠躬，右边一鞠躬，表达了她对观众的感谢后，即迅速离开舞台，她似乎从不留恋观众给予的热情赞美。对她而言，表演工作者展现完美的演出是应该的。后台管理的人都知道她的规矩，下了舞台，迅速卸妆，一律谢绝与戏迷请求的拍照与寒暄活动。

记得她在舞台彩排时，会请我坐到最后一排，不停地唱一段后问道："听得到吗？"母亲反对用小蜜蜂、小蚂蚁等扩音设备，觉得经过扩大的声音不对，就算再高的科技技术，可以修饰加强，但这与她的传承相违，她对于原音的表现，特别的执着。母亲在后台卸妆时，总是同时着急地反复听她刚才舞台上的录音带，像在找什么一样，后来我才明白，她在找的是"错误"，是刚才舞台上的作品，什么地方出现了不如预期的演出，若有，这位"顾老板"会板下脸，留下团员们加强"说戏"，她就是一位如此严谨负责的表演工作者。所以那一场"凤阳花鼓"的纠错眼神，我一辈子也不会忘！

蒋勋老师曾在《顾正秋传奇》一文中说：

"一九七〇年代，顾正秋的名字已成为台北传奇的一部分……顾正秋的艺术和人生都变成了传奇……顾正秋的美学成为传奇，是她创造了声音的独特品质……顾正秋在舞台上回忆着，好像诸多繁华都在眼前一一闪过，多么自负，又多么苍凉……"

林怀民老师则在很多年前就告诉我：

"任祥呀！你生来的责任就是把妈妈照顾好！"

他们了解母亲是背负着太多繁华与苍凉的传奇人物。我也谨记着他们话里的深厚情意，要细心地呵护这位我在这世界上最崇拜的偶像。

母亲有一出著名的戏《锁麟囊》，剧情叙述一位富家少妇因天灾逃难，沦落为替人带孩子的保姆，其中有一段二黄慢板唱腔的唱词非常感人：

"一霎时把七情俱已昧尽，参透了酸辛处泪湿衣襟。我只道铁富贵一生铸定，又谁知人生数顷刻分明。想当年，我也曾撒娇使性，到今朝哪怕我不信前尘，这也是老天爷一番教训，他教我收余恨，免娇嗔，且自新，改性情，休恋逝水，苦海回生，早悟兰因……"

听到这一段，我总会想起母亲的大半生，在现实生活里也经历过种种辛酸。看到她的回忆录叫

此为顾正秋女士饰演《四郎探母》剧中女主角铁镜公主,在"坐宫"一折中的剧照。

读我父亲

很多长辈们看到我，谈话间都会说起我的父亲。

"他是做事的人，不是做官的人"；"精明干练，很有亲和力，但是锋芒太露"……

父亲在官场的年代，我尚未出生。等我开始有记忆时，他已卸职多年，在一望无际的金山荒野间开垦农场，经常穿着长筒胶鞋在田野里忙进忙出。长大后听人说起官场的父亲，我的脑海就浮起那穿着胶鞋的影子，二者是多么不同的形象啊。

母亲说，他们初到金山种田时，因为没经验，闹了不少糗事。譬如一开始种了一大片高丽菜，眼见着逐渐长大，内心充满了将要收成的喜悦，哪知高丽菜的叶子一直长高，就是不会包起来，一季的心血全白费了。我自己开始种菜后才知道，阳明山、金山的高丽菜，如果晚了十天下种，结果可是天壤之别呀。

一九六一年秋天，柏杨先生曾到金山农场采访，十月初于《自立晚报》的"冷暖人间"系列，发表《两个天地间的任显群和顾正秋》，其中一段话是这么说的：

关于任显群，知道的人太多了，他当过台湾省政府财政厅长，在满街都是骆驼牌美国烟，公卖局赔钱过日子，私宰如炽，财经紊乱得一塌糊涂的时候，他以绝顶的才能使全岛面目一新。当去年所有的公务员拿不到年终奖金，大家再度地想起了他，对于全岛的老百姓而言，使现在这些只会做官的人如此窝囊下去，而使一个能干，而且有成绩的人才在荒山上埋没，这不仅仅是一出"冷暖人间"的讽刺剧，也是一幕时代的悲剧。

柏杨先生来金山农场时，我才两岁，什么也不记得。三十六年后，母亲的回忆录《休恋逝水》（一九九七年，时报出版）面世，我在书里读到那篇文章，想到去世已二十多年的父亲，不禁痛哭流涕。如今引述上面这段文字，是一个纪念，也是与长辈们的话做个印证。

在我的心目中，父亲是全世界最好的人。

我们住金山农场时，他每天和工人一起工作，关心他们的生计，帮很多属下做生活规划。吃饭时间到了，他大声地唤着他们："吃饭皇帝大，先来吃饭！"

后来为了哥哥和我上学方便，母亲带我们搬到仁爱路四段，父亲那时也在台北市区开了一家建筑公司，请了司机，在台北和金山之间来来去去。他的司机黄聪贤就是金山乡的人，跟了他很多年，父亲把他当儿子一样看待。

我小学三四年级时开始爱漂亮了，偶尔会到信义路的一家裁缝店改衣服。那家店的老板娘也帮

《休恋逝水》，就明白她想让过去的一切都过去。书出版之后，她的生活确实过得很平静，似乎真的不再与过去有任何瓜葛留恋，亲友的相继离世，促使她生活的态度趋向消极。两年多前，她因为心肌内膜炎住院六周治疗，消炎止痛药量与副作用大到让她有点失去清醒的意志，但奇怪的是，京剧的剧情与如何评点，她还是倒背如流。犹记得出院回到家那天，她硬是跟我说隔壁搬来一个新邻居，会票戏，她还一一述说他们唱了什么戏，哪里好，哪里不好。她还反问我："你听到了吗？怎么从早唱到晚呀？"

母亲渐渐地病好了以后，我的上师宗萨钦哲仁波切来台湾时，母亲去见他，她只问说："仁波切，你可不可让我死？"仁波切慈悲地给予她开释与加持，告诉她业力决定自己的生命，不是上师可以帮忙的。之后，母亲渐渐脱离消极的生命态度，开始每天抄写《心经》，抄了一阵子，她把"弟子　顾正秋　顶礼"，改成仁喜与我的名字，她说："你俩太忙了，没时间积功德，我来帮你们抄，祈求你俩平安！"看见母亲不只是延长了寿命，更具足慧命，让仁喜与我欢喜不已。每天奉茶后，母亲就对着佛菩萨说："我不想活得久，随时可以走！请不要让我有痛楚，不要连累孩子，好生好走。"八月二十日她还开开心心的，八月二十一日下午，上苍真的让她平静没有痛楚，离开了她这戏剧性的一生。懂戏的人，会审视一位好演员下台时，具足分量而又优雅的身段。母亲在舞台上退场的背影，总有着莲步轻移、裙摆生姿、庄重带戏的美誉；她延续着这样的特质，走进了自己人生舞台的尽头。

母亲过世前几天，我去看她，她又跟我重复：感恩能有这么好的一生，她的运气总是好，遇到的老师好，戏迷好，遇到的朋友个个都对她好……平日她从不轻易夸奖我的，那天也把我加上，笑嘻嘻地说"上天给我个好女儿"。当天我们母女相互鼓励，什么都不重要，努力修行最重要。我们母女，相互珍爱，我以她为荣，她也以仁喜与我为傲。在医院时，母亲跟我说的最后一句话是："妹妹，怎么咳嗽了？快回家休息去！"这句话将永远如一块石头般噎在我喉头，让我的每一口吞咽，都能感触到她对我的不舍。

"真实的人生比小说更为曲折。"对于母亲的一生，这句话尤具沉重的意义。童年的时候，我只觉得母亲很美，声音更美。长大以后，我才逐渐了解"顾正秋"的艺术之美和情操之美。在美的背后，影影绰绰都是沧桑。母亲生命的每一页，总有那许多迂回曲折、传奇多彩的故事。那些故事，丰富了她的人生，也成就了她的艺术。国学大师南怀瑾在母亲的回忆录序文中写道："在历史潮流大时代中，常出现特殊的人物。他们个人的事迹行履，与社会牢不可分，相互影响。时代的磨难，突显了这些人的高尚情操，在混浊的社会洪流中，他们灵光独耀，这正是中华传统文化灿烂的一面。本书主人公顾正秋女士，就是大时代中这类灵光独耀人物的代表……人生即戏剧，戏剧即人生，佛说：'应以何身得度者，即现何身而为说法。'顾女士迨亦佛乘中人也。读其书者，当有知音。"

底图照片为顾正秋女士饰演《玉堂春》剧中女主角苏三，在"三堂会审"一折中的剧照。

山乡民还主动在路边设案祭拜送行。我想，父亲能得到这样的人缘，最重要的是他做事认真，待人真诚，而且满腔热肠。

父亲出生于一九一一年，老家在江苏宜兴的"任家花园"，是当地的望族，从小过着园林广阔的富裕生活。东吴大学法律系毕业后，他东渡日本，在东京的中央大学政治研究所深造。一九三七年七月卢沟桥事变，对日抗战全面爆发，他立即由日返国，随后进入铁道部任专员；同年十月随军事家蒋百里前往欧洲考察，并进入罗马皇家大学专研行政管理。一九三八年三月返国后，陆续在交通部、粮食部等单位任职，负责大西南各省及远征军的物资运输与粮食调度，从专员、副处长到处长，受到蒋介石与第六战区长官陈诚的赏识；一九四四年升任川湘公路局少将局长，后来又升任后勤总司令部中将通信运输处处长。

多年后我就读复兴中学时，有天数学老师突然说起当年他随军队从混乱的城市到达了川湘公路区，说当地的阵容整齐，也没有食物匮乏的忧虑："据说局长任显群很善于管理。"我同学指着我说："是她爸爸！"

又过了几年，在世界新闻专科学校上国文课，女老师也说她到过川湘公路营区，不但物资不虞匮乏，连厕所的卫生条件等也与别处有着天壤之别。我同学又指着我说："是她爸爸！"——两次在课堂上意外听到这些对父亲的赞美，少小的我好高兴又好骄傲啊。

一九四五年抗战胜利后，父亲辞去公职，准备好好发展自己的事业，遂与川湘公路局的几个老同事在上海创立中华旅运社，承办华中、华南、西南及长江的水陆运输，是当时国内最大的民营运输公司，他担任董事长兼总经理。

如果他继续经营运输业，也许能赚大钱，而且不会卷入后来的政治纷争，还被人构陷入狱。然而命运的多变，"如果"是看不见的。一九四六年四月，台湾省行政长官陈仪亲自从台北到上海的中华旅运社，请他出任台湾省交通处长。陈仪比他年长三十岁，彼时已六十四岁，又态度恳切地不辞远路登门，他实在无法婉拒这位长者，只好答应五月一日抵台就任新职。他在任内创设了台湾省公路局，改善岛内交通，并创设台湾航运公司，划分松山军用机场的一半为民营，计划发展台湾对外的海空运输。次年发生了二·二八事件，台省人士组成"二·二八事件处理委员会"，需要长官公署一级主管参加，当时没有人敢去，父亲是唯一去的一级主管，而且单独赴会，在中山堂坦然面对"处委会"人士的提问。对于能负责解决的问题，当场承诺；不能负责的，则说明理由，保持跟"处委会"沟通的管道。四月陈仪被撤离台，父亲也随之离职，不久被上海市长吴国桢聘为"上海市民食调配委员会"主委，解决了配粮不公引起的工潮、学潮的问题。一九四八年六月，陈仪出任浙江省主席，父亲又被他找去任杭州市长。一九四九年二月，陈仪疑涉"通匪案"被撤职，父亲又随之离职。同年八月，美熟客做衣服，请了几个小姐帮忙，其中一个叫秀兰，虽然长得不高，脸孔却很漂亮，我表姊给我的衣服要改小，都由她帮我量身，简单的衣服也都请她改。秀兰有双水汪汪的眼睛，我很喜欢她，有一次聊天得知她也是金山乡的人，心里跳了一下，觉得更亲切了，回家就跟父亲说："我想把秀兰介绍给黄聪贤好不好？"父亲说："秀兰的人品怎么样啊？"我说她很漂亮，人品应该也不错吧。他就说："好呀，我帮黄聪贤去看看。"

父亲可不是敷衍我说说就算了，真的要去看秀兰。但又担心一个大男人跑去裁缝店显得太突兀，就说总要想个比较自然的方式才好。我说有啊，表姊的牛仔裤穿不下，最近刚送给我，我要拿去改长度，你陪我去不就能看到她吗？于是我们父女相偕去那家裁缝店。老板娘见到他，一脸意外的表情。"我女儿要把她的牛仔裤改成短裤。"他对老板娘说。我在旁边挤眉弄眼说是改短不是改成短裤，但他完全没有意会到，大而化之地继续说："是不是有个秀兰帮我女儿改呀？"秀兰从后边走出来，红红的脸说："任小姐的尺寸我有，您放着就好。"父亲盯着她打量，问她家在哪？几岁啦？老板娘与其他的小姐都围过来看，弄得秀兰很不好意思。最后他对秀兰说："哪天改好？我请司机来拿。"秀兰说了个日期，我们才走出裁缝店。回家的路上我直跟他抱怨："我等了多时的牛仔长裤，变成了短裤！"他也没听进去，只是欢喜地说："不错不错，你有好眼光……"

接下来就由我这个小媒人请秀兰与黄聪贤到那时的"顶好"喝饮料相亲。黄聪贤穿了体面的衣服，头上涂满了发油，很郑重其事的样子。再后来就由父亲代表黄聪贤去秀兰家提亲，轰动了金山乡，也成就了一桩好姻缘。

在我的记忆里，父亲总是关心最需要帮助的弱势者。我读复兴中学时，他当家长会长，当时老师的待遇微薄，他特别帮他们成立了"职工福利委员会"，这在当年可是闻所未闻的事呀。

父亲对人好，不只出于关心和行动，而且从不说伤人自尊的话。我上初中时成绩不太好，考试常常倒数第一名，有一次学校老师请他去，我觉得让他没面子，内心很惭愧，担心他回来会数落我一番。没想到他一进门就说："老师说你很爱笑，我听了很高兴。女孩子就是要笑眯眯的，将来先生累了一天回到家，太太臭个脸，那怎么行！我告诉你呀，笑容可掬跟好成绩，我当然要你笑容可掬呀。只要六十分及格就好！"

从小到大，我知道自己有位好父亲。一九七五年他去世，十六岁的我才见识到他有着多么不凡的人际关系。我们没有给亲友寄讣闻，仅在报上刊登，结果出殡当天送他上山的车队绵延了两公里，金都没有。当时中国台湾、香港及新加坡只有船的来往，还没有航空……最后怎么办呢？杨委员命令自己香港载货的轮船，公开地买美钞过来，钱由他公司里出，政府将来再还他。买了以后，任显群怎么办？把行政干部训练班的学生找来，穿便衣上街去卖美钞，比如说，美元九块，这些学生讲：我有，八块半要不要？那个学生又来：我也有，八块要不要？结果，三天，把通货膨胀压了下去。

南老师第二次见我父亲去找杨管北，是他跟蒋介石为了黄金吵架的事。国民党撤退来台时带来大批黄金，是准备有朝一日"反攻大陆"之用，平时不准动用。南老师说：

有一次，任显群先生又跑来了……任显群说，老先生突然叫我去，一看到我，他脸色发青说："显群，你该死！"我就说："请问'总统'什么事啊？"蒋先生说："人家报告我，运过来台湾的黄金，你通通给我用了一半，怪不得你做得那么好。"我就说："报告'总统'，黄金丝毫没有动，放在台湾银行仓库，我不但没有少一分一毫，我还给你增加了多少。现在我不走，你立刻派人去查。"这下子，老头子愣了一下："啊！真的啊？"我说："这个怎么行呢？'总统'一声令下，一颗子弹我就没命了，这不是开玩笑，我不走了，你们立刻派人去查。结果老头子电话打过去，真的是这样。这是财政金融的故事，也是经验。……

南老师在演讲中也提到父亲创办"爱国奖券"与统一发票等措施的功效：

用这样几个办法凑拢来救急，把通货膨胀压下去，过了财经金融这一关……为什么台湾后来变成"亚洲四小龙"之一，经济这样发展？我刚才报告的是初期的台湾。我说台湾能够稳定财政金融的是任显群，跟着下来的是尹仲容，后来是李国鼎，至于其他的再说了。我说他们都很有功劳，了不起！

父亲致力防止通货膨胀，严格执行缉私计划，确立预算制度，制定各项税捐统一稽征条例，在一九五〇年四月发行"爱国奖券"，一九五一年元月实行统一发票制度。但蒋介石在一九五〇年五月二十七日的日记中，对"爱国奖券"的发行似乎颇为疑虑：

台省在一个半月间要发行奖券八千万台币闻之惊悸惟赖天佑得以顺利进行渡此经济重大难关也。

后来事实证明，"爱国奖券"帮助许多中下阶层民众解决了生活问题，统一发票让税务制度走上轨道；二者都增加税收，改善经济窘境。

"爱国奖券"发行了三十七年半，于一九八七年十二月底走完阶段性任务后停止发行，统一发票制度则延续至今六十年。每次去商店购物，从店员手中接过那薄薄的统一发票，我都仿佛接到父亲的手泽，内心温暖又感动。

蒋介石的日记中还曾多次提到父亲，如一九五〇年二月八日：

约见少谷与任显群等关于台湾财政与缉私问题之研讨依之建议实施也。（黄少谷时任总裁办公室秘书主任）

一九五〇年十月二十六日在角板山：

国总统杜鲁门发表《中美关系白皮书》，十二月七日，国民党政权迁移台湾，十二月十五日，吴国桢出任台湾省主席，父亲被聘为财政厅长兼台湾银行董事长。那也许是他公职生涯的高峰期，却也相对面临了最大的挑战。在三年四个月的任期内，除了应付眼前的种种财政难题，还未雨绸缪在台湾大学法学院创设"财经人员训练班"，前后培训了两千多名人员，成为后来台湾财经界的重要干部。

父亲出任新职时，才发行半年多的新台币还在旧台币四万元兑换新台币一元的期限内，而市面上的美元奇缺，台币兑美元汇率一度暴跌。况且军中永远要钱，内政更是要钱，怎样分配这缺粮之仓？巧妇难为啊。

一九四六年即来台湾省政府任职的鲍亦荣先生，一九九一年十月在《税务旬刊》四十周年发表《庆四十·怀故人——任显群先生功在国家》长文，对当时的情况也有个人的观察：

那时台湾恍如末日来临，处在惊风骇浪之中。在整个政府环节上，财政为国家命脉，尤其在大陆恶性通货膨胀之余，痛定思痛，几乎认定"没有好财政，便没有好政府"。而当时政府财政必须遏止赤字，力求平衡，平衡之道，又必须整顿税收，改革税制。任厅长掌握财政重任，最尽力者乃是外汇的调度，出口完全依赖粮食、台糖与香蕉，李连春、杨继曾负责增产，尹仲容负责销售，居其间者任厅长兼台银控制输入审核，每日忙碌万分。"总统府"设财经会报，每周由"总统"亲自召集……舟山撤退，军用蚊帐，各军事单位、首长特支费，层出不穷的需求，任厅长每次遵令筹措，决不折扣。钱从何处来？……

一九四九年春天即到台湾的南怀瑾老师，二〇〇七年十二月十五日在太湖的"大学堂"讲堂，对中国银行业监督管理委员会的二百多名全国代表演讲"漫谈中国文化与金融问题"时，也曾叙述父亲当年化解货币危机的故事。

南老师说，那时他在杨管北（1896—1977）家中定期讲授佛学，听课的包括何应钦、顾祝同、蒋鼎文等重要的文官武将，他见到我父亲两次去找杨管北，谈的都是财经面临危机、可能生命不保的事。我父亲在上海时曾与蒋伯诚、洪兰友、吴开先、张剑鸣、江一山、杨管北、刘丕基、严欣淇等八人结拜兄弟，他最小，称"老九"；杨管北第六，父亲叫他"六哥"。杨管北来台后担任台湾地区民意代表，也继续经营轮船公司，我父亲有什么事常找他商量。南老师说：

有一天，我在上课，看到任显群来见杨管北……他说，六哥啊！我告诉你，我今天来见你一下，明天或者后天我就坐牢去了，也许要枪毙。杨管北问，为什么。他说，实在没办法，台湾这个局面我怎么维持？你看这两天的美钞飞涨，很快地涨上来，我没有来源，抵不住啊！抵不住，责任就在我身上，我准备坐牢，枪毙就枪毙！老头子一问到我，我说没有办法，又无来源，这个时候美元外资都没有，什么年半，就因"知匪不报"于一九五五年四月十一日被捕入狱。

母亲每次说起父亲被捕的事，总还心有余悸。因情治人员在家里翻箱倒柜了三天，连天花板都拆下来搜查。且当局不告知他被关在何处，外面也谣言纷纷，有说被关在台中或台南，有说被送去绿岛，有说已被处死……提心吊胆了四个月，才获知他被羁押在西宁南路保安司令部保安处；一年后判决定谳，心情才稍微笃定下来。

父亲被捕之前两天，蒋介石的日记于一九五五年四月九日如此记载：

十时入府令郑毛追究任显群包庇匪谍案。

郑指当时"国安局长"郑介民，毛指情报局长毛人凤。可见逮捕父亲这件事，是蒋介石亲自定夺的。而所谓的"包庇匪谍案"，是一九五〇年发生的事，为什么五年之后才要"追究"？是谁有意地罗织了那些旧资料给他？

"包庇匪谍案"的"匪谍"，指的是父亲的族叔任方旭，一九四九年时未及逃出，任职于中国人民银行杭州银行。一九五〇年八月终于逃到香港，辗转与我祖母徐宝初取得联系，希望能够来台湾。当时外人来台需有保人，祖母乃令我父亲保任方旭入境。父亲一向事母至孝，乐于助人，何况是自己的族叔，于是按照行政作业规定向"保安司令部"提出申请，并经该部副司令彭孟缉审核批准，入境后也帮他找到工作安顿下来。一九五三年十月父亲与母亲结婚，两个月后任方旭突在台南被捕，羁押狱中不予起诉。一年半后父亲偕母亲参加张正芬的婚礼，照片上报一周后父亲也遭逮捕，直到一九五六年四月十一日，两人才同时由"保安司令部"军法处宣判。

一九九七年我才有机会看到那份判决书：任方旭判刑十年，罪名是在大陆任职的人民银行"均属叛乱组织之一种"，来台后"既未据声明脱离亦不向政府治安机关自首……"任显群判刑七年，罪名是"曾接受高等教育，历任政府要职，竟不知'大义灭亲'之义，明知匪谍而不告密检举……"

关于父亲的刑期，听说当局原先要判他死刑，后来又听说要判十年，最后七年定谳，服刑两年半获得假释出狱。我想，蒋介石处理过无数生杀大事，会选择最轻的判决，大概是念及父亲曾对"国家"有过贡献，而且了解他从未做出对不起"国家"的事吧？

但是，父亲一向把做人该有的原则放在最前面，也因此做了些让当道不满的事。例如陈仪于一九五〇年六月十八日在新店军人监狱被枪决，遗体停在殡仪馆，至亲好友怕得罪当道都不敢去吊祭，父亲则认为政治归政治，情义归情义，一得知消息就第一个去吊祭老长官，也是唯一去吊祭的官员。而且陈仪去世后，其日籍太太生活无着，返回日本娘家依亲，后来如有亲友赴日，父亲都悄悄托人给她送点生活费。父亲曾对母亲说，陈仪太太从不用公家车，每天自己拎菜篮上菜场买菜，夫妇俩的生活一直很俭朴。他当然知道去吊祭老长官的消息传到蒋介石等人的耳里会影响官运，但他并不在意。

又如吴国桢一九五三年十一月在美国发表批判"国府"的言论后，他的属下都受到种种调查，要自忖复职以来行将八月军事政治与党务皆以重起炉灶之精神已建立初基惟外交尚在危险之困境而经济财政亦未能完全脱险惟基本渐臻稳定至于军事与防奸方面得力者为政治部之经国与郭寄峤政治经济方面则为国桢显群与雪艇为最优也而最大之成果乃为研究院与军议团之训练事业彭孟缉实为后起之俊秀也。

一九五一年六月六日：

任显群谈台湾自花莲经雾社至台中全程横断公路筹款办法决定期预定于明年二月完工寸心为慰此为台湾最重要之建设亦为最艰难之工程也。

然而，父亲的长官吴国桢与"行政院长"陈诚及蒋经国（时任"国防部总政治作战部"主任）不和，坚持于一九五三年四月辞职并于五月下旬赴美，父亲也受到政治斗争波及而离职。由于不愿顺从当局诬告吴国桢，他决定永远告别官场。

袁方先生一九九六年十一月在《传记文学》六十九卷第五期发表《任显群的故事》，说是早在一九五四年三月，陶希圣曾要求任显群提供吴国桢的"不法证据"受到任显群的斥责。陶乃发动相关人员查核省府购置物品的虚实，据说连省府买茶叶的发票也持往店家核对有无讹报……

袁方先生说，一九五三年四月父亲卸任后，他于五月的一个下午两点多去家中探望，见他正在吃中饭，询问原因才知是老先生（指蒋介石）邀去吃午饭，问了许多话，他要凝神谛听又要回答问题，没什么机会动筷子，饿着肚子回家——这使我想起小时候曾问父亲："爸爸，你有没有见过蒋'总统'？"他说有，常常要去跟蒋"总统"报告事情，还说每次被邀去吃饭汇报，蒋夫人总在一旁对他说："你要多吃一点。"然而正如袁方先生所述，因为要向"总统"报告，父亲几乎没什么时间吃东西。

袁先生在同一篇文章中又说，他曾询问我父亲为何吴国桢要辞职，父亲幽默地答道："吴先生精通外科、老人科、内科，就是不通小儿科。"父亲说完还进一步解释："吴先生和美国的关系很好，夫妇俩与老先生、夫人的关系也不错，就是和蒋经国的关系没搞好。"袁先生因而加上一句按语：那段时期的政坛人士，因不通"小儿科"而落马的大有人在。

袁先生还提到吴国桢赴美前，曾上阳明山谒见老先生，回程要下山时，发现座车轮子的螺丝被松脱了，幸而当时车子刚起动不久，未酿成坠崖之祸——经历了那样的险境，换谁都会下定决心一走了之不再回来的。

袁方先生发表这篇文章时，父亲已去世三十多年，他的结论是：

任显群在台湾从政，先后仅四年多，计任交通处长一年，财政厅长三年四个月，均政绩斐然。他勇于负责，待人坦诚，深受台省朝野人士拥护。

父亲辞去财政厅长后，与顾姚仁先生合作"群友法律会计事务所"，然而再度创业的时间也仅一

艰（坚）

①父母的丧事，如"丁艰"，即遭了父母死亡之事。②不容易的，如"行之匪艰，知之维艰。"③不富裕的，如"艰苦"，"艰窘"。④文章不通俗不流畅的，如"艰涩"，"艰奥"。⑤奸险，如"其心孔艰"。

我当时想，一个被关在牢里的人，不愿承认生活有"难"，意志多么坚强，而且胸怀多么宽阔啊！不过后来我在惯用的部首索引里意外找到了他说没有的那个字：

难（南）

①不容易的，如"难得"，"难办"，"难产"，"蜀道难，难于上青天"。②祸患，如"蒙难"，"临难勿苟免"。③质问，如"诘难"。

我于是拿着字典去指给父亲看："爸爸，你不是说没有这个字吗？"

父亲哈哈大笑说："那是在别人惯用的部首里呀，在我编的笔画里，是没有这个字嘛！不过我那么跟你说也是在考验你，看你有没有发现的精神。要记住呀，读书也好，做事也好，都要有发现的精神。"

我听了以后更崇拜父亲了。有发现的精神，当然天下无难事啊！

于是我以发现的精神另外查了父亲与我的姓氏：

任（认）

①职责，如"责任"，"任务"。②派遣，如"任命"，"任用"。③担当，如"担任"，"任劳任怨"，"任以为己任"。④信托，如"信任"，"任贤使能"。⑤随意，如"任意"，"任便"。⑥姓。

我也知道父亲坐牢时最想念的人是母亲，且看他如何注释她的姓氏：

顾（故）

①看，如"回顾茫然"，"回顾前尘"。②眷念，如"顾念"。③照拂，如"照顾"。④畏忌，如"顾忌"。⑤拜访，如"三顾茅庐"。⑥悯惜，如"顾惜"。⑦买主，如"主顾"。⑧乃、却，如"顾乃"。⑨但。⑩难道。⑪姓。

顾曲，观剧之意。

我边看边微笑，却也不免感伤。微笑，是他字里行间流露了对母亲的深情；感伤，是他狱中思念母亲的无奈。注释的开始应是他初入牢狱时的心境，其后的字句则糅合了他与母亲交往、结婚前后的转折和相惜。最特别的是注释之后另立一行，有意地突显"顾曲，观剧之意"。他写着那一行字时，脑海一定浮现当年坐在永乐戏院台下观赏母亲演出的盛况吧？

父亲一九五八年元月假释出狱后，还被警告刑期未满前，不可与母亲在热闹的公共场合露面，他们提供对他不利的证据。父亲不但曾被"保安司令部"保安处的人约谈两次，每次都是晚上八点多去，十二点多回来，查问吴国桢在省主席任内有无贪污，买金子，虚报账目等，之后则开始被跟踪，事务所与住家都受到监控，连往来的公司也被查账。最荒谬的是我同父异母的大姊任景文要赴美留学，出境当天不但行李被海关逐一打开检查，连新做的旗袍领子也被一件件拆开——当局大概怀疑父亲托我大姊带什么密谋的信函给吴国桢，而信函可能藏在旗袍领子里。

但父亲对这一切困扰，从来没有一句怨言。

母亲说，父亲书读得多，见过的世面也不少，深悉人情义理之道，对自己的一切看得很豁达。一九五一年有人持枪闯入他办公室行刺未遂，刺客被送到刑警总队问讯，但十二小时之后刑总竟说刺客已跳楼自杀，对其身世背景及行刺动机"只说很复杂，内情却不透露"。父亲对母亲说，他后来曾去刑警总队拜访队长刘戈青，看到整幢楼的窗上都有铁栅栏，"怎么可能跳得出去？"这件事始终真相不明，后来不了了之，父亲却一直耿耿于怀。母亲说，他倒不是为了自己的安危，而是担心那个叫高正大的刺客已被杀害灭口了。鲍亦荣先生也曾在《税务旬刊》第一六四三期发表文章，详述那件事的经过，并说在事过四十六年后写出来，是因"我不禁想起今日所谓'白色恐怖'而震撼，岂容青史终成灰，是以不得不记叙之"。

父亲不但心胸豁达，而且聪敏好学，从不虚度光阴。别人坐牢大多怨天尤人，意志消沉，他坐牢两年九个月，不但以他和母亲的故事编了一出剧本，还编了一本八百多页的《中文字典》于出狱后出版。他的专长是法律与财经管理，谁也没想到他会编字典，并以自己独特的见解另辟蹊径，把自古以来的部首做了大调整。他的"弁言"不足一千字，简洁扼要，无一句提及身系牢狱编书的背景，开宗明义即道：

字典为吾人求学治事所必用之工具书。工具书之基本要件有二：一为便于检查，二为适于实用。本字典之编辑，于此两端，特予重视。

就便于检查而言，因鉴于我国一般辞书惯用之部首，检查颇不容易；本字典遂将传统之二百一十四个部首做下列之调整……

我上初中时，父亲送我那本字典，我还不太了解那些部首的变化，但他说的一句话至今深藏在我心中：

"要记住呀，天下无难事，我的字典里可没有'难'这个字哟！"

我照他独创的笔画分类翻找，真的没找到"难"，倒是发现了"艰"。我们常把"艰""难"连在一起，但他对"艰"的注释里也没有"难"这个字：

后记：

　　为了写这篇《读我父亲》，二○一○年二月间，仁喜特别陪我到斯坦福大学的"胡佛研究中心"，翻阅《蒋介石日记》的原稿。那几天北加州湿冷阴雨，面对一册册森森然的历史档案，我的心绪激动，手也不停颤抖。在父亲随吴国桢下台以及被罗织罪名入狱的前后数年间，我以两天快速播放的方式逐一检视日记，找到与父亲有关的叙述就停格下来，一共抄录了十六条与我父亲有关的内容。我也因而看到"一代伟人"叙述梦中出现毒蛇，盘转在每一个他走过的柱头。我也看到他日夜的猜疑、不安与长期的失眠。曾经做过多少错误的决定，才会有那么多的疑虑那么深的不安？诸多章节，使我仿佛看到血迹漫过日记，漫延到桌上，又一滴滴地滴落，染红了地毯……

　　回家之后我陷入极大的痛楚，几乎没有办法提笔。等缓缓回过神来，才慢慢拼凑出一九四九之后那几年父亲的脸庞，母亲的脸庞，那字里行间其他人的脸庞，他们家人的脸庞，奉命行事者的脸庞……

　　附图这张五十几年前的公文，是蒋介石于一九五五年四月九日日记所载"十时入府令郑毛追究任显群包庇匪谍案"后四天所发布的，冻结父亲所有的财务来源，让父亲的两个家即刻面临生存的问题，家人的焦虑，现实的困顿，置人于死地。

　　完成《读我父亲》后，仁喜抢着先读，读完却问："你怎么写得这么客气？"我无奈地答："我又能怎么样呢？"

　　我的回答好像也是在替父亲仰天长问：我又能怎么样呢？

　　但是青史岂容尽成灰，亲爱的父亲，希望这篇不能怎么样的文章，能聊慰过世三十五年的在天之灵。

台湾银行总行　密（代电）
受文者：基隆分行
日期：一九五五年四月十三日
字号：肆肆银营字第一六九二号
事由：密
批示：张襄理查报

公文内容：
一、准台湾省保安司令部部关安弭字第二五三号代电"一、查任显群一名因案业经本部扣押所有该犯在贵行之存款及保险箱应予冻结；二、敬请查明办理见复为荷"自应照办。
二、希遵照迅即查明办理报候核转。
三、副本抄发国外部。

总经理　王○

"也不能在台北市区做生意",后来只好与母亲远走金山开辟农场,住在没水没电、屋顶盖着茅草的矮屋里。

　　我记得小时候问过父亲:"爸爸,你有没有坐过飞机?"
　　他说有,不好玩,因为是为了要载金子给"上面"清点。
　　我也问过他:"爸爸,你有没有信什么教?"
　　他回说:"我信仰过三民主义,但现在我信睡觉!"
　　我初中时想去教会,父亲劝我要知道分辨,因为"很多时候,组织都是利用年轻人的热血,最后受伤的是自己"。
　　父亲的弱点是爱抽烟,晚年得了肺癌。由于被限制出境,申请境外就医亦未获准。他卧病期间,我常常陪他,帮他按摩,听他讲故事。他也一再告诫:"你们以后不可以从政!"
　　最近几年大家时常议论的省籍问题,父亲当年与蒋介石午餐汇报时,就曾向他提出建议:让外省籍父母在台湾生的孩子报户口时将"籍贯"改为台湾,以消弭外省人与台湾人的情感隔阂。但蒋介石对此提议极为不悦,悍然拒绝。现在想想,父亲的热心提议确是深谋远虑,如果当时就施行,也许可以预防不少问题。然而在当时的严峻环境里,父亲的热心被视为天真,缺乏所谓的"政治正确"。他的热情报国之心最后遭到不平的后果,难怪会告诫孩子们明哲保身之道。
　　父亲说得最多的当然是与母亲的爱情故事,他总是说:"你妈妈嫁给我,是委屈她了。你妈妈可是位能干的顾老板哟!"(父亲说"委屈"了妈妈,是因为父亲生逢中国新旧社会的交接时代,仍有一夫多妻的生活方式,在妈妈之前,父亲已经娶了一位妻子,并育有四名子女。爸爸愧对妈妈是"二房"的名分,总觉得妈妈受了委屈。)
　　母亲主持顾剧团时,团员都称她"顾老板",父亲有时也这么喊她。有次我们家的电线突然冒烟走火,母亲立即一个箭步过去,把插头踢离插座,并用鞋底把火源踩灭。父亲回过神来,笑着对我说:"你看看这位顾老板!要得!当家的气势哟!"
　　父亲对母亲很体贴,从不曾对她大声讲话,生活一直非常恩爱。也许是受到他们的影响,我一直以为每一对夫妻都该是那样恩爱相待的。一九九七年母亲出版回忆录,以三章的篇幅把她与父亲的结缘,父亲的功绩和委屈,竭尽所能地向历史及所有关心的人做了交代,最后并将父亲的判决书附录于书后,让后人了解他被捕入狱的经过。母亲当年见过的人那么多,会选择父亲作为伴侣,终生对他念念不忘,一定是因为他的人品、幽默与才气吧。
　　我时常在想,在过去那一长段被扭曲的历史里,父亲该有怎样的历史定位呢?
　　也许,就是长辈对我说的两句话吧:
　　是做事的人,不是做官的人。

代，吸的是自由的空气，吃的是人权的食物，他们总用理直气壮的口吻，高调的声音，跟我们谈论着自由与人权，尊严与意识；跟我们的上一代相比，变化确实太大了。然而，那段造成千百万人生离死别的历史是不能遗忘的，也希望所有的后代都不要再犯历史的错误。

我读书或看电影的时候，总是情不自禁地产生同理心，跟着剧中人的故事起伏不停，常常哭得眼睛红肿。人入中年之后，虽然心绪磨炼得比较坚强，但眼睛也已不能承受椎心之痛，每哭一场就肿得像熊猫的眼眶一样大，整个人陷入昏沉状态，总要一个多礼拜才能恢复正常。二〇〇九年秋天读了有关一九四九年的书，那些证据确凿的数据，从各省各角落挖出的历史伤痕，以及兜起来的拼图板块，使我又像亲历其境一般，替那千万个亡魂与活下来的人泣血，替那曾经是杀人者的手颤抖。我的眼睛有如被烧伤一般，无法看清这浩劫的真相。我的心像大江大海般翻涌，痛得无法停下来。一九四九的伤痛，仿佛一个人被推进了手术室，剖开了胸腔与肚皮，在强烈的灯光与放大镜下被巨细靡遗地检视着，同时电脑连线到巨大银幕上，让人们清楚地看见伤口的脉络与血痕，看见那些经久不愈，淤积于心灵深处的脓疮。

中学时，我看过一本描述"文化大革命"初期的书《天仇》，第一次看到两岸分隔后的大陆震荡。当时虽然也颇为震撼，印象中并没有哭。哪想到几十年后，与一些跟我同年龄层的大陆艺文界朋友聚餐，我们像小孩子一样地笑语喧哗，他们说："我们被教导的是你们穷得吃香蕉皮！"我们则立即回说："我们被教导的是你们水深火热，吃草根啃树皮！"——这十多年来的两岸变化也确实太大了。

我不知道吃香蕉皮或啃草根树皮的日子是否存在过，但是，二·二八的枪声犹在耳际，白色恐怖的阴霾笼罩不去，"文化大革命"的亡魂哀号未绝，水深火热的日子的确存在过，求个活下来的日子的确存在过，为了保护自己而伤害别人的日子的确存在过，挟个人恩怨造成政治迫害的日子的确存在过，荒谬不知所以的错乱的确存在过，考验人性尊严的时代的确存在过……那些存在的痛楚，后来转换成纸上的文字，像把刀一样地切开淤积的脓疮，让人阅读时又痛得追忆起过去的恩怨与遗憾。但也只有清楚地记忆那些痛，我们才有勇气跟历史对话，并且谅解那个多难的时代。属于我们的历史伤口，经历了时间的抚慰，终将变成结痂的伤痕，留存于中国人的心里，让我们引以为惕。我由衷地希望，我们的后代都能知道祖先们曾经受过那么多的磨难，我也祈求上苍，让世人彼此了解，彼此尊重，免于战争的祸害，远离那历史错误的痛苦，不要再出现我们的上一代与我们这一代引以为惧的、血泪斑斑的伤痛文学。

结痂的伤痕

我们一家人去欧洲旅行时，仁喜都会带我们去看博物馆建筑。很多博物馆与犹太人的流离历史有关，我看完离开时总沉重得说不出话来。其中印象最深刻的，是由犹太裔美国当代解构建筑大师Daniel Libeskind所设计的柏林犹太博物馆"Jewish Museum Berlin"。我们在一个阳光温煦的午后走入那座幽暗曲折的空间，光线由不规则形状的窗户直接或间接地射入室内。断裂的造型设计，象征着犹太人扭曲破碎的命运。我专注地看着，不知何时与家人分散了方向，独自沿着一道大楼梯往下走，见到一个狭长形的展示会场，上头的光线笔直照着地上的人脸。原来，每一个参观者的脚下，都踩着几万个生铁铸造的脸孔！霎时之间我被震撼得双脚一软，跪下来蒙着面号啕大哭，久久不能自已。

虽然馆方希望超越大屠杀博物馆的形态，进而呈现各种面貌的德国犹太文化，但其中呈现的人性痛楚，总是最尖锐刺人的伤痕。

柏林围墙的旁边，展览着巨幅的历史照片，叙述着冷战期间东西德的变革与发展，也有一些跟人性有关的温馨故事。我们最喜欢的一则是三个感情好的兄弟，老大先从东德逃出来，再设法把老二接出来，最后老大老二乘着自己做的热气球，去把老三接出来。所有八竿子打不着的观光客，看到这个结局都替他们鼓掌叫好。而那结了痂的伤痕，如今已具体地变成了地上的一条线，穿过了都市更新后的城，明显地画在所有的马路、公园、店家，也留在每一个人的心里。

犹太人与东西德的剧情，好比一杯纯酿的威士忌酒，而中国人的两岸分隔剧，则除了威士忌还混合了米与高粱做的不同原料的酒，更浓烈更呛鼻，一口喝下去大概会让人把五脏六腑的东西全吐出来。我们这一代，只是听着或读着上一代的故事就已经非常沉重，更何况是那些以血肉之躯亲历过那段历史的人。从小到大，随便跟个像我一样年龄的人聊聊，都会碰触到那个军阀与革命者厮杀的年代，那些使我们上一代经历过无数离苦的斗争与战乱。但我现在要跟孩子们叙述那段历史时，却感觉像在用另外一种语言一样的困难。孩子们生长的年换做主计兵以后，他负责部队每个月的收支记账与现金管理。第二年，随部队移防到基隆港，空袭警报每天都像例行公事一样发生，军队里的袍泽大多变得习以为常，有时根本不加以理会。但他仍时时保持着警戒之心。有一天，他的预感特别强烈，空袭警报一响就抓着绑腿冲进防空壕，一瞬间听到爆炸声"轰轰"响起，头顶上一片刺目的闪光，跟他一起躲进防空壕的少年兵吓得用力抱住他，大叫着"妈！"——阿公说，那是冥冥中的神明庇护他保住了性命，但人不管在什么环境，也都必须随时保持危机意识。

一九四五年八月十五日，日本宣布无条件投降，阿公欢欣鼓舞地返回家乡。二十一岁那年，他开始学习中文会话与书写，得以顺利地继续在光复后的台湾银行工作。但幼年的语文学习对任何人都影响深远，因此他要书写抒发心情、感想方面的文字时，还是比较习惯使用日文。晚年能以写作和歌自娱，我们都觉得那是快乐而幸福的事。

我的父母与许多亲友都来自大陆，无法忘怀九·一八事变、淞沪战争、南京大屠杀等日本侵略中国的生死流离，民族痛楚。我的一位阿姨说，她在上海看到日本军烧杀掠夺之余，还当场把一个女人的乳房割下来。每次讲到日本鬼子的种种暴行，阿姨总是咬牙切齿，永远有不共戴天之恨。

但与仁喜结婚后，我从阿公身上看到一种儒雅的气质。我想，阿公虽然受日本教育，到底不是日本军国主义者，而且他的教育带有一种自我节制的纪律，是我很向往的典范。台湾被日本殖民五十年，政治经济虽然受到诸多不平等待遇，但治安良好，据说可以夜不闭户。而派到台湾从事教育工作的日本老师，也大多品行优雅，教学认真，并都以孔子儒教为基础教训，让学生严守生活纪律。不少受过日本统治教育的人，战后还对返回日本的老师念念不忘，时有书信往返，甚至请他们再来台湾旅行，一起参加同学的聚会。那种感情，我想是超越国家与政治的。许多跨越两国统治与两种文化洗礼的长者，如阿公一样，至今的生活仍留有日本文化的影子，这已是我们这一代习以为常的事实。

阿公说，台湾光复的时候，他跟所有台湾同胞一样兴奋，还穿戴整齐地跑到基隆港口，挤在人群中挥舞着小旗，迎接祖国来的国民党军队。但从船舱走下来的他们，穿着破衣草鞋，举止粗鲁，随地吐痰，讲的中文完全听不懂，阿公跟其他的人一样，心里有着很多说不出口的问号。不过终于不必再做被殖民的三等公民，内心还是有着恢复为中国人的喜悦与骄傲，他也得以返回台湾银行总行营业部，经办存款与汇兑业务工作。

不幸的是，一年多之后发生了二·二八事件，造成台湾人与外省人之间永远无法弥补的痛。

读我公公

我的公公姚望林先生今年九十岁,每天都还在想怎样写出更好的日本和歌。他从小受日文教育,在银行界退休后,除了做慈济义工,生活中最重要的事就是写和歌,从日常生活的观察与体会中,按照和歌的严谨规律诗型,写出很多细腻感人的诗句。前几年他过八十大寿,仁禄特别把他多年来的作品搜集成册,出版《我的和歌日记》作为生日贺礼。公公说,写和歌很难但也很有趣,为了一句短短的诗的意境,往往要左想右想,有时一个字也要推敲好久,不过在那推敲的过程中,也享受了玩味文字的乐趣。

我好喜欢这位爱写诗的长者,都跟着孩子们称呼他"阿公"。

阿公出生于一九二六年,八岁时进入台湾人读的桃园公学校就读(当时专供日本学童读的称为"小学校")。台湾在一八九五年被无能的清政府割让给日本五十年,在那段期间出生的人都像阿公一样,出生时即为日本籍,后来又因教育的关系,日文都比中文好。阿公说,幼年的时候,在学校的所言所写全用日文,只有在家跟家人才讲闽南语。

阿公在公学校读六年毕业后继续就读高等科两年(等于初中一、二年级),然后再考入一九四〇年才刚设立的台北商工专修学校(今台北市立大安高工)商科。阿公很打拼,商科毕业不久就考进日据时期的台湾银行,接受了银行业务的基础训练,同事多半是日本人。

一九四一年年底日本偷袭珍珠港,太平洋战争全面爆发,日本政府开始对台湾人征兵,阿公那时还在银行接受基础训练,也被召集为临时兵。入伍之前,他因感冒咳嗽不止,医生说他疑似患了肺结核,但规定报到的日期已至,不得不启程到新竹近郊风大的竹北去。阿公说,他被编在辎重部队,每天都要搬运粗重的武器装备,身心俱疲。奇怪的是,在那样疲惫不堪的劳动中,身体渐渐好了。阿公回忆说,可能是太忙,没有时间生病了。有一天,部队的中队长传唤他去,阿公非常担心自己是否做错了什么事。还好,是中队长看了他的履历,要他结束那体力严重透支的日子,转去做他所擅长的主计工作。所以阿公后来常告诫他的孩子们:"一技在身,受惠一生。"

的。更何况，她有太多的不舍与不忍，怎能承受那种与挚爱的丈夫及儿女当面诀别的痛苦？

阿公后来从公家银行转到民营银行，在金融业尽忠职守地前后服务了五十四年才完满退休。阿姨（阿公再娶的妻子，我们都昵称为阿姨）的个性开朗和气，细心地陪伴阿公，自从她也退休后，更积极地安排多面向的生活。阿公身体健康，健步如飞。孙儿们陪他去走路，回来后跟我们说："阿公怎么比爸爸还年轻呢！"阿公与阿姨两人一起参加佛教慈济功德会及各类慈善工作；阿公每周帮慈济翻译日文，也有闲暇亲近和歌。晚年的这项兴趣，开启了阿公另外一扇心灵境界，为他的生活带来无限的乐趣。最近仁禄写了一封E-mail给阿公，信上说：

您是一位尽责的父亲……

因为您尽责，所以，我们向您学会尽责……

因为您尽责，所以，您将自己的身心，一直保养得很健康（当然，也要特别感恩阿姨，多年的陪伴与照顾）……

其实，弟妹与我，不只都大了，有年纪了，也都在宗教上有些学习、思考与体会；

因此，我想，我们都能理解，孩子的家庭教育，最难的，不是经济，是时间……

更难的，时间不只要有量，还要有质……

您与妈一起辛勤努力，为弟妹与我，构筑了家庭教育的基础：

1）经济辛苦而稳定，让我们学习珍惜、学习感恩……

2）父母长时间陪伴，让我们学习爱、学习被爱……

3）生活求真诚善美，让我们学习人生的价值，不是钱财名声，而是美善与真诚……

我感谢从您与妈妈那里学来"对艺术认真"。

艺术，就是美善与真诚。

妈与您，虽然没有教我们艺术的技巧与道理，却因生活上对艺术认真追求，影响了（更准确地说是培育了）弟妹与我的天性之中，对真、对善、对美的欣赏与追求的能力。

也许，您觉得我们小时候，三不五时从自行车后座铁箱带来的杂志，只是您与妈的阅读消遣……

其实，我们从那些似懂非懂的照片文字，传承了美的感受，也传承了文化的追求……

也许，您觉得让我们住在圆环砖楼、圆山木屋，只是凑巧有那样的房子可以住……

其实，我们从您与妈的用心安排，体会了生活环境之美……

也许，您觉得我们每天早上醒来，就听到收音机的英语与您的背诵，只是您有学习英语的兴趣……

阿公说，二·二八动荡期间，他仍坚持每天去台银上班，通过"总统府"前门时，军人荷枪实弹，他必须很谨慎地装成外省人的样子走过去。我问他什么样子是外省人的样子？他就仰起下巴，边走边吃东西，翻上白眼，把头抬得高高的，把我这个外省人第二代笑翻了。阿公也说，一九五〇年代的国民政府只想"反攻大陆"，无心好好建设台湾，老百姓的生活是很苦的。

二·二八之后，台湾进入白色恐怖时代，戒严长达四十年，人民戒慎恐惧，生活受到许多牵制。阿公说，他结婚时与新婚妻子到日月潭度蜜月，住在当地的旅馆，半夜里突然被军人敲门叫醒临检，一看他们两人的身份证没有载明是夫妻，硬说他们是匪谍，就叫他俩到外面罚站到天亮。当时被指为"匪谍"，可是死路一条啊！所幸刚好有台湾银行的同事也在日月潭旅游，第二天紧急请台银人事室保证他们都是台银员工，这才得以安然脱身。

阿公结婚的事也经历过一番曲折。他说，妻子与他原是台银同一个单位的同事，比他大三岁，家境也比他好，所以她的娘家极力反对，其一是女比男大，其二是除每个月的薪水以外，无其他收入。而妻子的姊姊们都嫁入家境不错的人家。她们也警告妹妹，嫁了穷丈夫自己要负责。但她还是坚决嫁给他，两人婚后生了四个孩子。生了第二个孩子后，她辞去台银的工作，全家就靠阿公一份基层公务员的薪水，但无论生活多么拮据，她从来不跟姊妹们诉苦，让阿公很心疼。

仁禄出生后常常拉肚子，而仁喜在一次躲空袭警报时受到风寒转成气喘，时常发作。她辞去工作后，少了一份收入，剩下他一个月的薪水往往有一半要花在仁喜的紧急医治上。阿公说，为了医治仁喜的病，看遍了当时的名医，仁喜的母亲甚至去为他算命，其中一个算命的说仁喜的生命可能不保，她急得跑到庙里跪求菩萨保庇，发誓戒掉她最喜欢的茶道，并愿以自身的性命交换仁喜的平安。在那样的情况下，一个月的薪水半个月就用完，生活无以为继，只好向娘家的姊妹们周转。债务越积越多，最后不得已变卖他分到的祖产还债。阿公每次说到那段辛苦日子都摇头叹息，而这一切都没让孩子们知道，免得影响他们读书的心情。

直到仁禄大学毕业，上了大学的仁喜也健康了，家里的情况才好转起来。可惜不到两年，仁喜的母亲得了肾脏病，每周需洗肾三次，每次就要五千元，而阿公当时的月薪只有五千元。阿公说，当年没健保，为了支付庞大的医药费，他再度面临变卖祖产的窘境。而且洗肾之后会全身发痒，家人要不停地替她抓痒，力道不能过重也不能太轻，阿公常常一天睡不到三个钟头，仁喜的母亲那时真的苦不堪言。一九七七年农历初六，她选择家人都不在身旁的时候悄悄地走了，得年只有五十五岁。阿公每回说到这里，总是万般伤心与不解地说："她为何不跟我说一声就走了？"我们总是安慰他说，将心比心，人要走的时候，如果有太多牵挂是更难成行

占卜与风水

其实，我们学习了您的认真，您的决心与您拥抱异文化的勇气……

也许，您觉得您周末的网球之会，只是您喜爱的运动……

其实，我们从您对运动的兴趣，转成我们对运动的兴趣，中学时期，我们热衷于运动，变成我们后来拼学业，争事业的体力……

也许，您觉得，近年的写作、翻译，只是排遣时间……

其实，看您一本一本诗集、散文认真构思、专心创作、辛苦打字（其实是用电脑写字）、用心排版，我暗暗佩服，常想到了您的年岁，我也不能怠惰……

您不只是一位负责任的父亲，

您还是勇敢面对人生挑战的父亲，

更重要的，您是我们谈起来就骄傲的父亲。

所以，请继续努力，继续让我们学习！

读了仁禄的信，真是感动不已。开始迈向中老年的子女，向敬爱的老父说出心底的感恩，为人父母的我，更能深切体会这段感恩的话何其珍贵。

阿公真的很勤奋，电脑时代来临，他也学用电脑与中文输入法，除了写和歌，还常常给我们与孙辈们写E-mail。最近他写来新的生命体悟：

过去　可回忆当为经验作为未来的参考。

未来　谁都无法预测，因人生无常，应平时修身准备未来。

现在　要把握当下，做善事不后悔，做人要宽厚。

我们的阿公，真是一位令人尊敬与爱戴的长辈！

逃不过数吗？

中国传统文化中有一门玄学，最早的就是对《老子》《庄子》和《周易》的研究与解说。这三部远古年代即问世的巨作，从生活的、科学的、实用的、文学的角度去解读，显露的人类智慧真是高超而庞杂，难怪有人形容它们是上一个文明所遗留下来的。

不过，数千年前的文字与表达形式殊异，后来的人如果没有持续深研，大多难登堂奥，无法理解其中的深义与智慧。反倒是应用在风水、算命、占卜、择日、姓名学等与日常生活较为密切的术数方面，一代代都有人潜心钻研，各有创发，以致现今谈到中国的玄学，大家的印象好像只有"中国术数"了。而"术数"之说，仿佛也成了不少人生活中的显学。

关于"术数"之说，最普通也最常听到的是"一缘二命三风水"，它们被归纳为个人命运好坏的主要因素。

"缘"是一个抽象的概念，是一种人与人世之间无形的联结。中国人总是把很多无法解释的事情归于"缘分"二字，而且认为先有天定的缘分，才有其后被缘分所定的关系及发展，其中并有善缘与恶缘之别。也就是说，缘分的串联会造就一个人与周围的人或处境的关系。

至于风水，似乎更神秘，却也更具体。"看风水"，对中国人来说是天经地义的。人住的房子要先看风水，往生者的墓地也要看风水，我们从事建筑设计业，会遇到各类用途的房子设计，百分之八九十都有风水的考量。还有的在竞图时请风水师来决定得标者呢。

香港的中国银行，像一把剑一样矗向天空；英国的汇丰银行，则在屋顶装了个大炮形状的洗窗机，这都是很有名的风水案例。

建筑与风水的故事很多，多年来听得多也看得多，真的要我说没有风水这回事，我倒也不敢说。但我要向孩子们强调的是，将来有机会自己买房子或盖房子，千万不要怪力乱神，要考虑的风水是最好坐北朝南，阳光充足，格局方正，自己看了舒服开心最为重要。

阴宅的风水会影响后代子孙的福分，这也是中国人传统的看法。祖先住的地方如果平安，则子孙平安；反之如果尸骨不能顺着自然演化为泥土，则可能殃及子孙，使后人不得平静。很多人因为一直的不顺遂，会去探讨家族阴宅的风水的。

"生死有命，富贵在天"，这也是中国人的老生常谈。既然人的命运是天定的，算命之术也相对应运而生，而且方式还不少。各式各样的算命方法，都标榜能替人趋吉避凶，预知命中会发生的

定了天大的变数？毕竟那时年纪轻，想着想着竟担心得大哭起来，而那算盘还在噼里啪啦，夸啦夸啦。焦急地不知等了多久，他算出个数字，我颤抖地翻到一句"一字记之曰兔"，心脏都快跳出来了：仁喜就是属兔的呀！算盘声音像机关枪一样的在我耳边继续着，时间是停止的，我也像停止了呼吸，终于急着说："董先生，怎么样嘛？"

接下来翻到的当然都是很好的字眼，我才能在这里优雅地讲这故事给你们听啰！

然后换仁喜进来，看到我脸色慌张又苍白，还搞不清怎么回事，我就抱住他大哭，好像跟他已分离了几个世代。

仁喜也花了很久的时间进行"考时定刻"，也曾被那些对号入座的精准句子给吓到。后来翻到"相貌生得端正，酷似令堂大人"，董先生抬起头看了一下仁喜，仁喜回答说："我不知道我长得端不端正，但大家都说我长得跟妈妈一样。"接着一句"在高堂不是你亲生娘，阴间属猪你亲娘"，对呀，仁喜的亲生母亲已去世多年。

于是董先生噼里啪啦掷地有声地又丢出几个号码，六亲都进来了，妻的姓，小八岁，也都翻到了。最惊人的是他又丢出一个号码，翻到"设想周到华夷慕"，然后继续拨算盘，再翻到"计出心窝体制多"，董先生停下来问仁喜：你是从事设计工作吗？因为这两句的第一个字凑起来是"设计"。

我们离开董先生那幢楼后，走在热闹的街上还恍恍惚惚的，到了文华酒店点了杯烈酒压压惊。

那只一翻两瞪眼的算盘，着实把我们吓到了。

后来我才知道，这套算命神数的缘起，据传来自宋朝的邵雍（邵康节）依他的数学思想体系所著的《皇极经世》，甚至说他是为了让智识不高的儿子有养家活口的技能，才帮他设计了这套"简易"的数学公式。而"考时定刻"是一项严谨的验证程序，完成之后便会出现数学哲理的神秘体系，可以借此解读六亲的情形及不同年龄会发生的事情等，后来就成为以数理推论天地万物人事变化的命书。

到了清代，有位道士名叫"铁卜子"，用这套神数替人算命时加上我所经历的由问命人直接翻书，因为出现的句子斩钉截铁，让许多人趋之若鹜。从此，此术变成一个神秘的术数，"铁版神数"的"铁版"，即是"铁卜子版本"的简称。

我母亲后来也去香港见了董先生，帮她算出最令人百思不解的一句是"回顾正秋月圆日"，下一句则是"正是少女伤心时"。这几百年前即有的字句，居然有我母亲的全名，还点出她年轻时我外祖母过世的时间是中秋节。还有个从事摄影工作的朋友去看董先生，他翻出来的句子之一是"镜事，并设法调节其运势。

我与仁喜结婚的前夕去香港，母亲安排我们顺道去见她的朋友董慕节先生，他是著名的"铁版神数"传人。起先我也不懂其中奥妙，以为只是去合个八字，这在中国人婚前大多会做的，我倒也不排斥。仁喜与我一身情侣装扮，轻轻松松地如期到达香港闹市区一栋公寓去见董先生。在电梯里我俩还开玩笑：如果不幸被他说我们的八字不合，我们还是一定要结婚的！

董先生长得像弥勒佛，笑眯眯的，说着上海话，招呼我先到他房间。我坐在一个书桌前面，面前摆了十二本书，整齐地排列着。他先问我农历生日，我告诉他明确的日期，再问我时辰，我说好像是清晨。这时他拿出一个以前中药店常见的木珠子大算盘，开始噼里啪啦地打，然后用上海话说了一个数字，譬如说三七六，就是第三本书的第七十六个句子。我记得我翻到的句子，都是"父蛇母虎先天定数"或"兄弟七人同父不同母"这一类要对号入座的句子。就这样一句一句地翻，翻得我开始毛骨悚然，因为看到很多很恐怖的句子，例如"君家注定四句零，数到黄泉恐不回"，"年华已尽大数已终"，"十事谋来九事空，年年踪迹若飘蓬"，"美貌佳人虽共老，琵琶拨出断肠声"等。当然也翻到好句子，例如"巧名巧利不逢而自逢"，"洋江之水伏龙蛇，家室康宁财禄多"，"以举人而选知县数而前定"……还有"木年夫死小叔变成夫"这种离奇的戏剧化脚本。我当下发现，我的手一翻，翻到的可能是吉凶祸福四个字都有的人生呀。

如此前前后后翻了大概二十几个数字，但是都不对，董先生就说要进行"考时定刻"，把我的出生时间推至一个时辰有八刻、一刻有十五分钟的精细度，才可得出最精确的推断。于是他开始就我的时辰逐一盘算数字，我也惊心动魄地翻了一句又一句，前后大概四十分钟之久，终于出现了第一个吻合我的句子："萱花荫庇遮长年。"我回答"是！"接着第二句："桩树风吹自在先。"我再答："是！"至此，他算出我正确的出生时辰，依那时辰一路算下去，我的六亲、父亲过世的年代，亲人的属肖、个性、兴趣等，全都一一对应。但算到我的姻缘时，又让我吓出一身冷汗。第一句是"一字记之曰X"，X是我以前男友的姓，算盘噼里啪啦打完翻书一看："嫁不得。"我深深地吸一口气。接下来一句是"一字记之曰Y"，Y是另一个前男友的属肖，他再翻书一看："彩虹不久好景难长。"

这些都是过去式呀，未来还没开始哩，董先生却说到此先告一段落："接下来的我算好寄给你。"我难为情地说："董伯伯，我下个月就要结婚了。"他看了我一眼，再拿起那把我眼中的"生死算盘"噼里啪啦地打。当时我只觉得发晕，仁喜坐在外面等，依照这款斩钉截铁的字眼，万一算出新郎不是他该怎么办？我们是为了买结婚戒指才到香港来的呀！难道一个数字就替我们决

中留印证，似幻似真"——古代还没发明摄影术啊，实在令人惊奇。

另外有个朋友的故事更玄奇，他自己因事忙没空去香港，让太太代他去算，约好用越洋电话问端详。董先生算出他的兄弟几人的生肖，依年龄大小排下来都没错，哪知算到姻缘伴侣时出现"一字记之曰玲"，"情妇虽有离合无常"。他太太在电话里问台北那头的先生对不对，电话一阵安静，久久才吐出个"是"。据说那次算的"一字记之曰……"总共算出三个他太太不知道的情人。

董先生给我的那份命单，在手边已二十几个年头了。当初确实经过一番惊吓，如今活过一圈，也看出算命的本质是过去一定准，未来仅能供参考，因为人世的变化是无刻不在的。

命理的巧妙，其实就在一个"变"字。我总告诫孩子们，就算你相信"命"是定的，也要知道趋吉避凶的道理。而且"运"有个走字边，是会动的，要相信命运是可以靠着自己扭转的。

其实中国人的术数运用，都是源自《易经》。《易经》以八八六十四卦展现人生的变化，有谓"闲坐小窗读周易，不知春去已多时"，自古到今，易经就是一个迷人的数学游戏。很多人是越学越糊涂，或沉迷于其中，也有很多人被这些数字玩弄得作茧自缚。

《易经》强调变化，明朝著名的《了凡四训》也强调人要相信自己的命运是可以改变的。这本书的作者袁了凡，因为经历了跟我一样的算命，连他该得到的俸禄多少都用袋米计算清楚，并算出五十三岁那年的八月十四日丑时会去世，而且膝下没有子嗣。他百般应验命单上戏剧化的起伏，发现他得到的俸禄跟算命说的不一样，于是侥幸地想，可能是算命的算错了。谁知朝廷管账的发现少算了给他的袋米，把相差的数字补足后，竟和算命说的数目完全一样，让他终于死了心，知道自己无法逃脱命运的摆布。所以命单上的死期将至时，他去庙里打坐，等着死神来带走。庙里的禅师知道了，就去点醒他：极善之人与极恶之人，命运是会改变的。于是他开始发善心，行善念，每天在功德簿上计算自己做了多少善行。结果他活到八十多岁，并且子孙满堂。

《了凡四训》的提示，也反映在很多我认识的人的故事里。所以不管是缘、命、风水、命相、占卜，举凡生活中的术数学，都会因着善心善行善念而产生变数，为自己的命途加分。所以我的结论是："善有善报"如同一加一等于二，是数字的理论，也是铁的定律，就是这么简单的秘密。

我的
秋天菜园

芽菜与苗菜的种植

台北市建国南路高架桥下的停车场，每逢周末就变成热闹滚滚的临时市场，一头是假日玉市，一头是假日花市，人潮川流不息，是假日的好去处。玉市那一头，卖各种怡情养趣的小东西，摊位的主人，很多是平日在公司行号上班，假日来摆摆摊位，现点宝贝与绝活，交交朋友，抬抬杠，有趣极了。花市那一头的摊位，主人大多是专业的，做生意还兼具教学示范。我就是在那里认识王羽桦，向她学会了种植芽菜的技巧。

王羽桦身材瘦小，开一部内部改装过的三点五吨卡车，车内放了各种的芽菜和种子。每次到她的摊位，都看到她们姊妹俩忙得团团转，摊位上摆了几十种不同的芽菜种子，另外有大小不一养殖好的芽菜。专程来买芽菜的老顾客都很直接，掏出几十元，她们就用刀子切一把，客人拿了转身就走。像我这类想学种芽菜的客人，则待在摊子前问东问西。因为问的人太多，不同的种子有不一样的技巧，我发现她说的都大同小异，而且速度很快。去过六次以后，我忍不住问她："你为何不印一张表比较省事呢？"她说，有，在这里！于是找出一张给我。我回家依表学习，却怎么样都养不好。第七次去，我又问她："你的表上的资料好像不完整啊？"她才说，这些是早先印好的，不用完很浪费。我说："但是资料不齐全，会误导呀！"她才把我拉到一边小声地说："那是我先生以前印的，那时候就只有那些种子，但他十二年前过世了，种子的种类越来越多，而我只有小学毕业，写不出那些东西，只好把经验讲给别人听，让他们可以照着种。谁像你，每一样都要种，问得那么清楚！你是不是记者？"

我觉得很惭愧，觉得该帮她，于是就说："我帮你誊写好不好？你说我写，我再帮你印，以后你就省事多了。"

就这样，她很高兴地接受了我的建议，我也从中学习到种植芽菜的技巧。她叙述的种植方法，请见文末表格的说明。

种植芽菜苗菜的种子，最重要的是挑选非基因改良，而且不含杀虫剂的。浸泡种子的容器，需先用滚水消毒，种子用自来水洗净，即可放入容器加冷水浸泡。浸泡时间的长短则视天气与品种而定。如果浸泡时间不足，则种子表皮发皱；时间够则种子表皮饱满，会膨胀约一倍。所以估计用多少种子时，也要预估膨胀的状况。

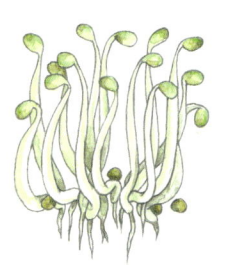 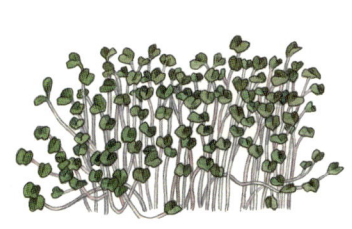   

　　种子浸泡完成，下一步是催芽。有人以一天到一天半的时间用沥网沥干水分进行催芽，也有用湿毛巾包裹种子，用温水润湿法。总之，看到种子冒出小白点，就表示催芽已成功。

　　再下一步就要看品种安排栽培箱，让它们继续长芽。栽培箱有很多种的设计与搭配，原理是针对不同种子粗细的根部吸水或铺土让种子盘根、浸水与沥干。催芽后的种子，需平铺在栽培箱的平盘上。为了保持湿度，需用一个托盘形的盖子盖上，待芽成长到约一厘米再拿掉盖子。

　　一般所谓的芽菜与苗菜，其差别在于"绿化"的过程。如黄豆、绿豆、苜蓿、红扁豆、葫芦巴等属于芽菜，不需光合作用，种子发芽后就可食用。豌豆、花豆、萝卜缨、小麦、荞麦等属于苗菜，必须放在弱光并通风的角落继续培养方可食用。培养期间也需浇水，天气热一点一天三至四次，天气凉一点则早晚各一次即可。

　　一般菜场卖的芽菜苗菜，大多施用过硝酸钙、硝酸钾、磷酸铵等化学肥料及硫酸镁等营养剂，甚至经过漂白水冲洗，所以看起来漂亮而肥大。我把芽苗菜放到秋天的篇幅，因为秋天通常休耕，不像春夏有那么多的蔬菜选择。芽菜苗菜其实一年四季都可种植，像黄豆芽与绿豆芽的方法也很简单。如果听说台风要来，先泡黄豆与绿豆，然后找两个不锈钢的壶，把浸泡后的豆子分别放入，每天三四次，把水从壶嘴灌入，摇晃一下，再由壶嘴把水倒出沥干，等台风过去约三四天，就有芽菜可吃了。自己养的黄豆芽与绿豆芽，虽不似外面那样肥美，但没有化学肥料也没有漂白水，气味清香，方便快速，不必去追逐台风后的昂贵蔬菜。我常用黄豆芽炒小鱼，加水熬煮成高汤备用。或用豆腐皮包绿豆芽与豆干丝，以低温油炸后切成三角形，淋上芝麻酱，好吃又好看。我也喜欢用油煸一下黄豆芽，再加入豆腐煮汤，既有浓浓的豆味，又可喝到清香的汤头。

　　近年来芽菜苗菜的种类越来越多，很多十字花科的种子也都加入了苗菜的行列。这些新品种，多半夹在三明治内，或当沙拉食用。

　　我觉得芽菜苗菜不但是一种健康的种植，而且可以当成室内装饰，欣赏它们的美姿，享受看到成长的喜悦，一举而数得，实在值得推广。

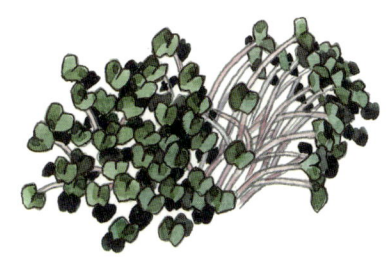 

生活札記

我的
厨房

名称	浸泡	催芽：倒入网篮内沥干待发芽
苜蓿芽	2-6小时	一天到一天半
葫芦巴	2-4小时	一天到一天半
黑豆	5-8小时	一天到一天半
红扁豆	2-4小时	倒入丝袜一样的细网袋用毛巾包起来拧干
黄豆	4-6小时	一天到一天半
绿豆	5-8小时	一天到一天半
小麦	5-8小时	一天到一天半
豌豆	6-10小时	不用
紫萝卜	4-8小时	一天到一天半
萝卜缨	4-8小时	一天到一天半
荞麦	5-10小时	一天到一天半
油麻菜籽	2-4小时	一天到一天半
紫高丽	2-4小时	一天到一天半
葵花	5-10小时	一天到一天半
蚕豆	冬天：8小时	一天到一天半

箱的设计有很多种，要以洞孔大小来搭配种子。豌豆苗、小麦草等需孔洞粗网的；紫高丽、花椰菜、芥蓝、油麻菜籽与紫萝卜等需要中孔网的。

的时间一般为四到八小时，但仍需要自己观察，天气越热则要减少浸时间，一般以膨胀一倍左右，种子表面没有皱纹，饱满圆膨为原则。特别要注意时间的控制。

、小麦草的根粗要用粗网，根部才能吸收水分。

、紫高丽、油麻菜籽等催芽要铺在平盘上，需要先平铺在一层土上，立刻要洒水，其作用为盘根之用。

与蚕豆等催芽后要铺在平盘上，需要先铺上一层土，再铺上种子，再一层土，并且二十四小时内不要洒水。

发芽后平铺于盘上	种植方式	光线	给水量	全程培植时间
平铺于有孔的盘子，浇水后底盘盖住遮光	水	不见光	夏天放冰箱，每天浇水两三次	4~6天
平铺于有孔的盘子，浇水后底盘盖住遮光	水	不见光	夏天放冰箱，每天浇水两三次	7~10天
平铺于有孔的盘子，浇水后底盘盖住遮光	水	不见光	夏天放冰箱，每天浇水两三次	4~5天
连毛巾一起放到不见光的容器内	水	不见光	夏天放冰箱，每天浇水两三次	2~3天长芽根即可
放到水壶里面不见光	水	不见光	茶嘴进水，壶嘴出水，天热时一天三四次，天凉时早晚就好	4~6天
放到水壶里面不见光	水	不见光	茶嘴进水，壶嘴出水，天热时一天三四次，天凉时早晚就好	4~6天
平铺于有孔的盘子，底盘存水满位	水或土	弱光	每天浇水两三次，新水换旧水	7~10天
平铺于有孔的盘子，底盘存水满位	水或土	弱光	每天浇水两三次，新水换旧水	7~10天
平铺于有孔的盘子，底盘存水满位	水或土	弱光	每天浇水两三次，新水换旧水	7~10天
平铺于有孔的盘子，底盘存水满位，盖上塑料板或纸板，长到一厘米后就不用盖了	水或土	弱光	每天浇水两三次，新水换旧水	7~10天
平铺于土上，立刻洒水	土	弱光	每天浇水两三次，新水换旧水	7~10天
平铺于土上，立刻洒水	土	弱光	每天浇水两三次，新水换旧水	5~7天
平铺于土上，立刻洒水	土	弱光	每天浇水两三次，新水换旧水	5~7天
平铺于土上再覆土，二十四小时不洒水	土	弱光	每天浇水两三次，新水换旧水	7~10天
平铺于土上再覆土，二十四小时不洒水	土	弱光	每天浇水两三次，新水换旧水	14天左右

以前我有个错误的观念，以为食物没有烧入味，才需要蘸酱，这是江浙胃的通病。江浙菜要入味，一定要花时间以火候伺候，从健康食物的观念来看，这是会破坏食物养分的。现在的健康饮食讲究低温慢火少油，一来保持食物的原味与养分，二来预防肥胖等心血管疾病，所以很多人改以白煮处理食物。但白煮无味，吃时大多需要蘸酱，所以也研发了各种口味的酱料。渐渐地，我才体会出蘸酱的学问，发现来自不同省份的酱料，有其地理上与文化上的差异。不过我仍建议蘸酱点到为止，酱料不可以掩盖掉食物的原味。很多商家利用味浓的酱料以掩饰不新鲜的食物，让外食族渐渐养成口味越来越重的坏习惯。

我有位长辈，小时候整个脸被油烫伤，大家以为这孩子毁容了，偏远的山里没有医疗，家里不准她见太阳，给她脸上敷了一年的酱。现在我只看到她脖子上有块疤痕外，皮肤好得很呢，可见酱还不只有食用的用途呢！

这次整理出来的八十种酱料中有很多是几近相同的，但我决定忠于原味，一一列表出来。至于分量的比例，可以依照个人的喜好自行调整，所列的图表只是介绍其原理与原则。市售酱料在保存性与内容物上，不容易分辨，建议大家自己研发自家酱料，任何一个厨房，都可以用手边剩下的材料做酱，各个文化用不同的油与当地的香料，稍可久放的食材，搭配诸如干辣椒粉十分、花椒一分、白芝麻三分、各地的果仁五分的约略比例。有时需要多配几种辣椒粉，来强调辣椒的辣香，抓住花椒的麻香，杜绝不新鲜材料久放的蒿味，这就是一瓶很可口的酱了。

酱料

中国人说开门七件事，柴米油盐酱醋茶，其中的酱油，不但是台菜重要的蘸酱不管是红烧肉或糖醋鱼，其调味料的放置之一，也是中国烹饪不可缺少的材料。但应依序为：糖盐醋酱油，也就是酱油最后才放。

酱油最早的记载始于周朝的御用酱程类似。之后民间才研发出以黄豆、小麦、油，系以肉类所调制，与现今的鱼露制造过食盐与水为原料，制成流传至今的酱油。

目前市面上的酱油，大致分为以黑豆做的荫油，以黄豆做的酱油，以及化学酱油三种。前二者系传统酿造，以曲菌分解黑豆或黄豆中的蛋白质，需经长期天然发酵（约三至四个月）而成，化学酱油则是用盐酸等化学物质分解蛋白质而成（仅需三天）。若让这两样混合，则是速酿酱油或合成酱油。

荫油是以黑豆蒸煮，加入曲菌发酵制成荫豉（又称豆豉），再放入大缸于阳光下自然分解，味道比较浓醇。荫豉口味甘甜而浓郁，可配稀饭佐餐，也可作为烹饪配料，如荫豉蚵即是很受欢迎的台菜之一。

采买酱油的原则，要注意发酵与酿造的时间长短，也要留意陈年酱油、酱油露、酱油膏、薄盐酱油、无盐酱油等，是否含有化学添加物。如果摇晃瓶身，酿造酱油的泡沫较细致且绵密，化学酱油的泡沫则较大。如果倒出酱油以筷子快打，泡沫细致，且又多又能持久，则代表豆子的成分比较高。很多酱油为了保存，免不了会使用防腐剂，所以最好选用有政府把关的知名厂牌。台湾的消基会，也会公布不含防腐剂的厂商，并申明不含可能致癌的单氯丙二醇的传统酿造酱油，以及不含防腐剂的薄盐酱油，都是比较安全的。酱油一旦开封后要尽快用完，如标示没放防腐剂的最好放置于冰箱。本篇附录一份自己做荫油的解释图说。

也是开门七件事中的醋，相传为中国酿酒始祖杜康的儿子梦到一位白发老人，老人告诉他，你们酿酒剩下放在缸里的酒糟，放二十一天后，酉时打开来，便是玉液琼浆。后来就把酉与二十一日合组起来，成为"醋"这个字。若以地区来分，山西醋、镇江醋、四川保宁醋最为著名。醋的原料除了酒糟以外，还有以米、麦、高粱、麸皮、水果等原料制成。本篇也将制作老陈醋的过程绘制成图加以解说。

酿造与发酵、时间与水质等，都是影响这些传统工艺代代相传的重要因素。

兹将向"朴门生活"学来的荫油制作法与老陈醋的制作法，配合图案介绍如后。

酱料	材料	做法	酱料	材料	做法	酱料
八宝辣酱	绞肉600克 蒜茸60克 豆干丁240克 毛豆仁100克 绍兴酒30克 高汤100克 黑醋60克 砂糖45克 甜面酱90克 辣椒酱60克	（一）豆干丁余烫备用；毛豆仁余烫后用冷水冲凉备用。 （二）中火将绞肉煸出少许油来，加入蒜茸炒香，再加入豆干丁、毛豆仁与甜面酱、辣椒酱略炒拌匀，再加入其他调味料煮至入味即可。	豆豉酱	干豆豉30克 砂糖15克 老抽5克 米酒5克 蒜茸5克 姜茸5克 辣椒茸适量 水30克 油少许	（一）将干豆豉洗净，浸泡一下，沥干水分，切碎备用。 （二）少许油热锅，将姜茸、蒜茸爆香，放入豆豉碎、辣椒茸一起炒香，加入米酒、老抽、糖、水，以小火煮滚即可。	南乳酱
麻辣拌酱	绞肉600克 辣椒茸60克 蒜茸60克 姜茸60克 花椒粉60克 红葱茸60克 辣椒油60克 鱼露60克 香茅30克 砂糖120克 清水180克 柠檬水180克 辣椒酱360克 沙拉油少许	热油锅，以小火将蒜茸、辣椒茸、姜茸、花椒粉、红葱茸炒香，再放入绞肉炒干，加入辣椒油、辣椒酱、鱼露、糖、水一起煮滚，熄火，加入柠檬汁即可。 可用来拌面、饭，也可用来炒饭或面，拌烫青菜或炒青菜也很美味。	豆酥酱	豆酥30克、砂糖5克 生抽15克、蒜茸15克 姜茸15克、葱茸15克 水5克、沙拉油15克	热锅，倒入沙拉油，放入豆酥炒香，加入葱茸、姜茸、蒜茸炒香，再加入生抽、糖、水调拌均匀，以小火煮滚即可。	辣牛油
			担担面酱	绞肉600克 红葱茸30克、蒜茸15克 （A） 海山酱45克 酒45克、清水480克 砂糖23克 （B） 白胡椒粉3克	用中火将绞肉、红葱茸、蒜茸炒香至肉末呈七分熟，加入（A）材料，改小火煮约二十分钟，至汤汁略为收干即可熄火，再加入（B）材料拌匀即可。 拌面食用时，可撒上两汤匙葱花增添风味。	辣椒酱
梅子酱	渍梅10颗 梅汁120克 梅子醋15克	梅子去籽，将梅子肉及梅汁、梅子醋放入果汁机打碎后即可。 可用来蘸白切肉或是鸭肉、鹅肉。	甜辣酱一	辣椒酱150克 砂糖25克 冷开水25克	将所有材料混合均匀即可。	
腐乳酱	甜豆腐乳30克 米酒5克 老抽15克 砂糖10克 麻油5克 冷开水15克	将所有材料调匀即可。	甜辣酱二	味噌100克、香油10克 番茄酱50克 豆腐乳50克 工研醋10克、高汤6克 酸梅粉适量 辣椒酱适量 细冰糖25克	（一）加适量水用果汁机打均匀。 （二）所有材料慢火搅拌煮沸五到十分钟即可。	干贝海鲜酱
番茄酱	熟番茄600克 橄榄油3克 紫苏（或香菜茸）5克 砂糖3克 胡椒粉少许 幼盐少许	（一）将番茄放入滚水中余烫一下，取出放入冷水中再取出剥皮。番茄切半，把番茄籽及汁挤出后剁碎。 （二）起油锅，加入橄榄油、剁碎的番茄、紫苏（或香菜茸）及糖一起搅拌均匀，煮至番茄熟透。以盐及胡椒粉调味，放凉收入冰箱，食用时酌量取用即可。	台式凉面酱	葱一根、姜一小块 冷开水120克 芝麻酱45克 辣椒油15克 麻油15克、蒜泥8克 柠檬汁15克、盐5克 白醋5克、砂糖5克	（一）将少许的葱及姜拍碎，浸泡在冷开水中三十分钟，再过滤出汤汁为葱姜水。 （二）将葱姜水及其他所有材料调匀即可。	桂花酱
			柠檬酱	柠檬汁60克 生抽30克 胡椒粉少许 高汤500克 玉米粉15克 砂糖45克	除了玉米粉外，将所有材料混合后，以小火煮滚，再以玉米粉勾芡即可。	广东油鸡淋酱
东北酸菜白肉火锅蘸酱	红糟豆腐乳一件 砂糖5克 老抽10克 芝麻酱10克 蒜茸5克 白酒5克 麻油3克 虾油少许 辣油少许 葱花5克 香菜茸5克	先将除了葱、香菜茸、虾油、辣油外的所有材料混合调匀，接着滴上虾油、辣油，最后再撒上葱花和香菜茸即可。	柠檬鱼汁	柠檬汁60克 鱼露60克 蒜茸10克 盐3克、砂糖15克 香菜茸10克	将所有材料混合均匀即可。	干拌面酱
			炸花枝蘸酱	黑醋30克、干葱茸30克 蒜茸30克、辣椒茸10克 姜茸10克、香菜茸10克 砂糖10克、麻油5克 番茄酱30克	将所有材料混合调匀即可。可作为油炸海鲜或蔬菜蘸酱。	五味酱
蚝油酱	生蚝60克 蚝油240克 水100克 冰糖45克	先将生蚝洗净，沥干水分，与其他材料一起放入料理机里打碎，倒入锅内用小火煮滚熄火，放凉即可使用。	臭豆腐蘸酱	酱油膏50克 香菜适量 九层塔适量 辣椒酱适量	把适量香菜和九层塔切碎，加进酱油膏中，可加入适量辣椒酱。	盐水鸡蘸酱
酱料	材料	做法	酱料	材料	做法	酱料

酱料	材料	做法
	南乳汁60克、鱼露10克、蒜茸10克、葱茸10克、香菜茸10克、砂糖10克、沙茶酱10克、花生酱30克、麻油10克、冷开水60克	将所有材料混合均匀即可。
	牛油、辣椒粉	用滚热的牛油冲入辣椒粉调制的辣牛油，在很多专业牛肉面店的桌上都可以看到，嫌牛肉面的辣度和香气不够，舀一勺加进汤里，香度和滋味马上不同。
	鸡心小辣椒或朝天椒粗辣椒粉一包、花椒粒、辣椒油、姜数片、蒜头数颗	（一）起油锅，将花椒粒以小火爆香，再将花椒粒捞起，油留用。（二）姜切片，蒜头剥皮（整颗），鸡心小辣椒或朝天椒从中剖开，将辣椒油加入锅中的花椒油中，把姜片、蒜头、鸡心小辣椒或朝天椒，入锅煸到干捞起，油留用。（三）把粗辣椒粉倒入油中，翻炒至香味出来炒均匀即可。
	磨豉、生蚝、鱼、虾、麻油、糖、花生酱、虾米、干贝、辣椒、丁香	（一）将磨豉、生蚝、鱼、虾、麻油、糖、花生酱炒过成为海鲜酱底。（二）将辣椒去籽，丁香筛过，虾米的杂质去除，然后快炒爆香，加入扎实的干贝丁丁，混合成为干贝海鲜酱，再加入海鲜酱底即成。
	桂花15克、蜂蜜120克、冰糖60克、清水360克、桂花香料3克、肉桂3克、幼盐1克	将所有材料一起煮沸后改小火慢煮至浓稠为止即可使用。可做蜂蜜莲藕或蜜火腿蘸酱，加入甜汤圆里。
	生抽60克、老抽60克、麦芽糖10克、冰糖8克、绍酒20克、幼盐5克、清水400克、麻油20克、陈皮5克、桂皮15克、八角8克、甘草15克	将所有材料放入锅中用中火煮约二十分钟，就是香喷喷的油鸡卤汁。
	新高酱油60克、恒泰丰行高级香醋30克、恒泰丰行红香油30克	将所有材料混合调匀即可使用。有了这三元素，即可随心所欲自由加入其他酱料配料运用。
	黑醋10克、番茄酱40克、砂糖10克、甜面酱10克、麻油5克、辣椒茸10克、姜10克、香菜10克、葱10克、蒜茸10克	将所有材料混合调匀即可。
	幼盐45克、生姜5片、青葱三根、绍酒100克、陈皮15克、桂皮15克、八角15克、清水适量	将材料全部放入锅中熬煮即可。这个佐料可以用来卤鸡，也可以用来蘸鸡肉吃。换言之，这个配方可以当作卤汁，也可以当成是蘸料。
干面酱	猪油30克、黑醋30克、生抽30克、鸡粉15克、麻油15克、葱花90克	先将面条煮熟，将所有调味料搅拌均匀，倒入煮好的面条中，拌匀即可；若是用油面，可撒些炸葱茸，增加油面滑润的口感。口味比较重的话，可以再加上半茶匙的甜辣酱，味道更好。用于拌干面或水煮青菜。
广式煲仔蚝油酱汁	XO酱30克、老抽少许、砂糖15克、蚝油30克、高汤240克、鸡粉5克、葱一根、葱茸5克、姜片数片、姜茸5克、蒜茸5克、辣椒茸5克	葱切段爆香，再加入姜片爆香，再加入其他材料一起煮滚即可。
咖喱番茄酱	（A）番茄酱30克、咖喱粉15克、清水240克、幼盐5克、麻油5克、砂糖8克（B）生粉5克、清水15克	（一）将水煮沸加入材料（A），用小火煮至收干约成半杯量。（二）加入材料（B）勾芡，不用太浓，适量即可（不勾芡也可以）。可用于肉类或蔬菜炒酱。
咖喱酱	洋葱茸150克、红萝卜茸50克、西芹60克、苹果一个、香蕉1/2根、清水200克、奶油40克、米酒50克、咖喱粉30克、面粉8克、鸡高汤700克、黑胡椒粗粉适量、砂糖适量、牛奶200克、幼盐适量	（一）将西芹切小丁，苹果、香蕉去皮切小块，放入料理机加水打碎备用。（二）热锅中火用奶油将洋葱、红萝卜、西芹、米酒炒热，再加入咖喱粉、面粉拌炒二分钟转小火，加入高汤煮八分钟。（三）加入打好的苹果、香蕉泥，以黑胡椒粗粉、糖、盐调味，最后加入牛奶煮三分钟即可。
蚵仔煎蘸酱	酱油膏30克、番茄酱30克、味噌15克、砂糖60克、甜辣酱60克、水240克、生粉适量	将所有材料混合，用小火煮沸搅拌均匀，熄火放凉即可。
红油抄手酱	生抽15克、老抽15克、辣椒油30克、鸡粉5克、麻油5克、花椒粉5克、干葱茸10克、蒜茸10克、香菜茸10克、银芽150克	（一）先在碗里放入生抽、老抽、花椒粉、蒜茸及鸡粉，轻轻调匀。（二）接着用水煮熟的馄饨放入碗中，再撒上干葱茸、香菜茸及微烫过的银芽，吃之前淋上红油及麻油，就是香喷喷的红油抄手啦！用于水煮干馄饨拌酱，或干面、干粄条拌酱。
清蒸螃蟹沙虾蘸酱	黑醋45克、姜茸30克、砂糖30克、清水15克、幼盐适量	将醋、糖、水和少许的盐一起煮开至糖完全融化后，放入姜茸继续煮开后熄火，放凉后装瓶冷藏，食用时取出即可。可作为清蒸贝类海鲜，或高汤火锅的蘸酱。
湖南老虎酱	干豆豉15克、葱茸15克、蒜茸15克、辣椒茸25克、白醋15克、生抽30克、辣豆瓣酱15克、清水30克、香菜茸10克、麻油15克、沙拉油15克	（一）豆豉用水去水配用。（二）热油锅将葱茸、蒜茸、及豆豉爆香，醋、生抽、辣水一起小火煮，再撒上香菜茸油即可。
红烧酱	生抽15克、老抽15克、黑醋15克、清水45克、砂糖8克、麻油2克、干葱茸30克、姜茸15克、绍酒8克	将所有材料混合即可使用。
海山酱	在来米粉30克、番茄酱30克、味噌20克、生抽30克、砂糖30克、清水60克	先将在来米粉和水，以小火煮，搅拌，煮至浓稠，再加入其他材料即可。
海南鸡酱	姜一小块、蒜头三颗、辣椒两根、鸡汤50克、日式酱油15克、醋8克、糖15克、盐8克	将姜、蒜头洗净沥干切小，其他材料放入打碎即可。
酱油膏	生抽1000克、细冰糖120克、高鲜汤王30克、三仙胶粉25克、甘草粉适量、麦芽糖100克、食品保存剂2克、提香剂30克、蒜茸适量、姜母粉适量、蒜头精适量	将所有材料慢沸三到五分钟
黑胡椒酱	奶油30克、洋葱茸45克、蒜茸30克、黑胡椒粗粉45克、鲜奶油15克、清水300克、盐3克、面粉水适量、威士忌酒15克	（一）先把奶油化，放入蒜茸爆香，再加黑胡椒一起拌炒。（二）另将水和盐一起放入锅，前以面粉水勾芡，加一汤匙威士忌。
清蒸肉圆淋酱	（A）酱油膏75克、番茄酱30克、海山酱60克、麻油15克、蚝油45克、砂糖45克、水240克（B）在来米粉75克、水45克	将（A）材料煮后，接着以（B）拌匀，倒入（A）中充分拌匀即可。

酱料	材料	做法	酱料	材料	做法	酱料	材料	做法
丝酱	芝麻酱30克、老抽30克、砂糖15克、白醋15克、麻油15克、冷开水30克	将所有材料调匀即可，也可凉拌海蜇皮。	芝麻拌酱	芝麻酱30克、生抽15克、老抽15克、砂糖15克、白醋15克、麻油15克、冷开水60克、蒜茸25克	将所有材料调匀即可，视个人喜好，可加点黄瓜丝及红萝卜丝当配料。可用于担仔面、干面、卤肉饭淋酱，或是烫青菜、拌茄子、豆腐等淋酱。	橙汁排骨酱	柳橙一个、番茄酱30克、砂糖15克、幼盐5克、清水30克	（一）柳橙对切，再切片状。（二）将柳料一起煮沸到剩余约2/3，将所有材料汁即可使用。
肉酱	生抽15克、老抽15克、酱油膏30克、砂糖15克、麻油15克、胡椒粉10克、竺粉5克	将所有材料一起混合搅拌均匀即成，可多做一些放入冷藏库待用。做生肉腌酱或肉类炒、烩酱均可。	柱侯酱	辣椒150克、蒜茸20克、红葱茸20克、豆瓣酱50克、甜面酱50克、豆豉20克、冷开水50克、盐5克、砂糖30克、鸡粉5克、沙拉油250克	（一）辣椒与冷开水、盐一起放入果汁机绞碎。（二）豆瓣酱剁碎，豆豉洗净沥干切碎备用。（三）起锅放入沙拉油热至六十度，将蒜茸及红葱茸放入锅中以小火炒约三十秒。（四）加入豆瓣酱、甜面酱及豆豉炒香，续加入辣椒泥、砂糖及鸡粉，一起以小火持续拌炒约五分钟至呈浓稠状即可起锅。大多使用在海鲜、肉类的料理上。	水饺煎饺蘸酱	生抽15克、老抽15克、白醋15克、麻油2克、蒜茸15克、辣椒茸5克	将所有材料使用。用作水饺，是萝卜糕蘸
式酱	甜面酱30克、老抽15克、砂糖5克、米酒5克、清水30克、油少许	烧锅热油，用小火将甜面酱慢炒炒香，再加入其他材料拌匀，以小火煮滚即可，放凉备用。				肉燥酱一	绞肉600克、红葱茸120克、蒜茸15克、香菇5朵、荫瓜120克、酒120克、清水720克、生抽120、沙拉油45克、砂糖5克、五香粉5克	（一）香菇用。（二）热锅油中中火炒肉末呈七分葱茸、蒜茸炒，待香气入酒、酱同时加入薯煮约一小时。（三）加入约十分钟即
十酱	姜茸15克、糖粉100克、酱油膏40克、甘草粉5克	约可蘸六个番茄的量：（一）把姜磨泥。（二）糖粉、姜泥、酱油膏、甘草粉一起搅拌均匀即可。材料比例可以随意调整；没有糖粉、酱油膏，就用砂糖和酱油代替，若觉得太稀，可以把它煮沸再加点太白粉水勾芡。用老姜、嫩姜磨泥都可以，分量拿捏一下即可。甘草粉可到中药店买，买二十元就够用好几次了。	川味麻辣酱	牛油100克、辣椒20根、蒜头15颗、辣椒酱200克、豆瓣酱200克、花椒15克、盐少许、辛香料少许	（一）将辣椒、蒜头、花椒拍碎备用。（二）牛油入锅加热，以小火将（一）材料爆香，再加入其他材料慢煮至香味出来，熄火，滤去残渣即可。	肉燥酱二	绞肉600克、红葱茸30克、蒜茸30克、猪皮末少许、胡椒粉少许、酒40克、冰糖40克、鸡高汤600克、生抽150克、鸡粉8克、五香粉4克	热锅，先将爆入至香气透出酱油、冰糖粉、胡椒高汤煮滚约
酱	姜茸240克、葱茸20克、盐5克、鸡油15克、麻油3克、鸡粉5克	把所有材料混合调匀即可。这个佐料可以用来蘸白斩鸡、油鸡或盐水鸡。	叉烧烤肉酱	生抽50克、老抽50克、蜂蜜100克、麻油5克、蚝油3克、绍酒45克、清水120克、五香粉15克、蒜茸15克、青葱三根、生姜五片(拍扁)	将所有的材料混合拌匀就是叉烧烤肉酱。可以当作烤肉酱，也可以当作一般酱料蘸着吃或炒青菜用。	肉粽油饭蘸酱	在来米粉30克、生抽30克、老抽30克、砂糖45克、清水480克、幼盐5克、甘草粉3克、味噌30克、番茄酱30克	将所有材料火调匀煮到欢辣味也可椒酱。
酱	蒜茸15克、番茄酱45克、白醋15克、麻油15克、生抽15克、生粉少许、砂糖20克、清水30克、沙拉油15克	热油锅，放入蒜茸爆香，加入其他材料以小火煮滚，用生粉清水勾芡至适当浓度即可熄火。适合热肉类或海鲜，也可用来炒饭。	潮州沙茶酱	花生米末、花生油、花生末、芝麻酱、泥、洋葱末、虾酱、豆瓣酱、辣椒粉、五香粉、芸香粉、草果粉、姜黄粉、香葱末、香菜籽末、芥末粉、虾米末、香叶末、丁香末、香茅末、白糖、生抽、椰汁、精盐、味精、辣椒油	将油炸的花生米末，用熬热的花生油与花生酱、芝麻酱调稀后，调以煸的蒜泥、洋葱末、虾酱、豆瓣酱、辣椒粉、五香粉、芸香粉、草果粉、姜黄粉、香葱末、香菜籽末、芥末粉、虾米末、香叶末、丁香末、香茅末等香料，佐以白糖、生抽、椰汁、精盐、味精、辣椒油，用文火透取出，冷却后盛入洁净的坛子里。	肉圆碗粿蘸酱	酱油膏60克、砂糖30克、清水30克、蒜茸30克	将酱油膏均匀后，轻搅拌即圆、碗粿肉片蘸。
	虾米、虾仁、丝苗米、辣椒粉、陈皮、青辣椒、八角粉、花椒粉、幼盐、味粉、料酒、香油	用鲜虾撒盐晒干，使大部分的水分蒸发，浓缩后的虾酱除了是烹调时常用的调味料外，也可以作为蘸酱使用。可用于凉拌及煎、炸、炒、煮的菜肴。			把所有材料混合调匀即可。可以用一汤匙沙拉油取代麻油，但是做法为：先将姜茸、葱茸、蒜茸、盐放入一个小碗中，接着准备一个锅子将沙拉油烧热后倒入小碗中，趁热将所有材料混合调匀即可。这个佐料可以用来蘸余烫肉片、海鲜、青菜，也可做快炒酱。	沙茶酱	花生仁500克、沙拉油适量、花生油200克、蒜茸1250克、红葱茸100克、红辣椒干50克、沙茶粉150克、全脂牛奶粉15克、冰糖110克	（一）花生小火浸炸三成花生酱。（二）取铁花生油，烧入蒜头碎、爆香，加入干小火炒香粉、全脂火烧化，最花生酱调匀
油	酒、酱油、味精、糖、葱、姜、虾子	以酒、酱油、味精、糖、葱、姜将虾子腌泡，蒸约十五分钟，把葱姜拿掉即可。	葱姜蒜综合蘸酱	姜茸30克、葱茸30克、蒜茸30克、麻油15克、盐15克				
酱	香椿300克、橄榄油150克、盐45克	将香椿洗净沥干，连同橄榄油及盐放入料理机搅碎，装入瓶中冷藏一星期至酱汁融合，味道散发出来即可。可用来拌面、煎蛋，或是作为面包馅料都适宜。				三杯酱	黑麻油100克、姜茸20克、日式酱油100克、清水50克、糖12克、胡椒粉1克	（一）将黑茸爆香。（二）再把用小火煮至微黏稠状即

酱料	材料	做法	酱料	材料	做法
四川凉面酱	芝麻酱15克、黑醋60克 辣椒油30克、麻油15克 蒜茸15克、米酒10克 冷开水30克 花生粉15克 白醋30克、砂糖15克	（一）蒜泥与水先拌均匀。再把芝麻酱加入黑醋、冷开水拌开。 （二）将所有材料调匀，再视个人喜好，加点黄瓜丝及红萝卜丝均可。	XO酱	干贝50克 虾米50克 蒜茸50克 蚝油15克 橄榄油300克 朝天椒50克 壶底精盐25克 米酒150克	（一）将干贝和虾米各用半瓶酒浸泡一夜，沥干后将干贝剥丝备用。 （二）朝天椒切成一至二厘米长段备用。 （三）热油锅，用少许油将干贝丝炒至金黄色，加入沥干的虾米炒香。 （四）加入朝天椒及蒜茸拌炒，然后再倒入壶底油及蚝油拌炒，最后倒入橄榄油直到淹过所有材料，煮滚至起泡即可熄火。 （五）放至全凉后，即可入罐放入冰箱冷藏，供随时取用。
蒜茸酱	蒜头8个、蚝油60克 老抽30克、砂糖15克 酸梅5个、鱼露60克 鸡粉30克	（一）蒜头四个炸成金黄色后剁碎，另外四个加点水用果汁机打碎。 （二）酸梅用鱼露及蚝油煮过加入（一）煮开即可。适合五花肉、鸡肉或鱼肉等蘸酱。			
蒜味沙茶酱	蒜头酥30克、蒜末30克 沙茶酱90克、砂糖20克 老抽30克、冷开水60克	将所有材料混合调匀即可。可用来料理拌炒羊肉、鸡球、螃蟹，还可以做火锅蘸酱。	米酱	在来米粉30克 生抽30克 老抽30克 砂糖30克 清水480克 幼盐5克 甘草粉3克	将所有材料放入锅中，调匀煮开放凉即可。可用于焖粉肝、烫猪肝或是粽子蘸酱。
蒜味油膏	蒜末30克 酱油膏120克 砂糖30克、麻油5克	将所有材料混合调匀即可。可用来蘸白斩鸡、白切肉或是鹅肉。			
苏梅酱	紫苏梅（渍梅）10颗 清水50克 糯米粉3克 糖30克	梅子去籽，将梅子肉切碎后，连同清水及糖放入锅内，小火慢慢煮滚后，以糯米水勾芡调匀即可熄火。可用来蘸白切肉或是鸡肉、鸭肉、鹅肉。	甜酸酱	番茄酱50克 冷开水50克 白醋50克 糖50克 盐50克	将所有材料混合均匀即可。
羊肉炉蘸酱	麻油豆腐乳一件 砂糖10克 辣豆瓣酱3克 腐乳汁液5克 干葱茸5克 香菜茸5克	将麻油腐乳一件放入小碗中，倒入糖、辣豆瓣酱和一茶匙麻油腐乳汁，用汤匙调匀，上桌前，再撒上一茶匙干葱茸和一茶匙的香菜茸。除了做羊肉炉蘸酱，也可当作烤肉酱或下水汤的蘸酱食用。	辣豆瓣酱	辣椒酱30克 豆瓣酱60克	将两种材料混合均匀即可。与任何食物炖煮红烧均可，或直接做余烫食物蘸酱用。
			红豆腐乳汁	红豆腐乳半罐 红豆腐乳汁一罐 米酒125克 糖30克	搅拌均匀即可。
五味蘸酱	黑醋30克、番茄酱45克 砂糖30克、酱油膏30克 麻油15克、辣椒茸5克 姜茸5克、香菜茸5克 葱茸5克、蒜茸5克	将所有材料混合调匀即可。可用于炸海鲜或肉片蘸酱、炸豆腐蘸酱。	红糟酱	圆糯米3000克 红曲300克 白曲半颗 酒5瓶	（一）红曲用酒浸泡一夜备用。 （二）圆糯米先浸泡一夜，倒入蒸笼用大火蒸四十五分钟，蒸好后放在大盆子里拨开吹凉。 （三）将白曲磨成粉末状，均匀地撒在蒸好的圆糯米饭上（注意糯米饭的温度不可超过40℃，适温在28℃-38℃之间），搅拌均匀，再倒入泡好的红曲酒中，装罐密封浸泡一个月，其间约一个星期打开翻动均匀搅拌一次即可。放置冰箱中冷藏保存，可当作一般调味料使用。
鱼香酱	葱茸5克、蒜茸5克 姜茸5克、生抽15克 辣豆瓣酱30克 酒酿15克、水30克 砂糖15克、沙拉油15克	加油热锅，放入葱茸、姜茸、蒜茸爆香，再加入其他材料调匀煮滚即可。			
云南凉拌酱	柠檬汁30克 辣椒油30克 麻油15克、辣椒茸5克 红葱茸5克、香菜茸5克 蒜茸30克、砂糖15克	所有材料混合调匀即可。			
云南椒麻酱	辣椒茸10克 蒜茸10克 香菜茸10克 老抽15克 柠檬汁10克 冷开水15克 砂糖10克 沙拉油75克	（一）将花椒泡在90℃-100℃的油温里，并慢慢加热至花椒略为变色，熄火待凉。 （二）将花椒油倒入料理机中搅碎，加入其他材料混合调匀即可。	红油南乳酱	南乳30克 糖15克 辣椒油30克 冷开水45克 蚝油5克	将南乳和糖先用冷开水调开后，再加入其他调料混合调匀即可。

六 231
生活札记

醋与酵素的制作

"醋"这个字怎么写?"酒放二十一日"就变成醋了!历史学家认为,中国在公元前四七九年,晋阳城(山西)建立时就有醋的制造了。《齐民要术》"作酢法"中的酢沿用至今。清顺治时则有老陈醋的问世。酿制醋的醋配料特别考究,做出来以味道甜绵、香酸,久存不变质为上选。

酿造醋是把含有淀粉质、糖类或酒精的原料,经由微生物发酵后过滤制成。以地区分有山西醋、镇江醋及四川保宁醋。以原料分则有米醋,如白醋、黄醋、清醋等;以麦为原料为麦醋;以高粱为材料为高粱醋;另有红薯醋;若以麸皮为原料则称冬醋、糟醋等。镇江有以酒糟制醋称卤醋,酒糟醋多黝黑黏稠,较适合作为调味醋之用。亦有以水果为原料制醋者,如凤梨醋、苹果醋等。酿造醋虽是以醋酸为主的酸性调味料,然由于其乃经酵母天然发酵而成,所以成分中除醋酸外,还有其他挥发性有机酸类、糖类、氨基酸和酯类等,富营养价值。

加工醋是将酿造醋进一步地加工,与其他材料相调配而制成者,例如浸泡醋,即将水果、五谷等食材用醋浸泡而成,目前市面上多以此类产品为主。手工醋多以酸菌发酵静置法为主,又称为表面发酵法。醋醪的酒精度约在百分之五到七,如此可以避免高酒精度对醋酸菌的抑制,也可以产生口感较佳的成品。发酵过程必须让醋酸菌与空气接触。然而,发酵过程中为了避免其他微生物、飞虫及蚂蚁侵入污染,必须覆盖以透气材质的盖子。发酵温度最好控制在二十五至三十摄氏度。接入醋酸菌后,约二到三天即可看到醋膜产生,醋膜的厚薄与醋酸菌的种类有关,但与发酵的速率无关。醋膜有时可达二到三厘米厚,此即俗称的"椰果",也算是酿醋的副产品。

醋的成品可以分成:(一)酿造食醋:谷物醋、果实醋、高酸度醋;(二)调理食醋:乌醋、寿司醋、沙拉醋;(三)饮料食醋:浓缩醋、直接饮用醋。

人的身体,需要以好的菌对抗不好的菌,醋是抗菌的良方,大到SARS期间蒸醋,小到个人湿疹的皮肤抗菌,都是最天然的以菌制菌法则。可用炒熟的绿豆研磨成粉,加入醋调成糊状,用纱布敷在湿疹处一小时,长期而言,一定比擦类固醇来的安全有效。

酵素的制作

自古以来,中国人不避讳久放发酵的食物。近百年来,屡次因为研究发酵机理应用,进而得到诺贝尔化学奖的题材就是"酵素"。专家认为,在食物消化的过程中,与人体的各个器官的化学反应都需要酵素。我对酵素的信任来自自己的种植经验。听朋友说用黑糖半公斤、果皮厨余一公斤半、水五公升,放在密封桶内三个月,就成为植物用酵素,我半信半疑地照样做,后来这玩意可管用了,稀释后浇淋在我的菜园里,菜长得很好,也救活过几株被虫啃坏的菜。后来读到如此可在土里产生臭氧层,也可借由微生物的作用,将有机质分解。我还将之拿来当马桶清洁剂,与用它来当家事清洁剂使用呢。

我又制作食用综合酵素,早晚冷饮三五十毫升,的确对肠胃消化系统起了良好的作用。简言之,把蔬菜及水果原料,在不产生酒精,且不要让它腐败,同时让糖分被分解,这就是酵素了。有时我也把有机木瓜与菠萝单独制成单一酵素,肉没有煮以前,在里面泡一下,这就是我的安全"瘦肉精"呢!

在做酵素前一晚,用沸水将所有器皿工具都先消毒过,晾干。所有水果也都洗过,晾干。任何水果都可以,种类多一些,糖分高一些的比较好,我都一定会放菠萝与木瓜。连皮切好,以一层水果一层黑糖一层蜂蜜地堆栈,最顶上再撒上糖,不用塞满容器,留空间以免气爆。我最喜欢做的事情就是每天转动器皿,会看到好多好多小泡泡,很有成就感。三个月后,我就将汁液倒入其他容器,把这些渣子分成五份,再继续放入五罐新的容器中当引子用。

维持均衡的营养,借由酵素的分解能力,让胃得到某种程度的休息,帮助肠胃蠕动,好比吃益生菌的道理,值得尝试。

荫油的制作

备料：矿泉水、黑皮黄仁的有机黑豆十斤、海盐、埔姜叶或丝瓜叶或豆粕、紫苏、甘草、冰糖、麦芽糖、备长炭。

煮豆：黑豆用水洗净，加满水超过黑豆约十厘米，以大火煮滚后改中小火煮五至六个小时，其间要不时地去搅拌，煮到豆子用手捏了会破的程度。

入缸：将豆粕剥散开放入五斗大的缸内，注入高过于豆面十厘米左右的矿泉水（若注入的水位与豆面一样高，制作出来的成品则为豆瓣酱）。搅拌匀泡置约四至八小时，其间每一至二小时需再搅拌匀，之后加入海盐搅拌匀（豆粕与海盐的比例约为三比一）。此时的水位当为缸的七分满，若见水位不达，则此时要加矿泉水，缸口用纱网盖上，再加上盖子（若有透明玻璃盖子则可以达到完全曝晒的效果；缸口与玻璃盖子之间需架上木条以利通风）。

酱瓜的制作

收成了小黄瓜，一下子吃不完，用冰糖（多一些）、酱油、素蚝油、白醋煮开成汁，放入切好的小黄瓜，煮开几分钟。捞出黄瓜晾凉，汁也放到凉，装瓶放冰箱等三天就可吃了，没有防腐剂的酱瓜。

素蚝油制作：
用两朵上等香菇洗净晾干后，放入一个约一杯酱油的罐子中，四五天后，把香菇切碎，与浸泡的酱油放一点糖一起煮，最后勾芡黏稠状即成。

4 润渗

5 蒸熟

8 酒料发酵

11 陈醋

晒干：将豆子捞起来，在大太阳下曝晒二至三小时，不需要晒到太干，以抓起豆子，不黏手为原则。

接菌：也就是豆粕制作，方法有两种：一为将晒干的黑豆平铺在米筛上约二厘米高，将新鲜擦干的埔姜叶或丝瓜叶铺满在晒好的黑豆上，套上防苍蝇或蚊虫的纱网，放置于通风阴凉处约五至七天后，豆子即会产生黑灰色的菌，这就是豆粕。

另一种方式为同样将晒干的黑豆平铺在米筛上约二厘米，将一把豆粕磨碎撒上拌匀，套上防苍蝇或蚊虫的纱网，放置于通风阴凉处约五至七天后，豆子即会产生白灰色或绿色的菌，这就是豆粕。

炮制：以台北的天气而言，大约需要把缸完全曝晒于户外一百八十天左右。这期间，每天还需要搅拌匀一至二次为原则。

煮酱油：将缸内的豆子捞起来后剩下的液体加入冰糖、麦芽糖、甘草、紫苏，或可依照个人的喜好调味煮，大火煮开后用小火焓五至六小时，直到表面出现一层白色的薄盐。

装瓶：放凉后即可装瓶。

荫油副产品：

一、制作期间的副产品有干豆豉或湿豆豉，在煮酱油前将豆子捞出来晒三至五天，即为干豆豉。

二、在入缸前留下要做豆豉的豆粕，将豆粕上的菌去掉洗干净弄干（不需晒干），以三两豆：二两糖：一两盐的比例加入米酒或高粱酒，然后浸泡三至六个月即成为湿豆豉。

三、市面上买到的豆瓣酱，即为煮过后的酱油，液体装瓶后，剩下的豆渣即为豆瓣酱。

酱瓜制作过程：

有机小黄瓜约四条洗净晾干，切适度厚。

香菇素蚝油一杯、糯米醋一杯、冰糖一又二分之一杯。

掩制的装罐器皿与所有道具都用沸水烫过，晾干。

煮开素蚝油与冰糖，放入糯米醋成酱汁。

小黄瓜放入小火煮约三五分钟熄火。

把小黄瓜捞起来，放到网子上晾干。

待酱汁完全冷透，最后装瓶。

坐月子

三朝 满月 四月日

女人从人妻变成人母这期间,有一个习俗也可称得上是一种仪式,就是"坐月子",其以名字定义是三十天,也有人到四十几天,甚至一百天的都会称呼为"坐月子",台湾称"月内"。《礼记》的《内则》篇,详细提到妇女产后的规矩:"妻将生子,及月辰,居侧室,夫使人日再问之,作而自问之,妻不敢见,使姆衣服而对,至于子生,夫复使人日再问之,夫齐,则不入侧室之门,子生,男子设弧于门左,女子设帨于门右,三日使负子,男射女否。"若按照那规矩,我生了孩子,得睡到别的房间去,我与仁喜要相互拿着衣服把自己遮住,不能看见对方,得靠奶妈居中传话,仁喜要三天才可以抱孩子,生男孩比生女孩好。还有"妾将生子,及月辰,夫使人日一问之。子生三月之末,漱浣夙齐,见于内寝,礼之如始入室……"就是说如果是妾,则产后要三个月才能出来"净身"……基督教摩西五经中《利未记》的第十二章,也提到"若有妇人怀孕中,要家居三十三天。他洁净的日子未满,不可摸圣物,也不可进入圣所。他若生女孩,就不洁净两个七天,像污秽的时候一样,要在产血不洁之中,家居六十六天……"每次读到这些历来的规矩,心痛女人世代以来所受到不平等的待遇,也庆幸自己活在现代社会中。

我生老大时,台湾医院的规矩是新生婴儿放在同一个房间,母亲喂奶时间才可以去抱孩子,喂奶时会碰见大约相同时间生产的产妇,我记得生了大女儿的第二天,在喂奶室有个女生对着我说:"你就是昨天傍晚那个妈妈吗?"我说:"是呀!"她说:"幸好我有打无痛分娩,听你那叫的声音,令人印象深刻!"话说那怀孕与生产虽是自然的过程,天下女人大都经历,从变形的身体到撕裂的痛楚……我仍觉得这些心路历程,绝对不是男人可以体会的,他们不会了解女人身体上的变化,有承受不起的痛以外,还要落井下石地给予心理上的排斥。我不难了解为何许多历史故事中记载的女人心事重重,总是不开心的样子,除了长期以来没有公平对待以外,我相信更可能来自坐月子时,没能把心情照顾好,那股委屈可能带上一辈子!感恩人类文明的进步,让女人伟大的天职远离了"遮掩""隔离"甚至是"不洁"的形象。

我怀老大的时候,台湾流行一种产前准备的课程,听说可以靠着呼吸来减轻生产时阵痛的苦,我很好奇,就去参加。一群大肚子女生共聚一堂,教些常识与配合呼吸的运动,有时要学猫的姿势,有时要仰天急促地呼吸;有一天也需要夫婿配合参加。我跟仁喜说,他一口说"当然要去!"日期到了,我们一起去上课,他笨拙得配合着,像个准爸爸,跟我做些生产姿势准备的协助工作,之后老师请所有爸爸坐到后排椅子上,准妈妈们围个半圈,老师开始以感性的口吻,告诉我们生产是一件多么美好的事……说着说着,我听到一个打呼的鼾声,回头一看所有的准爸爸聚精会神,只有仁喜呼呼大睡,我为此事大发脾气,差点动了胎气。我当时的敏感是:"唉呦!小孩还没生你就如此不尊重,那生了以后,你岂不是都不管了!……"

我生老三的时候,孩子不准时,提早降临,但仁喜因公出差,恰巧不在我身边,他也不是故意,但当时我则认定他不以孩子优先,而以事业为优先而哭上了好几天。我自认是个独立自信的女性,很少为家事跟仁喜闹情绪,但记得当时的情绪却像个小媳妇似的,眼泪莫名其妙流个不停,也不知是否因此,我产后眼镜度数增加一百多度,殊不知产后流泪,对眼睛是有伤害的。

事实上,几十年下来,仁喜在各方各面,都是一位关心与尊重孩子的好父亲,他绝对以孩子优先于事业。灯光大师林克华有句名言形容最传神:"姚仁喜在看到孩子时,整个人的线条都会变得温柔顺从许多!"当年我假设他不爱孩子或指责他不尊重孩子的委屈,其实都是自己编造的,我往回想,生产前后,我不知道自己会变成那般多疑与易怒,感伤与失控,我会借助小事大发脾气,产后忧郁地哭泣,这都可能就是一种产前产后情绪的发泄,我觉得产妇与家人在坐月子期间,当对产妇情绪层面有更多一层的认识,每一个人的状态不一样,过分抑制或过度的宣泄,都不是正确的,家人要从旁多加给予支持,顾好心理可能会产生变化,并不亚于生理上的调适。

父亲当年有一位秘书郑姐姐,我看着她结婚生子。多年以后,我再遇见她时,那如花似玉的两道眉间出现直线形的深纹,她告诉我,她产后不相信有"坐月子"这回事,正值夏天,贪凉风吃冰水,结果开始头痛,痛到什么地步呢?"痛到我总想把头往墙上撞!"中医名言"风为百病之长",更何况在张弛的骨节、筋脉慢慢阖上以前,里面存留着风邪。"月

这是用纸做的螃蟹，里面放着一小包珍贵的海粉。这只蟹的原型是翠绿色，设计者Aimee Baldwin女士，是我在旧金山柏克莱一家纸行看到的。但我觉得螃蟹宴的蟹，当然是要"煮过的"橘红色，于是买纸来照着做了这一只。蟹的眼睛是用火柴做的。为了要放海粉，我特别做得坚固些。

做这只螃蟹时，我脑海中浮现两个人喝酒划拳时互喊的酒令："螃蟹一呀，爪八个，两头尖尖这么大个，眼一挤呀脖一缩，爬呀爬呀过沙河，哥俩好呀该谁喝，哥俩好呀该你（我）喝。"在筵席之间，常见到朋友为了劝酒流露出真性情，只是不懂酒令为什么要以螃蟹来比拟？不过酒能让人放开胸怀，放下身段，我也常看到些大人物在筵间尽兴地玩这喝酒的游戏。人一玩游戏，不管大人物小人物，都会变得像小朋友一样的认真可爱。

养身

化痰		心血管·降血脂	止汗	助消化
川贝母	竹茹	山楂	麻黄根	神曲
天竺黄	皂荚	何首乌	糯稻根	莱菔子
天南星	枇杷叶	决明子	止泻	鸡内金
半夏	前胡	泽泻	五倍子	抗疟
瓜蒌	胖大海		肉豆蔻	青蒿
白芥子	桔梗		诃子	
白前	浙贝母			

止血	止咳	利尿		芳香化湿
三七	百部	木通	萹蓄	白豆蔻
大蓟小蓟	杏仁	冬葵子	海金沙	佩兰
仙鹤草	桑白皮	半边莲	茯苓	厚朴
地榆	马兜铃	石苇	通草	砂仁
艾叶	款冬花	地肤子	萆薢	草豆蔻
血余炭	紫苑	车前子	滑石	苍术
花蕊石	紫苏子	金钱草	猪苓	藿香

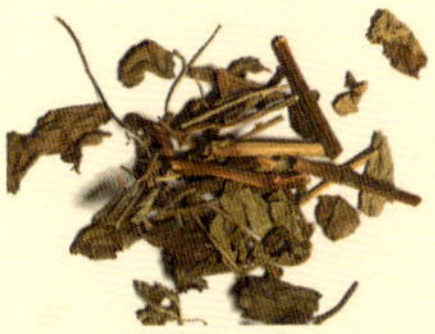

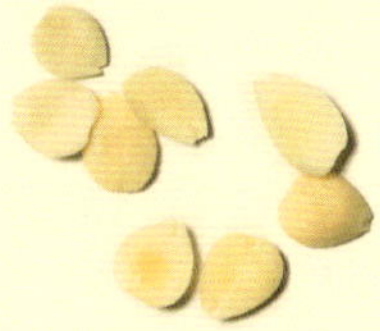

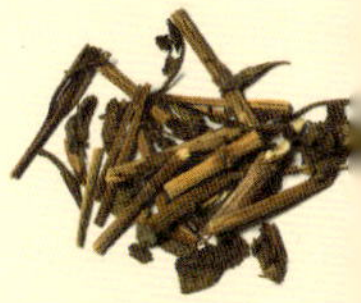

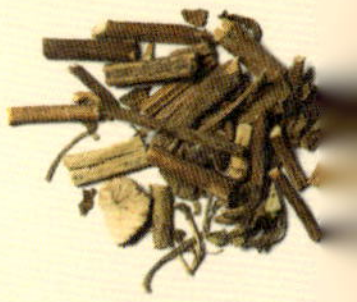

内风"是月子期间埋下的病因，将会造成身体上的疼痛，不容易痊愈。现代医学虽然发达，空调房间可以让我们舒适许多，但空调的风口，绝对不要对着自己吹，一定要穿上薄薄的一层衣服，最好能戴一个帽子，阻绝风进入体内。产妇不可以提重的东西，需要卧床休息，不碰生冷，尽可能用擦的代替用水洗的，不要穿拖鞋，要绑腰带，要自己喂奶。我记得小时候家里的人常常说哪家太太脸色苍白是月子没坐好，哪家媳妇弯腰驼背是月子没坐好，好似所有的"不好"，都是"月子没坐好"。因此我总是劝人要"乖乖地"坐月子，自己在月子期间想要放肆，就会想到郑姐姐那深深的眉纹。

讲究血气的中医理论约可这样解释：怀孕期间，女性的气血大部分都用来养胎，临盆前后身体的筋脉骨节配合骨盆开扩，呈现弛张，生产时耗损了大量的血气，身子的血不足，气也虚，理所当然需要调补一番。一般产妇需要六到八周的恢复期，生产前最好能请位中医师，为自己开出合适的食补或药补来治疗或改善原本体质有的不适或旧疾，中医甚至认为，产后休养好，关乎未来多年的身体状态，换句话说，这是一个"机会"，来改善自己的身体状态。

虽然生化汤这是众所周知以生新血、化瘀血的组成药方，成分大约是由当归、川芎、桃仁、黑姜、大枣、甘草组成；杜仲粉是强筋骨、治腰脊的良方，十全大补汤等都是属于我们传统坐月子的智慧，但现代饮食与药品众多，子宫收缩与排血状况因人而异，最好还是请医生开立正确的成分量与加减的配方才是。中医虽认为要补充营养，但在刚临盆完的子宫收缩的前一两周，并不是适合补的时间，这时食物摄取要看个人体质，务必清淡，不要吃到让产妇需要额外调节或负担的食物。这期间拒绝寒凉、燥热、辛辣、酸咸与刺激性的食物，当摄取温热和养气补血为主的食物。中医面对产妇，首重肠胃要能吸收，其次是补气血与阴阳调理。

古时的台湾家庭若听到女性怀孕了，后院就开始让母鸡生小鸡，等到临盆，刚好可以每天煮一锅麻油酒鸡伺候，在营养不良的年代，的确有这个必要，现代医生提倡酒煮食物虽有助气血的循环，但可能直接影响母乳，所以要适量。除了麻油鸡，麻油腰花、糯米粥、酒酿加水波蛋、薏仁水、鲫鱼、花生猪蹄等都是传统坐月子时会出现的食谱菜单。

现代营养发达，只会担心营养过剩的问题，所以现在产妇只要遵从医生交代的，生冷与风邪，寒气与湿气不要侵入体内，充足的休息，心情的调适，均衡的营养，大致上就能把月子坐好了。若真的要谈补品，大概可说平日你不爱吃的，就是你的补品，平衡原有的不足，就是调整体质的时刻。

传宗接代是人生大事，台湾社会仍然延续着相关的礼仪文化与习俗。

三朝

亦称"洗三"或"做三日"，婴儿出生后第三天，要请一位有经验的女性长辈为婴儿洗澡。洗澡的水要用桂花心、与象征繁殖茂盛的龙眼叶、柑叶，还有象征孩子将来胆子大的卵石一起煮，待水温凉了之后，以此水替婴儿洗澡。洗澡时，需在婴儿胸前轻拍或搓洗三下，称为"做胆"，为了孩子将来不易"着惊"的寓意。更换新衣后，要向神明与祖先烧香拜拜，报告孩子的问世。这时还要准备鸡、酒、油饭分送亲友。台湾也有人称此礼俗为"汤饼会"。在连横《雅言》中记载："台俗生子，三朝或满月，以糯米蒸饭，拌以麻油、豚肉、虾米、葱珠，谓之'油饣（按：饣同饭）'；则东坡《仇池笔记》所谓'盘游饭'者也。按《北户录》云：'岭俗，家富者妇产三日或足月洗儿，作团油饭，以煎鱼虾、鸡鹅、猪羊、灌肠、蕉子、姜桂、盐豉为之。'东坡所记'盘游'二字语相近，必传者之误。台湾为闽、粤人聚居之地，故沿其俗；不论贫富，必以此分馈戚友。"

满月

满月时最重要的是替婴儿"剃头"，要准备染红色的鸡蛋与鸭蛋、小石头、十二枚铜板、一把葱，把葱放入水中，以葱水洗头，再剃头发，用蛋轻轻地碰到孩子的头部三次，边念着："鸡卵面，鸭卵身；好亲戚，来相挺。"剃完之头发必须与石头一起包在红纸内，放置在屋顶上。满月这日，亲友会以"送满月礼"来庆贺。得子的人家则以"请满月酒"来答谢。现在普遍流行着以"红蛋""油饭""弥月蛋糕"或"弥月礼盒"当成赠礼。

四月日

孩子满四个月这天，要举行"收涎"仪式，也就是收口水的意思，同时在那重男轻女的年代，以多生儿子为吉祥寓意的规矩：以红丝线将一串中心有洞的酥饼串起来，挂在孩子的脖子上，请家里的亲友们，以酥饼擦着婴儿的嘴巴，此时要念着："收涎收离离，明年招小弟。"收完口水后，要将两个酥饼丢到屋顶上去，希望孩子早日平安长大。

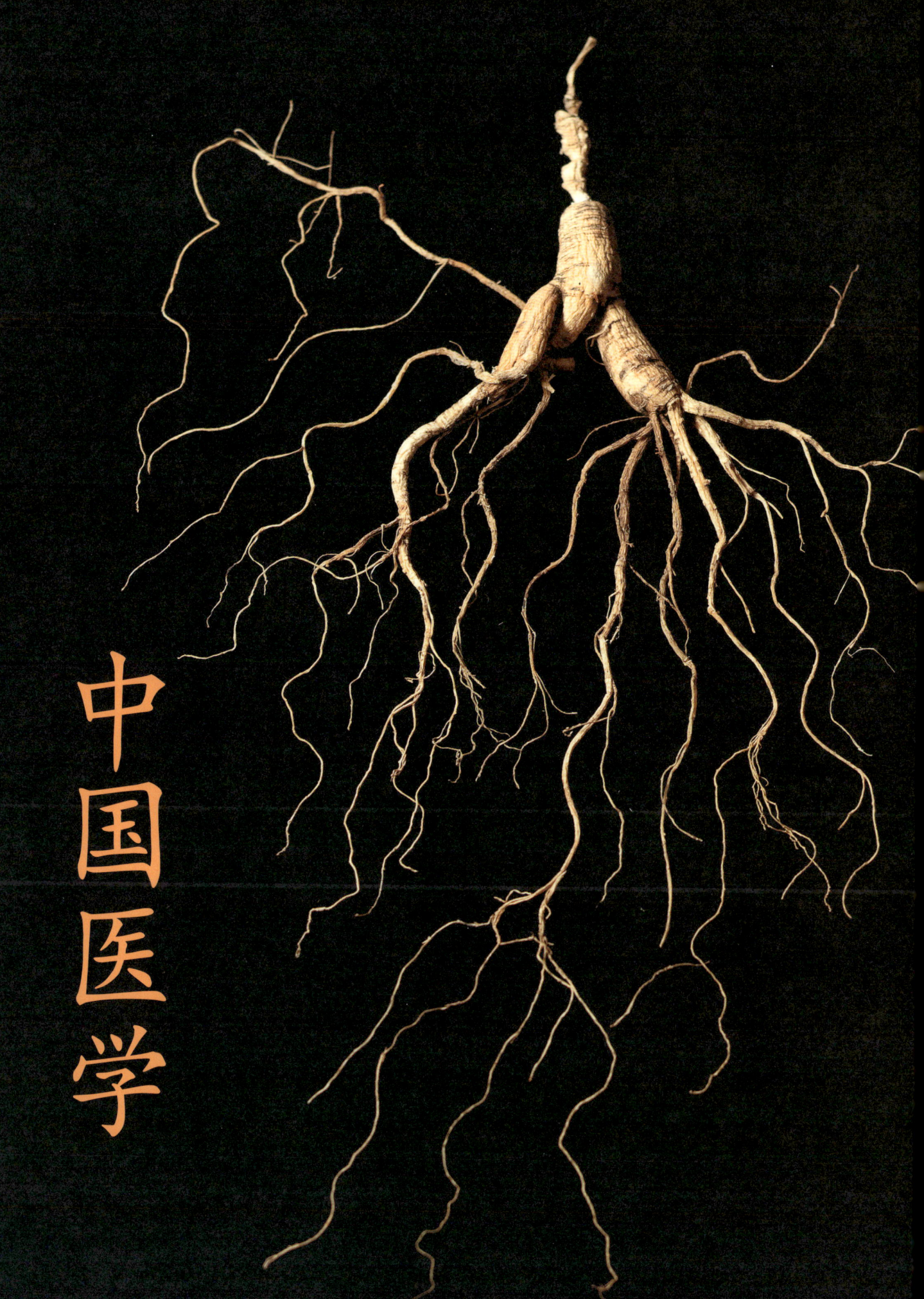

冠心病	咽喉肿痛	活血化瘀	风湿	
川芎	山豆根	牛膝	千年健	海桐皮
丹参	射干	西红花	川乌	秦艽
赤芍	嫩诃子	没药	木瓜	草乌
红花	开窍	乳香	防己	骨碎补
	石菖蒲	虎杖	狗脊	豨莶草
	冰片	穿山甲	威灵仙	续断
	麝香	桃仁	桑寄生	鹿衔草

降血压	降血糖	消炎		
 杜仲	 山茱萸	 大青叶	 穿心莲	 连翘
 夏枯草	 生地黄	 天花粉	 红藤	 鱼腥草
 臭梧皮	 地骨皮	 白头翁	 胡黄连	 黄芩
 野菊花	 知母	 白癣皮	 秦皮	 黄连
 钩藤		 牡丹皮	 茵陈	 蒲公英
 槐花		 板蓝根	 马齿苋	 鸦胆子
		 金银花	 栀子	

伯伯很年轻时就发现自己的肺部长东西，但他用中医的传统办法，一方面与之和平共处，一方面以毒攻毒，自己开药方调理，至今已安然度过好几十年——中医对于身体内长东西的态度，"拿掉"固然有其必要性，但真正要面对的，还是着重于病因的形成、体质的调整与恢复平衡为最高原则。

十几年前仁喜有一天突然肚子剧痛，去医院检查断定是盲肠炎，上午看的医生，立刻安排下午住院开刀。去办住院手续之前，我们先去找朱伯伯，他是苏州人，说话很轻柔有礼，像苏州弹词一样好听的声音，给仁喜把把脉，叫他把脚伸直看看。结果朱伯伯断定不是盲肠炎。他说："以脉象看，加上你的腿还伸得直，这不是盲肠炎。小老弟，我们自己人说说，动刀总是伤，很多时候这种病人被拉去开刀，打开来盲肠可能还是最好的哩！"朱伯伯用他那悬腕的书法开了个方子，一帖三十元，仁喜吃完就痊愈了。

从这些经验里，我理解有病要看西医，但也一定要参考中医的诊断——我们中国人何其幸运，身体有恙能有多一层的医疗依据。

中国医学博大精深，自古以来就带给人类丰厚的福泽。《黄帝内经》《难经》《神农本草经》《伤寒杂病论》是四本重要的中医典籍，沿用至今不知已经历多少世代的经验传承。以前有不少人不信中医，认为中药的成分没有经过科学分析，无法断定其功效。科技发达之后，很多中药都经过科学仪器的精确分析，其成分与功效都获得佐证，再搭配近代西方医学的数据系统，造福了更多的人。

一位好的中医，也可以说他就是一所医院，这是中医与现代分科医学最大的不同点。中国早年的医学传承是师徒制，医术需要靠经验与临床的点滴积累，也许十几二十年才能出师，那期间还包括更重要的医德传承。以前的中医也比较少分什么"专科"，因为诊脉时是从整体的气色来看一个人，不只有身体，还看心绪、精气神等，这些都不是西方医学重点关注的。

虽然许多中药的功效都经过科学分析的确认，我却感觉目前的中医有式微的迹象，因为现在的中医教育是大教室上课，较少师徒传承的学习路程。若以现在的中文能力，要读得懂那几部中医经典文言文的人不多，能心领神会者更少。以西方的教学方式来教中国医学，一定会有很多互不协调之处。譬如病危的人，家属都送去给西医急救，中医体系根本得不到临床急救的经验。在这样的大环境之下，聪明的人要懂得何时找西医紧急治病，更要去让中医找出致病之因，懂得调养与平衡。

中医的"天人合一"概念，我年轻时都听听就算了，后来西药吃多了产生后遗症，上了点年纪以后才渐渐有所警惕与体会；也因为越活越谦虚，更懂得顺应自然的道理了。且看维基百科对中医学的定义多么精确扼要：

以阴阳五行作为理论基础，将人体看成是气、形、神的统一体，通过望、闻、问、切，四诊合参的方法，探求病因、病性、病位、分析病机及人体内五脏六腑、经络关节、气血津液的变化、判断邪正消长，进而得出病名，归纳出证型，以辨证论治原则，制定"汗、吐、下、和、温、清、补、消"等治法，使用中药、针灸、推拿、按摩、拔罐、气功、食疗等多种治疗手段，使人体达到阴阳调和而康复。中医治疗的积极面在于希望可以协助恢复人体的阴阳平衡，而消极面则是希望当必须使用药物来减缓疾病的恶化时，还能兼顾生命与生活的品质。此外，中医学的最终目标并不仅止于治病，更进一步是帮助人类达到如同在《黄帝内经》中所提出的四种典范人物，即真人、至人、圣人、贤人的境界。

祛寒	理气			肿瘤
 肉桂	 大腹皮	 青木香	 橘皮	 七叶一枝花
 吴茱萸	 川楝子	 橘红	 路路通	 三棱
 附子	 化橘红	 香附	镇痛	 山慈姑
 红豆蔻	 木香	 枳壳	 延胡索	 半枝莲
 高良姜	 甘松	 枳实		 白花蛇舌草
 荜茇	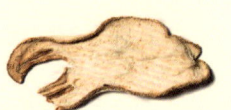 佛手	 乌药		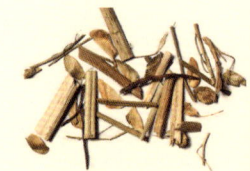 败酱草
	 沉香	梅花		 蛇莓

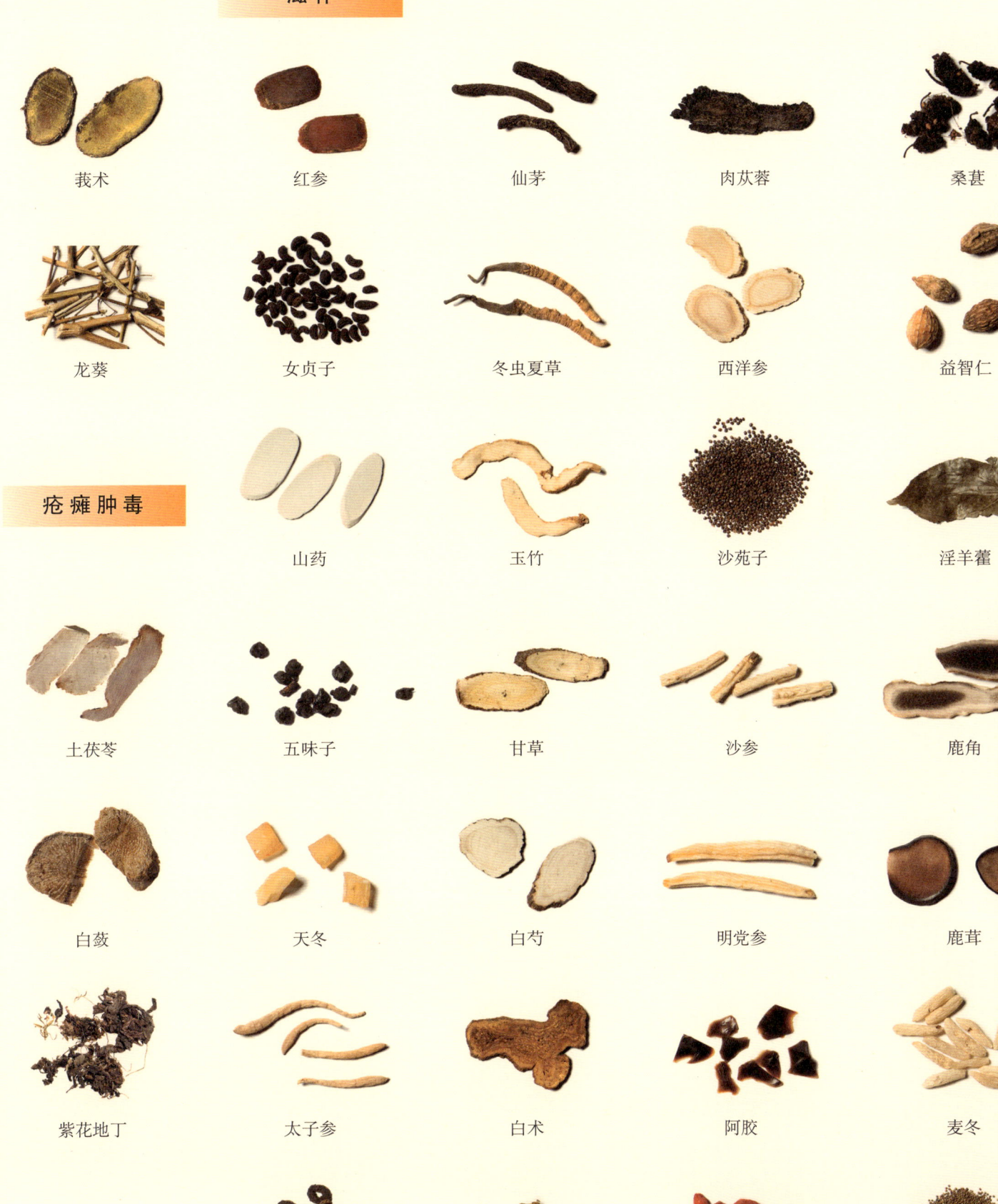

前几年我们家要装修，必须搬到山下住，家里的狗狗们就借附近邻居的地，让它们暂住六个月。它们平时都吃我们的剩饭剩菜，那段时间只好请邻居帮忙喂狗饲料，还特别买当时最好的"宝路"狗食，弥补我们丢下它们的亏欠。那时宝路狗食含毒的新闻尚未爆发，我们的六只狗儿就在不知情的状况下吃了六个月。等我们搬回家后不久，新闻大幅报道宝路狗食中毒的问题，据报载已死了一万两千多只。我们家的狗儿们从我们搬回来后就精神不好，先是从哥弟开始，没有食欲，然后呕吐，全身软软的。看到新闻报道后，我立即带它们去医院，结果是六只全"中奖"了。兽医师跟我认识多年，用遗憾的眼神看着我，他知道我爱狗大过于人，开始劝我无常的人生道理。宝路公司也很有诚意地表示，希望用一只一万元来买断这一场不幸。那时去跟宝路争执也争不回我可爱的狗儿们的生命，我想到我们的中医朋友辛岛勇大夫，火速赶去找他。一见了他，我抽抽咽咽地说：

"辛……辛大……夫……，我我我，可不可以，可不可……哦……，带……带我的，六，只，狗，来看您！它……它们的肾……"

我边哭边担心他把我轰出去，但辛大夫非常豪爽地说："吃了宝路了呀？"原来他也注意到那则新闻了。辛大夫告诉我，在他的东京诊所，有一回有个病人一定要安排最晚一位来看诊，原来是带了只狗来给他诊断。"我还给它把脉哩。"辛大夫说。

我非常感激辛大夫对狗儿们"一视同仁"，还立即帮它们开了药方：生大黄、紫苏、车前子、熟附子、丹参；并交代万一狗儿不能小便，还要加上泽泻。

我拿着药方去买了药材，磨了粉，每天喂两次，半年之后它们就都痊愈了。原先我很担心它们不肯吃，但说也奇怪，每次我拿出药粉要喂它们，这群病恹恹的狗儿立即围过来，一只只乖乖地排队坐着等待。帮佣打开它们的嘴，我就把药粉倒入，迅速灌点水，帮佣马上压住它们的嘴，它们的脸则露出不曾在狗脸上看过的"良药苦口"的表情。刚开始我很紧张，怕药太苦它们不肯吃，很严厉地对它们训话，还好它们了解我是要救它们的，它们也有坚强的求生意志呀，忍着那"良药苦口"的滑稽表情吃了半年，终于渐渐硬朗了起来。

后来我跟一位朋友谈起我家狗儿吃中药的事，他的狗也因吃宝路出问题。他是位大律师，坚决跟宝路公司打官司，宝路负责他狗儿的全部医药费，他的狗儿每天打点滴，定期洗肾，经过半年还是呜呼哀哉了。我家的狗儿何其有幸，因为我对中医的信赖而能康愈存活，当然也因我们碰到了有爱心又有经验的好医生。

我朋友的女儿有先天性的血管瘤，血会从小腿中暴冲出来，西医的诊断是必须截肢。她去东京找辛大夫，他给她开了吃的药与敷的药，经过长期的调理后，血不再从小腿中暴冲出来，得以与瘤和平共存地走过来。

二〇〇三年SARS期间，辛大夫也开了两份药单给许多朋友，并嘱咐要在人多的地方蒸醋，说这样就不必担心罹病。这两副药方一为解毒散热的治疗方，另一副是煮来当水喝，防止病毒入侵的预防药方。后来我觉得快要感冒时，也常以这两副药方保护自己。药方如下——

解毒散热治疗方：金银花三钱、连翘三钱、板蓝根一两、菊花三钱、麦冬五钱、陈皮三钱、半夏三钱、柴胡三钱、青蒿三钱、百部三钱、桔梗二钱、杏仁三钱、川贝三钱、鱼腥草三钱、甘草二钱。

预防病毒煮水方：板蓝根一两、蒲公英一两、菊花三钱、银花三钱、麦冬三钱。

我另外认识一位朱世宗伯伯，我们家跟他是世交。他与儿子朱桦都是台湾非常了不起的中医。朱

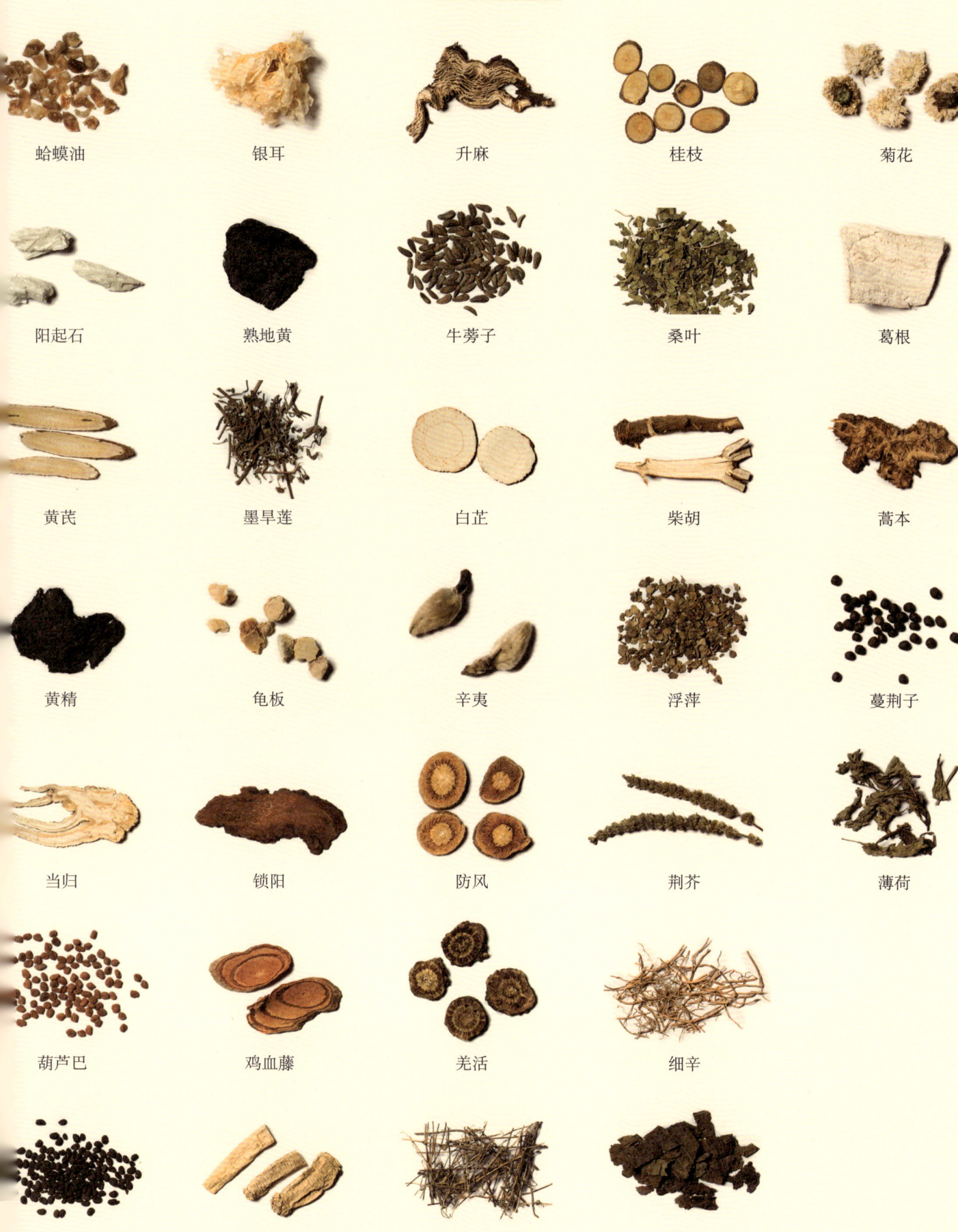

泻药	镇静催眠		涩精缩尿	驱肠虫
 大黄	 合欢皮	 龙骨	 金樱子	 使君子
 芒硝	 夜交藤	 龙齿	 海螵蛸	 苦参
 火麻仁	 珍珠	 灵芝	 覆盆子	 蛇床子
 瓜蒌仁	 琥珀			 贯众
 番泻叶	 磁石			 雷丸
 芦荟	 远志			 槟榔
 郁李仁	 酸枣仁			

我觉得中医最神奇的就是把脉，只从脉搏的跳动就能知道病人的身体状态。中医师看病时，一般不会急着先问病情，而是把脉后才问，然后才说：从你的脉象看来……古代的中医帮皇后看病，不能碰触她的身体，透过皇后手上的一根线的跳动，以悬丝诊断的方式，也能帮她找出病因呢。

中医的传奇故事很多，但都跟医生本人的学养与家传有直接的关系。一位好中医的养成，需要天时地利人和等多种条件的配合，除了要懂得医学理论之外，也要懂阴阳学说、五行学说、要修身养性更要博闻强记。辛大夫说，他的外祖父家在旗，是中医世家，外祖父和舅父都是清朝朝廷的御医。他自小习字就从抄写药方开始，专心一意长年累月地抄，因而详记了庞大的处方与实证的逻辑，从家庭的熏陶上得到很多对病情直觉的判断力。他十三岁就被送到"陆军总医院"当兵，某日主任身体不适，他从主任脸上看出他的病，壮着胆子帮他开了一副药方，真的把主任的病治好了。同队的一个袍泽，因为天生睫毛内翻倒睫，也就是睫毛往内长，必须去开刀，十几岁辛大夫告诉他可以用针灸治好："反正你横着也要去开刀，不如我帮你先针灸看看，不见好再去开刀。"他那一针下去，病患眼部瘀血肿大，一时也不能去开刀，但是瘀血散去后，眼睫毛往下长的毛病居然好了。主任看他有医学慧根，帮他向上级争取去学正科西医。因此他有中医世家的血液与熏陶，又通过西医的辅助学习，启发了对中医独到的认识与信心。

中医把人体视为一个宇宙，每个人都是独立的个体，有他生长的环境、习俗、吃东西的方法。先要尊重这一个体的独立性，再诊断其中不平衡而致病的原因与现象，所以医治的不只是发生的现象，更重要的是整体的调养。因此中医"天人合一"的精神也非常重视饮食，有"不知食宜者，不足以全生"之说。对于生冷的食物，如水果与凉水，还有酥炸的食物，中医都视为让身体堆积寒气与湿气的主因，即是过敏与现代病症的由来；受现代欢迎的冰水汽水、炸鸡薯条等，都属于"不宜"的范围，理当杜绝，以防后患的。

中医对于何时用药也非常独到，且用的是冬病夏治之法，譬如冬天会发作的过敏性气喘，夏天即开始预防，利用一年中最热，人体阳气最旺之时扶助正气，预防冬天时发作。另外如结合中医医学与传统疗法，以"三伏贴"的药材贴敷于背部的大椎、肺俞、脾俞、定喘、膏肓等穴位，也可以防止此病复发的几率。

"三伏日"是指夏至以后的第三个庚日、第四个庚日和立秋以后的第一个庚日，是一年之中最炙热的三天。"三伏贴"是自清代留下来的针对过敏性气喘、鼻炎、异位性皮肤炎与感冒等疾病的治疗法。冬天时则要补虚或是慢性病的调理，请中医依照自己的身体状况开一种"膏子药"，就是把对身体好的上百种药材一起煎煮，药汁则反复熬炼浓缩后，变成稠稠的膏状，每天用汤匙舀一匙泡热水喝，这是冬天常见的保养方法。此外，中药还会以数种药材研末成"丹"；加入蜂蜜做成滋补润肠的"蜜丸"；与面粉调成不刺激肠胃的"糊"；粉末混合而成干燥粉末的"散"的形式。

中药的好处是药材取之于自然，但因为需求量逐日增加，近年来也常听闻检验出有重金属残留的问题，因此最好不要长期服用。我在夏天介绍了草药，很多人会问，草药与中药如何区分？草药是一般人就他所在的地区，就地取材的原生植物药材，因为被中医发觉有效，也就采为治疗之用。所以中药包含了草药，但除了草药与其植物药材，中药还包括昆虫、动物与矿物等药材，同时还有加工、炼制、炮制、浓缩、组合过的合成药材或中成药材。

中药的药材，东汉的《神农本草经》中记载了365种，明代医家李时珍所辑的《本草纲目》已增至1892种。到清朝的《本草纲目拾遗》则增至2608种。

食物金字塔

食物热量表

医学报告表　寄生虫检查　细菌检查　生化检查　血清检查

胆固醇表　体检表　血压记录表

关于昆虫与矿物的药材，一般较为少见，有些人会觉得怪吓唬人的，据说用得正确时，效果很明显。不过药方中如有矿物药材，则该严格遵守医生教导的煎煮方法，通常都是先敲碎，再用纱布包裹。可能要比其他药材先煎，或是要煎很久才能把成分煎出来。

此外，有些中国人在食材与医疗材的取得上，心态过于自私，实在令人气愤与心痛。近年来环保专家一再提醒我们，地球上的许多生物已因人类过度捕捉而濒临灭绝，人类不能因为要取得药物而继续捕捉它们；或以不当的手法取得它们的器官，甚至慢速置动物于死地。我们这一代已觉知这种行为的不当，应当以身作则，负起责任加以谴责，务必杜绝这种粗暴的恶习。

煎煮中药需有耐心，解表药多用武火，补虚药多用文火。还需懂得药材的性质，浸泡与沸腾的时间，不能让水分蒸发太多，煎煮的锅子也不能用金属锅。以前我遵照医生的教导煎药，总是不小心忘记时间而把水分煎干。后来市面出现一款"哑巴媳妇"的陶瓷煎锅，才解决了我的问题。这个名字对女性非常不敬，但也十分传神地说明了煎煮中药的难度。幸好现在的中药店大多可以代煎中药，解决了很多人的难题。

有关中药的分类，我以**伤风、咽喉肿痛、祛寒药、开窍药、风湿、泻药、驱肠虫、心血管、降血脂、冠心病、降血压、镇静催眠、止汗药、止泻药、肿瘤、活血化瘀、止血药、利尿、抗疟、涩精缩尿、镇痛、降血糖、消炎、疮痈肿毒、化痰、止咳、理气、助消化、芳香化湿、滋补**等名目加以区分，拍照呈现，但并不表示其中的药材只有这单一的药性分类法。譬如感冒，中医的分类就有很多种。中国医学开药方的学问又有君臣佐使的用药规律，必须认识疾病共性的辨证方法，依照清代程钟龄的《医学心悟》中载道："论病之情，则以寒、热、虚、实、表、里、阴、阳八字统之，而论治病之方，则又以汗、和、下、消、吐、清、温、补八法尽之。"医师们结合望、闻、问、切四诊诊断而开立药方，而不少中药材的药性又是多重的，所以不是我们随便自行抓药就可以治病。生病用药前，一定要先请中医师把脉诊断才能达到功效。台湾于一九五〇年代向日本学习了浓缩中药的流程技术，因而有科学中药的盛行。药方有：发表、解表、表里、和解、攻里、祛风、祛湿、祛痰、清暑、润燥、消导、泻火、痈疡、收涩、明目、经产、镇静安神、补养、理气理血等，其分类仍沿用中医依病之情，论病之方来区分。

中医方子有方歌歌诀，押韵搭配背诵，可见这是多少人经验的累积成果。历史悠久的中医名方有很多，比如小青龙汤、小柴胡汤、大承气汤、五苓散、逍遥散、血府逐瘀汤、补中益气汤、归脾汤、六味地黄丸、温胆汤。也看出一般人需要调理治疗的，不外乎是感冒风寒，或是肠胃热结。需疏肝泻热；调补脾胃、补益气升正气；滋阴补肾；健脾养心、补血固表等。我们若能综合这些基本中医常识，就可以了解药方不是天书，是有其理论基础和脉络可依循的。

中医的历史悠远，经验广泛，是一种生命至高的哲学态度，不能硬跟一切求效率、数据与证明的医学态度相比。我有病会去看西医，但我不认为数据与证明的医疗体系，可以完美到足以解释所有生病的原因，或预防发病的原理。身为中国人，当懂得利用阴阳平衡与"天人合一"这个崇高的中医理论，并在生活中加以广泛的运用。

工作，朋友去看他回来，我想一定很高兴吧！但她说孩子没有生活的技能，她摇头吐出一个字："乱！"现在的父母，舍不得孩子做家事，习惯没有实时养成，将来苦的终将是自己的孩子。有时我会胡思乱想，想到有一天我突然离开孩子时，他们怎么办？我想到阿难尊者以四事问佛，其中一个问题是："佛在世时，以佛为师，佛入涅槃以后，以谁为师？"佛答复说："以戒为师。"我认为这是非常重要的态度，孩子的一生，若没有父母老师在身边，当以谁为师？我会以浅薄的生活经验告诉孩子们，当以好的习惯为生活老师，好好地面对生活中的细节，所有人生大道理也就尽在其中了。好习惯的建置，源自好的态度，影响孩子们一生，需要家长们的协助，以身作则，监督促成。

南京禄口机场出境处贴了好大的一个信息：出了国，您就是中国的"形象大使"！每一个人形象的养成，来自教养。出了家门国门，人与人之间的差别，首先看的就是教养。教养代表一个人的品质，它来自家庭、学校、环境，的确影响着一个国家对外的形象。崛起的中国，需要有一个高标准的尺，把态度、礼貌、守法、尊重他人的隐私、尊重他人的范围与时间、具有清洁的公德心、降低音量等，刻在每一个人心中的这把尺上，人人都要建设这份羞耻心与检讨的能力，这是刻不容缓的运动，好习惯的建置，需要整个家庭社会努力地培养与省思。

好习惯的建置

1.卫生：刷牙洗脸。口齿清香。洗头洗澡。避免体臭。如厕后洗手。
2.仪态：不眯眼。不瞪眼。不要翻白眼。不要皱眉。训练专注眼神。不要打量别人。眼睛不要闪烁。吃东西不讲话。不要拿着筷子指东指西。不抖脚。不耸肩。不驼背。挺立。坐有坐相站有站相。学会服装守则。学习餐桌礼仪。动作轻柔。放松。轻言细语。要有礼貌。
3.言谈：咬词准确。不要大声。用词礼貌。常用谢谢、对不起、请。用对称谓。讲话诚恳。看着人讲话。
4.生活作息：早睡早起。定时吃饭。定时上大号。睡眠充足。
5.公德心：尊重别人的隐私。排队。不要插队。不乱丢垃圾。不随地吐痰。顾及别人的时间。打喷嚏用纸巾遮。整理厕所环境到下一位可以清洁使用。
6.场所礼节：降低音量。电梯内不要大声讲话。飞机上不要大声讲话。要有礼貌。礼让长辈、妇孺。学会餐饮礼节。
7.饮食：吃对食物。要吃早餐。多喝水。少喝甜水。多吃蔬果。少吃油炸品。少吃高油高盐食品。自备环保筷。食物切成小块送进嘴里。
8.居家：随手关灯。东西放回原位。整理床铺。鞋子摆放归位。书报归位。贴身衣物随手洗。换洗衣物处理原则。不要乱丢衣物。顺手收拾餐桌。保持洗碗槽干净。上完厕所顺手清洁好。洗完澡顺手冲洗。家事随手打理。定期大整理。
9.家人礼节：问安。饭时不看电视、电脑和手机。随时说谢谢。需要时说对不起。分享生活。

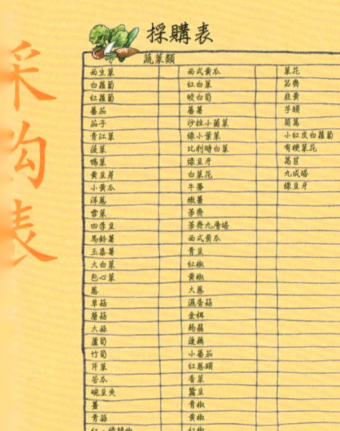

家政·习惯·教养

我跟孩子们说，以前外公建议我去念的科系是家政系，他们用夸张的口吻问："What？有这种科系？需要吗？！"我告诉他们："管理一个家，就像经营一个公司，有MBA的课程，目的是要全公司的人贯彻经营的理念，这个道理与理家是一样的。你以为家庭只为了几个人花那么多力气做什么？如果你这样想，就错了！"正因为是一家人，更该多花一点时间和精神，培养共同的习惯，让全家人对家庭产生共识，这样一定会得到一个良好的居家生活质量。我们都喜欢住旅馆，为什么？因为旅馆提供一个舒适整齐的空间，所以家庭管理，首先以做到舒适整齐为原则。

而旅馆管理学，除了强调"服务的精神"以外，逻辑性的收纳与清洁，也是执行彻底的原则。我们公司曾经跟很多有名的旅馆合作，当谈到空间的动线与收纳时，对方都派出总公司"House Keeping Dept"的人，带来厚厚的执行细节，与设计规划部门要谈好几天，才能应用到室内设计上。我最喜欢看他们写出来的规矩，分析下来，也没什么了不起，都是常识与细节，但若能执行彻底，就是管理学了。家庭管理，可以学旅馆管理学，建立相互服务的精神，此外，分区域挪出固定的时间整理，执行下去就对了。面对琐碎的家务工作，可以整理出一些实用的信息，比如利用冰箱的表面，贴制采买的清单，家人可以一起勾选需求，采买将不会落到一个人的肩上。现代社会，出国进出频繁，一份具有提醒作用的备忘录、清楚的打包清单，可让自己做充足的准备。紧急电话单、医疗用药的记录、食物卡路里的提示、单位的换算表等，也都是不可缺少的信息。我自己在公司负责某些资料的整理，受益于数据的完整性，让我们行事比别人快速与准确，因此特别喜欢分享这些好处。生活中有许许多多的表格需要填写，有些人天生不善于处理表格事务，若你是那一种族群，可能要迎面面对，避免延误造成更多的困扰。一季可能要规划一天为"行政处理日"打理这些琐事。自行设计清楚的计算机数据储存系统，以及纸张型的归类系统。有这个习惯，得以让你高枕无忧。

家人间服务的定义很简单，其实就是"顺手"的习惯，把个人空间定义清楚，东西的顺手归位，书报柜、药柜、鞋柜、梳理台、洗手台面、马桶、浴缸等，都是家人共同使用频繁的区域，顺手清洁让别人使用方便的习惯一定要建立。有个婚姻专家朋友告诉我，很多夫妻的争执，都是由掀不掀马桶盖子开始的，可见得就算亲如夫妻，也该订定生活执行细节的定义。简单可定义成自己的餐具自己收，马桶用完自己清洁好，浴室地面保持干燥，顺手将发屑清理，个人物品的空间自己控制管理，不要堆一些用不到的东西，最后把家变成了仓库。这个纪律若能保持，一个家看起来就不会乱糟糟的。在行事历上画上清洁日，换季日，家人轮流当DJ，音乐放得好大声，全家一起开心地清理自己的与公共的空间，清洗衣物。这样的习惯，一定从小培养，如果幻想"等我有空再来整理"的心态，也只会一再堆置罢了。其实这些都是习惯的培养，有谓"行动变成习惯，习惯变成个性，个性变成命运"。我有个朋友的孩子，美国常春藤大学毕业，找到了好每一个孩子的成长，都让天下父母面临各种程度不一的选择、担心、爱恋与不舍。有时候似乎需要有很多的担心，才能换来一个安心，这种悲与喜的内心纠结，常常转换成对儿女的碎碎念，我把它设计在一个木质的风铃上，当风吹过来时，木头碰撞的声音轻柔、延续、绵密，偶尔风铃的红线也会自己纠结缠绕在一起，像极了为人父母的处境。孩子们，父母亲的碎碎念，你听到了吗？

别**冻着**了！**乖**！听妈妈的话！功课做了没？背了没？回来！外套带着！离坏小孩远一点！吃维生素！**少吃糖**！练琴没有？小心！耳朵后面要洗！不要在屋里跑！说**谢谢**！等下才到你！**整理**你的房间！衣服折好！放回**原位**！记得**妈妈的话**！挂电话，吃饭了！穿的太露了！声音小一点！你看着我说话！起来了！你给我起来！不让你打电脑了！如果你不听话！你去哪里？什么时候**回家**？说对不起！有一天你会明白的！以后你**长大**了……等你有自己的小孩时！有一天你会谢谢我！我说不！没有理由，就是不行！你敢！！闭嘴！乖！**吃饭饭**！吞下去！抓紧！我数到三！最晚到十点！十点了！求求你！朋友朋友你就只有朋友！我再说一次！这样不**可爱**！别驼背！小声一点！**别哭了**！换睡衣！回床上睡！**亲一下**！不要忘了！我爱你！说请！作业写好了吗？

我们的三部曲

姚姚·JJ·小元

姚姚：首先要恭喜亲爱的妈妈，终于完成了《传家：中国人的生活智慧》这套大书。对我们三个孩子来说，这套涵括中国精致文化与生活智慧的实用百科，实在是您送给我们最隆重的礼物。

近几年来，每次跟朋友说我妈正在编撰一本有关中华文化的书，最后都会加上一句："她实在很疯狂！"请不要误会这句话，我的意思并不是说她不自量力，相反的，我的语气带着自豪，因为只有充满才能、效率高而且专注的人，才会去追逐这种"介绍中华文化"的伟大梦想。

我是妈妈的大孩子，从小就常听她说起各种梦想，而且总是想尽办法要让梦想成真。除了这套书，妈妈还有很多梦想要完成，编撰这套《传家》，无疑是到目前为止最庞大的梦想；其中包含了她的雄心壮志与责任感，想为自己的孩子和后代子孙保留中华文化的美好传统。

我想，她会花五年的时间完成这个梦想，跟我们从小接受西方教育也许有点关系。至今我还记得很清楚，二十年前为了我的就学问题，爸爸妈妈曾经彻夜未眠地一再讨论，最后决定让我就读台北美国学校。即使二十年后我已在美国读完大学，他们仍然不时讨论那个决定的利弊。妈妈这套书，正好可让我们弥补美式教育在中国文化价值观上的不足。真的很感谢妈妈。

JJ：我也深有同感。美式教育虽然提供我们许多中式教育无法比拟的好处和机会，但在中国文化的学习方面，确实比较不足。譬如在我们的家族聚会里，我偶尔一不小心就会说出一句所谓的"美式台湾话"；不是需要夹杂一些英语来帮助沟通，就是无法用"国语"正确地称呼我们的"叔叔"。在西方文化里，家族成员之间只使用"uncle""aunt""cousin"这几个简单的称谓，但在中华文化里，家族成员之间的称谓却细分得很清楚，我觉得实在复杂，从来不曾弄懂过。每次我们姚氏家族团聚时，总会显露出我们在这方面的学习相当失败。譬如与"二叔"（父亲的弟弟）打招呼时，从来不曾以正确的称谓来问候"二叔"。让我们更觉尴尬的是，"二叔"有一对双胞胎儿子，年纪虽然只有八岁，却都能正确地称呼我们的父母亲。有一次最好笑，我们的弟弟小元竟然直呼"二叔"的姓名，这在中华文化里是一项禁忌，是不尊重长辈的不良标志。我记得很清楚，当小元直呼"二叔"的全名时，所有在场的人都笑弯了腰，我转身看妈妈，发现她的表情非常尴尬，眼睛里流露出一丝失望的神情呢。

姚姚：也许因为从小接受西方教育，我发现我们经常与家人起冲突，特别是跟妈妈对呛。她出身于非常传统的中国家庭，我们几个孩子则满脑子美国价值观，经常因为与她观点不同而发生争执。好在我们家还不至于像电影《喜福会》那样发生第三文化危机，我也从来没有被家庭威权强迫的感觉，不需要做什么特别的情绪发泄，但大家经常意见不同，必须好好地沟通协调，有时候还真的有点棘手呢。还好，我们一家人都能坦诚地相互学习，达成共识。

不过，也因为我们没有接触更多的中国传统、智慧、价值观，妈妈免不了会觉得失望，甚至偶尔认为我们是漂流的浮根，远离了自己的文化根源。对于我们疏忽伦常、不注意长幼辈分、自私而且我行我素等，她也经常感到沮丧，认为这都是美式教育最糟糕的副产品。

坦白说，还没到美国读大学之前，我根本不觉得有必要深入了解中华文化。因为那时正处于给我检查！怎么还在看电视！**早点回家！** 吃了吗？都几点了！去洗澡！别再上网逛了！动作快一点！动作慢一点！要迟到了！今天有没有大便？菜都凉了！东西放好！整理一下！这样子难看！去动动！洗把脸去！洗手！眼睛**休息**一下！趁热吃！当心烫！

嘴巴有东西不要讲话！**再一口**就好了！乖！最后一口！你不要再问了！老师说什么？考几分？你有没有听见我说话！你再吃一口我就给你！看你冒冒失失的！戴口罩！**多喝水！** 伞带了吗？吃药了吗？哪里不舒服？**打起精神来！** 背给我听！你再这样，我要生气喽！**小心烫！** 不要在厨房跑！想吃饭或是吃面？**顺手** 关灯！去罚站！你怎么想的？拜托！！别乱买东西！这题会不会做？

孩子们，父母亲的碎碎念，你听到了吗？

文。我们还很小的时候，她就以西方的教育方式，逐句教导我们《三字经》里的东方哲学，也把东、西方历史依照时序并排，列出其文明发展的进程。她的教育目标，一直都是希望我们能欣赏和保存宝贵的文化，并且能适应快速变迁的世界局势。这套书正是她多年辛勤努力的丰硕成果，一套令人难以置信的伟大工程。

在这套书的"夏季"部分，特别吸引我的是解说"二十四节气"的专章，因为那最能展现她的工作方法和态度。她不但详细说明每个节气会出现什么样的自然现象、适宜的服装穿着，并且搭配了与节气相合的谚语。她还使用大间距和丰富的色彩绘制农民历，让原本高深莫测的历法变得和蔼可亲。这种前所未见的做法相当具体而有效，也展示了她独特的观点和教育期望。"夏季"还有一篇《二十四节气》，从一位母亲的观点指出，我们今天所面对的环境问题，都导因于科技文明的过度开发，这不仅显示她相当关心当前的环境议题，也期望提醒我们，人类的行为不能太鲁莽，不能违反自然节气的运行。

姚姚：这部分我也很感动，她真的是用心良苦！

JJ：这套书的书名叫《传家》，从字面上来看，有"上一代交棒给下一代"的意思，是妈妈对中华文化危机的一种回应。她凭借着自己的能力和坚忍不拔的毅力，硬是将中华文化的种种面向编写成四巨册，因为绝大多数人都只接触到中华文化的一部分，她则是希望保存所有美丽的中华文化，让人们能多欣赏并增进了解。为此她曾经花了数百小时到处旅行，进行文化采风与研究，以求做出前人不曾完成的成绩。我最佩服的是她对细节的坚持，对幽默的掌握，譬如详细描述中式佳肴的烹煮方法与过程，优雅的中国服饰的演变与造型，有机蔬菜的种植与天灾……每一项她都亲自学习，不厌其烦地一再实践，下了这么深厚的苦功，就是希望通过这套书籍的出版，灌输我们更多中华文化的核心价值。譬如为了帮我们解决前面说的家族称谓问题，她发挥爱心与创造力，制作了一张大海报，上面不但绘有族谱，并将大家庭所有的成员一一画上去，在每个人的旁边注明适当的称谓，甚至在每一成员的底下整理出适合说和不适合说的语汇。我敢说这应该是有史以来第一次有人将复杂的中国家族称谓成功绘制成这么简单、易懂、易用的图表。我觉得她书中的这项创新元素，不仅有益于美国的华裔人口，对很多本国人应该也有所助益。这张图表的诞生，结合了妈妈的创造力与教育子女的欲望，那令人难以置信的创新和助益，也应该会在任何华人社区的教育系统里变成有用的教育资源。

在她这套书里，族谱图当然只是其中一个例子，她写作的最重要元素是着眼于如何教育下一代去认识中国传统，认识战争所造成的时代动荡，希望以后不要重蹈覆辙。她也讲述外公、外婆、阿公与天上阿嬷的生命历练，借着一则又一则的真实故事，让我们了解他们如何克服生活的艰难，学习他们的坚强与智慧。能有这么一位致力于灌输我们自己文化和传统的母亲，让我感到非常幸运而自豪。

小元：即使这么说，我都还觉得太过低估妈妈所下的功夫和努力。我感到最引以为傲的，叛逆倾向最强烈的年龄，我对中华文化所强调的谦虚和孝顺尤其恼火，觉得它们阻碍了我的社交活动。当时的我还认为，西方的价值观已经足够让我过着幸福快乐的生活。现在回想起来，真是天真幼稚的想法呀。但是到美国上大学后，我从种族文化的实际接触里，慢慢发现中华文化的特质，开始欣赏中华文化的传统和智慧，觉得这是美国价值观和美式生活最欠缺的东西。

JJ：我知道，我们的妈妈直到今天仍在怀疑，如果当年把孩子送去接受中国教育，情况会不会好一点？所以她一直努力提醒我们，不让我们忘记自己的中国根源。我在美国学校就学期间，她还送我到本地的中文补习班上课，使用台湾的教科书学习中文的听、说、读、写；因此我从美国学校高中毕业时也勉强通过了小学程度的中文学习，足以跟任何人做有效沟通。虽然这样，我总觉得有些中华文化令人困惑，有时甚至高深莫测。我必须很尴尬地承认，直到今天我仍然搞不懂应该在什么节庆吃什么样的食物，才能符合中国的节气和礼仪。

姚姚：我们虽然学会"国语"，还是无法用"国语"充分地表达自己的思想，这种尴尬现象不断提醒我们已经背离文化根源的事实。随着中国崛起于世界舞台，中文变得越来越重要，这让只有六年级中文程度的我感到格外不安。妈妈确实具有远见，我们就读美国学校期间就让我们每周接受两次中文辅导课，还在家里到处布置中文教材。譬如，在餐桌旁的白板上张贴"成语"，在我们书房墙壁上粘贴中国历史大事年表，在我们的书架摆上细心分类过的图书。最近几年，我终于慢慢了解妈妈的安排多么煞费苦心。她绝不浪费一分一秒，老是在催我们"快点吸收"，表达她要给我们最好教养的决心。当然，这一切都源于她的爱心。尽管我们为此经常开她玩笑，一直没有给她足够的赞赏，但她可一点也不在乎。正因为她这强大的决心和爱心，《传家》才会出现如此惊人的四大册。其中的内容，包含了所有现代华人生活各方面的宝贵资料，譬如"成语词典"，是她精心搜集、编辑而成，"格言"含有中华民族数千年的语言智慧，"图表"整理了小说、戏剧、诗词等最重要的文学作品，"中国人的礼节"则完整地解释与生活有关的各种重要信息。她还把所有理财的资讯变成可转动式的图表，二十个我们的味觉也变成转动式的图表，要我们灵活运用。"信函"里有我特别感到亲切的中文书信写作组织结构图，因为妈妈曾经以它教导我们如何写好中文书信。但因中文基础不够好，我还是经常无法写好给外婆或阿公的信。最糗的一次是我去比利时首都布鲁塞尔做暑期工作，寄了一张风景明信片给外婆，我们平常都称她"奶奶"，所以我在明信片上的收信人就直接以中文写上"奶奶"两字，因为我认为英文书信可以这样写，中文书信应该也行得通。没想到明信片寄出几天后，接到妈妈的电话，说我变成外婆所住的那栋公寓里的大笑话，因为我在明信片写的正式收件人不是外婆的名字"顾正秋"而是"奶奶"！妈妈在电话里焦虑地说："写信给别人，收信人当然要写对方的姓名啊，难道我没有教过你吗？"——嗯，说不定这一项她真的忘了教我哩！

小元：妈妈虽然工作一直很忙，但始终把我们的教育摆在第一。虽然爸妈把我们三个孩子送进国际学校，研读的基本上是美式课程，但妈妈从来不曾忘记教育我们中华文化，而且不盲目、不填鸭，总是中西兼顾，把两种文化摆在一起做比较。在家里，所有东西都标注中、英

著作权人　财团法人大元教育基金会
传家网址　www.artofchineseliving.com
编　著　姚任祥
作　者　姚任祥
文字整校　季季
摄　影　刘振祥　姚任祥
执行主编　刘玉贞
插图绘画　叶子明
美术设计　段世瑜　陈怡茜　方雅铃
美术顾问　霍荣龄
场景布置　姚任祥
传家团队　方雅铃　田瑾文　林宜熹　许贞玮　叶翠茹
　　　　　陈怡茜　陈碧兰　蔡孝君　赖怡姗
法律顾问　常在国际法律事务所　林秋琴律师

资料收集

一、本书第23、24、26、29、30、31页
文案撰写：杨升儒
二、本书第48、49页
文案撰写：李应平
三、本书第162—167页校阅：钟传幸教授
四、本书第171—174页之戏剧总表汇整：
　　姚任祥　林宜熹　陈怡茜
　　钟传幸教授　王安祈教授
五、本书第179—182页之诗词总表汇整：
　　姚任祥　陈碧兰　许贞玮
　　季季　陈怡茜
六、本书第184—185页之格言汇整：
　　姚任祥　陈碧兰　陈怡茜
七、本书第221—222页之芽菜总表汇整：
　　姚任祥　郑虹伶
八、本书第227—230页之酱料汇整：
　　姚任祥　郑虹伶　陈怡茜
九、本书第243—246、251—254页之中药材汇整：
　　姚任祥　赖怡姗　高德生
十、本书第259—262页之资料汇整：
　　姚任祥　郑虹伶　陈怡茜
　　许贞玮　洪丽雅

第3版简体中文版编辑团队

编务统筹　张立宪
图片编辑　黎亮
美术编辑　艾莉
助理编辑　杨雪
特约审校　黄英　吴晨光　马国兴
　　　　　刘亚　潘艳　王慧
责任印制　黎亮　田歌

特别说明：为普及本书所传达的"中国人的生活智慧"，作者姚任祥女士主动放弃《传家》所有版权收入，以降低全书定价，惠及读者，特此鸣谢。
新星出版社

著作版权合同登记号：01-2019-4218

图书在版编目（CIP）数据

传家：中国人的生活智慧.3，秋／姚任祥编著.
——4版.——北京：新星出版社，2019.8（2021.10重印）
ISBN 978-7-5133-3593-5
Ⅰ.①传… Ⅱ.①姚… Ⅲ.①中华文化－通俗读物
Ⅳ.① K203-49
中国版本图书馆CIP数据核字（2019）第120060号

传家：中国人的生活智慧・秋

姚任祥　编著

责任编辑：汪欣　姜淮
美术编辑：冷暖儿
内文制作：刘洁琼
责任校对：刘义
责任印制：韦舰　李珊珊

出版发行：新星出版社
出 版 人：马汝军
社　　址：北京市西城区车公庄大街丙3号楼　100044
网　　址：www.newstarpress.com
电　　话：010-88310888
传　　真：010-65270449
法律顾问：北京市岳成律师事务所

读者服务：010-88310811　　service@newstarpress.com
邮购地址：北京市西城区车公庄大街丙3号楼　100044

印　　刷：北京雅昌艺术印刷有限公司
开　　本：870mm×1160mm　1/16
印　　张：72.25（共四卷）
字　　数：800千字
版　　次：2019年8月第四版　2021年10月第四次印刷
书　　号：ISBN 978-7-5133-3593-5
定　　价：480.00元（共四卷）

版权专有，侵权必究。如有质量问题，请与印刷厂联系调换。

声明：本书中所设计的实用性列表等信息，来自前辈们生活中的经验论读，或查访网站上各类型的叙述，信息源头难以一一赘述。我们整理刊登的动机，纯属善意的提醒与分享，并以趣味性的组合做呈现。信息内容请读者自行确认后再行适用。

莫过于她承担责任的勇气。因为有那样一往直前的勇气，她才能花那么长的时间四处查访、搜集资料，负责尽职地抽丝剥茧，鉴定出与今日环境仍然相关、值得保留的中华文化，而且巨细靡遗地加以分门别类，编成这套方便查阅的百科全书。她积极拥抱不断演变的世界，将数千年来的中国人生活做一番大整理，既要保存老祖先的价值观，也要提供现代人一种有意义的生活方式。这种努力当然非常宏伟，没有一往直前的勇气，怎能完成这个融汇古今的大工程？

我觉得历史是对过去的记录；文化关注的是不断演变的现在；未来则是过去和现在的组合。妈妈为这套书投注这么多心血，其意义不仅止于教育她的子女，而且具有更高层次的意义和贡献；那就是它同时也像是催化剂一样，足以促进文化传承的演变。

在结婚生子养育自己的小孩之前，我恐怕很难体会妈妈在我们的教育和文化认同上所投注的心血。不过在这十八年的成长过程中，我已经体会到自己的生命根源和生活重心都源于中华文化。对于妈妈，我也有不断的新发现和新赞赏。身为她的小孩，我感到非常骄傲。有这么一位文化底子深厚又讲求实用的母亲，我觉得自己非常荣幸而且一直在享受着特权。

姚姚：感谢您，妈妈。我对自己这么晚才开窍，到这时候才表达我对您的赞赏和感谢，觉得非常羞愧和亏欠。谨以我谦虚的心和新长出来的好奇心，等待汲取我们传统文化的智慧，从中学习与融合，以便像您一样的勇敢，才能面对未来生活的种种挑战。

JJ：对于妈妈完成这套书，我真的感激莫名，无法以言语形容。我相信，这整套书对于在美国出生的华人孩子尤其有非常大的助益，因为我曾经遭遇过的身份和文化危机的问题，也经常发生在他们身上。

这套书当然也提供人们理解和接受中华文化的另一种选择。而且，真正的中华文化是如此博大精深，绝不是俗气的、西洋化的中华文化所能相比。妈妈对中华文化的了解和欣赏，再加上她对子女毫无保留的爱，将帮助我们正确定义自己的身份，促进我们心智文化的发展与成熟，使我们都能成长为真正的"中国人"。

二〇一〇年六月